疑惑の科学者たち

La petite histoire des GRANDES IMPOSTURES SCIENTIFIQUES

盗用・捏造・不正の歴史

ジル・アルフティアン 著
吉田春美 訳

原書房

疑惑の科学者たち——盗用・捏造・不正の歴史

目次

序文

不適切な行動と不正

偉大な天才の不適切な行動と、捏造や盗用を行う学者の不正とは、つねに明確に区別できるわけではない……。

「人間的な、あまりに人間的な」一八七八年、ルイ・パストゥールと同時代のドイツの哲学者フリードリヒ・ニーチェは、このように書いていた。この言葉は科学の不正にそっくりあてはまる。科学の発見のプロセスも、人間の本性に固有の弱さやさまざまな性質と無縁でなく、あらゆる知的創造につきもののリスクにさらされている。科学の観察がどれほど細心綿密にして厳格なものであろうと、観察される現実にはいくつもの段階がある。観察者は、必要不可欠ではあるが誤りに陥りがちな直感を慎重に用いながら、微妙な差異をとらえ、およその見当をつける技術をたくみにコントロールしなければならない。このように理性よりも直感が先行したとき、不正が生まれる。

創造の欲動にとりつかれた発見者たちのけしからぬ振る舞いを説明するには、彼らがしたことを語り、「自らの」真実を手に入れた瞬間を明らかにするのがいちばんよい。このような知性のはたらきは、人間の思いがけない行動に属するものである。したがって、科学の解説者がよくやるように、偽の発見の教訓的な一覧を示して客観的に分析するより、物語という形にしたほうが、読者にその意味がよく伝わるのである。

科学不正はしばしば真の科学的変革を予告しているだけに、なおさら関心を払うに値する。

本書で取り上げる不正者たちはアンチヒーローである。捏造、間違い、盗用、いたずらといった行為に彼らが粘り強く、真剣に取り組むさまは、ときに読者を引きつけずにおかないだろう。彼らはたしかに、科学史のなかで特別な位置を占めている。真の発見者として脚光をあびるヒーローたちと同様に、彼らも科学史の一端を担っているのである。

不正が起きる学問分野と、不正を可能にする歴史的・社会的背景を概観しながら、彼らの不正を見ていくことにしよう。どれほど優秀な頭脳の持ち主であろうと結局きわめて人間的な（あまりに人間的な！）弱さをもつことを、それらの不正はよく示している。

研究者の真実

発見者たちは、真実という報いるところの少ない観念とつねに向き合っている。報いるところの少ないというのは、発見の過程や実験者の情熱、彼らが研究に捧げる年月はほとんど問題にされないからだ。つまり、結果が事実上、仮説の正しさを立証しているか……あるいは結果が間違っているか、のどちらかなのである。この最初の要件をクリアーするのがきつくなり、科学者がそれをかなぐり捨てたとき、窮余の一策として不正が生じる。それはときに、科学史が示すような大成功をおさめることもある。どうしてそうなるのかといえば、研究者にとって真実の形は複数存在するからである。そのひとつをごまかしても、別の真実が無効になるわけではない……。巧妙な不正者は、科学的判断にさまざまな側面があることを悪用して、学問的有効性の網の目をかいくぐる。

本書で語る不正の事例を検証すると、不正のおおもとに三つの真実の形があることに気づく。それは実験的真実、科学的真実、歴史的真実である。

▼真実は実験可能である。実験とは事実の検証である。そこで重要なのは、その現象が実際に起きるかという点だけである。仮説や真実の直感は、実験で確認されてはじめて、科学的に正しいと認められる。この過程は研究者によって「自主管理」されるので、研究者は当然ながら、実験の出来映えをよくしたいという誘惑にかられる……。アルド・ボナソーリは油田を探査する方法を発明した。

実験的事実を合理的に示すことができなかったので、実験をそっくりでっち上げ、自分に都合よくアレンジした(一三八ページ以下を参照)。

▼真実はまた、明確に科学的なものである。実験から導き出される結論は、たとえ報告された事実が正しくなくても、有効とされることがある。聖職者で植物学者のグレゴール・メンデルの場合がそれにあたる(一三六ページ以下を参照)。彼はその論文に示したとおりの結果を出したことが一度もなかったが、彼の結論とそこから導き出された遺伝の法則は、科学的に正しかった。

▼最後に、真実は歴史的なものである。実験や科学的結論がどうであれ、重要なのは結局のところ、歴史家が後世に伝えるかどうかである。ルイ・パストゥールはワクチンも「低温殺菌法《パストゥリゼーション》」も発明しなかったが、歴史的にみて彼が卓越した発明者であることに変わりはない。プトレマイオス・クラウディオス(二世紀)やアイザック・ニュートン(一八世紀初め)についても同様である。彼らは同時代の学者たちから盗用したが、まったく問題にされていない。科学史家の道具と目的は、一般的な歴史家のもとと同じではないのである。さらに、遺憾に思うべきか、臆面もなく喜ぶべきかどうかはともかくとして、もとのアイデアや考え方がだれのものか厳密に検証するより、科学の伝説や神話のほうが、学校の教師にとってたしかに教育的価値が高いのである。

どの発見も、ひとつではなく

複数の科学的真実に対応している。
そして不正の可能性も同じだけある。

計量書誌学《ビブリオメトリクス》のゆがんだ新技術

科学不正はこのように、近代科学の手法が確立する過程で起こったような、時代遅れのまれな現象などではないし、若手研究者が行うものでもまったくない（〇一三ページの「不正の統計」を参照）。現在問題になっているのは、二〇〇〇年代初めから、研究者の仕事の質を測る客観的な基準が出現したことである。実際、行政当局にもスポンサーにも理解できない専門家の仕事の実績を、どうやって判断したらよいだろう。ベテラン科学者はともかく、博士課程研究者の潜在能力をどのように評価したらよいだろう。なんの実績もない分野に支給されている予算を、推進者たちの主観的な分析に惑わされずにどうやってカットできるだろう。ビブリオメトリクスの計量的な評価基準は、メディアが「パブリッシュ・オア・ペリッシュ（論文発表か死か）」と呼ぶ傾向に対応している。要するに、研究者が数字の上で最低限のビブリオメトリクスの基準に達していなければ、そのミッションや昇進は見直されるのである。指標の計算には、研究者が著者になっている出版物（科学雑誌に掲載された論文）の数だけでなく、他の論文への引用数もふくまれる。

「パブリッシュ・オア・ペリッシュ」の計量書誌学的基準がまさに犯罪をはぐくんでいる。

パリ高等鉱山学校の技術者たちが二〇一二年にこの現象を調べ、そのような評価の仕組みに限界のあることを明らかにしている。「指数を最大にするために、あらゆる巧妙な手がつかわれている。研究論文の使いまわしや『切り貼り』が横行しており、ただひとつの実験結果を微妙に変えながら、数種類の異なる雑誌や複数の会報に投稿する行為があとをたたない」このような評価システムは、しばしば科学界から不公平だとみなされている。実際、アインシュタインのような革新的発見を五年ごとに行っても、最初の論文が掲載されないかぎり、ビブリオメトリクスの指標にしたがって解雇される可能性がある。

その結果まず生じるのは、適正な論文の数が減少するいっぽう、不正がふたたび勢いを盛り返していることである。職を失わないように、あるいは期待する資金援助を受けるために、一部の者は当然ながら、まだ結果がはっきりしない発見を早く形にしたいという誘惑に負けてしまう。自らの嘘に目をつぶって不正な発見を重ねるうちに、「向こう見ずな」研究者は捏造のスパイラルにはまってしまう。二〇〇

ハーシュ指数

ビブリオメトリックスの第一の指標であるh－インデックス、つまりハーシュ指数は2005年にアメリカの物理学者ジョージ・E・ハーシュによって考案された。研究者の論文数と他の論文への引用数をもとに算出される。

〇年代初頭に何十もの不正な論文を投稿し、細胞をトランジスタに変えたように見せかけていた物理学者のヤン・ヘンドリック・シェーン(二六七ページ以下を参照)は、まさにこのケースである。

新たな不正狩り

近年「パブリッシュ・オア・ペリッシュ」の隆盛にともない、研究者のソーシャル・ネットワークをつかった新たな監視の形が登場した。投稿論文の数が著しく増加するにつれ、科学者コミュニティーによってネット上で暴かれる不正の数もうなぎのぼりとなっている。この新種の不正狩りの中心になっているブログ、PubPeer.comでは、大学研究者たちが匿名で、同じ分野の研究者が投稿した論文にかんする議論に参加できるようになっている。こうした協力体制により、雑誌に投稿された論文だけでなく組織内の出版物からも、たびたび不備が見つかっている。その結果、ソーシャル・ネットワークをつうじての論文撤回(研究者が誤りを認めて論文を取り下げること)に追い込まれるケースが相次いでいる。日本の生物学者、小保方晴子の不正を論文発表から数週間で暴いたのも、パブピアであった(一二二一ページ以下を参照)。

論文発表後に研究者同士で監視しあうというこの新しい形は、「パブリッシュ・オア・ペリッシュ」によって論文の数が増えつづけ、調査にあたる人材が不足している現状に対処するには有効な方法である。実際、CNRS(フランス国立科学研究センター)理事長アラン・フュックスはこう述べている。「あらゆる分野にわたって、現在、約二万八〇〇〇種の雑誌が存在しており、そこに発表される一次論文の数は年間二五〇万本にのぼっている！　科学出版物は膨大な数になっている。しかもそれは増えつづけている。ＳＴＭ協会によれば、二〇〇二年から二〇一二年のあいだに、科学雑誌の数は一年につき二・五パーセント増加したいっぽう、論文の数は一年につき三パーセントずつ増えている。雑誌と論文の数は今後数年間でさらに増加するだろう。これほどの数をどうやったら扱えるのか」

「同じ分野の研究者による評価は民主主義と同じく、すべての他者を排除する最悪のシステムであることに変わりはない」

——アラン・フュックス［ＣＮＲＳ理事長］

協力者によるこうしたフォーラムは、別の独立した組織の先駆けとなった。二〇一〇年、ふたりの科学ジャーナリスト、アイヴァン・オランスキーとアダム・マーカスによってウェブ上にリトラクション・ウォッチが開設された。このサイトは、撤回された世界の主要な科学論文のレファランスをつくって情報提供を行っており、その数は二〇一五年以来、年間六〇〇本にのぼっている。リトラクション・ウォッチが定期的に発表するレポートにより、不正の統計的変化をリアルタイムでたどり　もっとも引用数の多い不正者や最多の撤回数をほこる不正者のランキングを知ることができる。

このサイトで検索できる撤回論文のいくつかは、じつに驚くべきものである。盗用を防ぐルールにかんするインドの論文が撤回されたのは……他の論文から盗用したせいだった。そして一七〇あまりの論文が、審査を担当する査読者が著者自身であったことを理由に撤回されている。

パブピアで取り上げられ、リトラクション・ウォッチのレファランスによれば、以後、研究生活をつづけるチャンスはほとんどない。二〇一五年、不正は単発的な手仕事から、盗用、虚偽の発見、間

不正の統計

1940年から2012年まで、パブメド(PubMed、主要な文献検索サイトのひとつ)にのりながら撤回された生物学と医学の研究論文2047本を、三人のアメリカ人研究者が詳細に調べた。それによると、間違いによる撤回は21.3パーセントにすぎない。いっぽう、撤回の67.4パーセントが直接、著者の過失によるもので、それはおもに、不正行為ないしは不正行為があったと推測されるもの(43.3パーセント)、多重投稿(14.2パーセント)、盗用(9.8パーセント)であった。撤回の発表にも不備や誤魔化しがあり、犯罪的な性格を矮小化ないしはなかったことにするために、しばしば改竄されている。

撤回される論文の数はかなり少ないが——論文全体の約0.01パーセント——、こうした現象は増加している。改竄や捏造を理由に撤回された科学論文のパーセンテージは、1975年から2012年のあいだに10ポイント、1995年から2005年の10年間だけで3ポイント増えている。別のアメリカ人研究者ダニエレ・ファネリが2009年に匿名のアンケートを分析したところ、実験結果を改竄・捏造したことがあると認めた研究者が2パーセントほどおり、33パーセントあまりが職業倫理に欠けていたと認め、同僚がひどい不正を行っていたという者が14パーセント以上いた。

違った統計の連鎖からなる工業化した現象になった観がある。だからこそ、科学史上の大きな不正や欺瞞に興味をそそられるのだ。陳腐で味気ない不正行為ばかり見せられると、それら独創的行為の価値はますます高まるのである。

不正者は理解されない芸術家か

「理論をつくり上げるとき、美的感覚がしばしば案内役をつとめる」と、数学者のルイ・ド・ブロイは明言している。さまざまなアイデアのなかに調和があり、科学的結果のいくつかは美的な価値をもつ。そのような科学的結果は「未完の調和を補って完全なものにする」からである。数学で、「エレガントな」証明などと言わないだろうか。

科学警察

世界で唯一、アメリカ合衆国は1990年代に科学研究の公正さを守るFBIとして研究公正局(ORI)を創設した。ORIのサイトは、処罰を受けた研究者の氏名とその処罰理由を掲載し、職業倫理の参考資料や、盗用された文章や細工された画像を見つける手段を提供している。ORIがあつかうのはもっとも重大な事件で、不正行為の当事者は禁固刑に処せられることもある。一例として、アイオワ州立大学(アメリカ)の生物学者ドンピョウ・ハンは、懲役4年9か月という、それまでになく重い判決を言い渡されている(277ページを参照)。

気候変動にかんする国際会議(COP)と同じ精神のもと、研究公正世界会議(WCRI)が定期的に開かれている。最新の会議は2015年6月にリオデジャネイロで開催された。50か国以上から600人近い人々が集まり、3日にわたって、それぞれの体験や仕事、科学不正を防ぐ対策について意見を交わした。この会議で新たな義務や原則的宣言、国際条約が決議されたわけではなかったが、科学的公正さの実践はもはや科学政策の一部であると、参加者たちは認識を新たにした。

二〇世紀初めにアンリ・ポアンカレは、『科学と方法』において、数に合理的調和が存在することをそれとなく指摘している。「学者の名に値する者は、芸術家と同じ感覚でその仕事に向き合っている。学者の喜びは芸術家のそれと同じくらい大きく、同じ性質のものだ。(……)われわれが研究するのは、世人が期待するような確実な成果をあげるためというより、そうした美的感動をおぼえ、それがわかる人に伝えるためである」

不正や欺瞞はたんに名声や評価を得たいという自己中心的な考えから生じるというより、創造的な心の高ぶり、「美しさ」を伝えようとする意志のあらわれといえるのではないか。

近代科学の基礎研究は、われわれの視野を大きく広げてくれたことから、まさに芸術的価値をもっている。宇宙論と量子力学が空間と時間の表現を広げたように、生物学および物質と生物にかんする新たな技術は、われわれと空間との関係を無限の方向へ導いている。それは、人間を「無限大と無限小のあいだ」に位置づけたパスカルの考えであり、二〇世紀の科学が、とくに宇宙の進化にかんするアインシュタインの理論と、原子の構成要素である素粒子の観測によって確認し、拡大させている考えである。そこでは、発見者の科学は不正者の科学につうじるものがある。知りたいという強い欲求に突き動かされている点で、不正者の科学は事実として間違った経験である以前に、精神的《スピリチュアル》な経験である。不正者もまた、われわれに伝えるべきものをもっている。だから、どうか、「へたなピアノ弾きを撃たないで(一生懸命やっている人間は大目に見て)」、以下の途方もない物語に耳を傾けていただきたい。

嘘、あまりに人間的な特性？

嘘は脳スキャナーで観察可能な、人間の知性と創造性につきものの生理学的現象だと考えられている。多くの科学研究により、嘘をつくことは霊長類とヒトの進化に関係する自然な特性であるという説が有力になっている。2004年にイギリスの神経科学者リチャード・バーンとナディア・コープは、脳の新皮質の大きさは霊長類が欺瞞的行動をとることと直接関係のあることを明らかにした。彼らはそこから、新皮質が大きい生物種ほど、その個体は他の個体をだまし、ある種の社会操作を行う能力をもつという結論を導き出した。

最近でも2011年に、アメリカのハーバード大学の心理学者と経済学者が、創造性を調べる心理テストで高い点数をあげた者は不誠実な行動もとりやすいという研究を発表した。創造性と欺瞞的行為がいずれも脳の同じ部位、新皮質でコントロールされていると知れば、以上の結論もおおいに納得がいく。要するに、創造的な科学者であればあるほど、不正行為に走りやすいのは当然の話なのである……。同じ研究者たちによれば、創造的な人々は、その不正行為を正当化ないしは隠蔽するために、結果としてより狡猾になるという。

このように、創造性と知性は人間の特性であり、一部の者でおおいに発達することもあるが、それは嘘をつく能力に比例しているのである。偉大な科学者でも若い研究者でも……普通の小学生でも、それは変わらないのである。

不正の類型分類

間違い

　間違いによる不正では、発見者は実験のときや、論文の結論を書いているときにミスを犯す。だが、たとえ間違いが繰り返されたとしても、それだけでは不正にならない。たとえばルネ・ブロンロは一九〇三年、主観的な解釈にもとづいて謎のN線を観測した(二〇二ページ以下を参照)。二〇一一年には、イタリア人物理学者ダリオ・アウティエロ率いるOpera(スイスにあるCern［セルン、欧州原子核研究機構］の粒子加速器)の研究チームが、ニュートリノの速度は光より速いという誤った発表を行った。だが、ブロンロが最後までN線の存在を声高に主張しつづけたのにたいし、Cernのチームはただちに誤りを認めた。結局、ブロンロのほうが不正者となったのである。間違いの場合、不正者とへまをした研究者の違いは、ミスを認めるかどうかにかかっている。多くのまじめな科学者が間違いの不正に陥るのは、自尊心が強すぎるからであって、もともと人をあざむくつもりはないのである。

かたくなに間違いを認めなければ不正になる。

盗用

盗用はごくありふれた不正行為であり、科学史でもっとも広く行われていることは確実である。すでに出ている結論を横取りしたり、さらに悪質なものでは、著者の名を明記せずにその分析や数式をコピーしたりする。現代の科学の方法論では、パストゥール（〇八二ページ以下を参照）やアインシュタイン（一八二ページ以下を参照）にたいする見方は厳しくなる。彼らの論文は二〇一六年の査読委員会に受理されないだろうし、パブピアのようなネット・コミュニティーで権力濫用とみなされるに違いない。

無能な学者だけでなく偉大な天才も、
研究結果だけが重要だと考えて盗用を行う。

捏造

捏造は不正の花形である。それは嘘、すなわち意図的な不正行為から生じる。二〇一四年、小保方晴子は胚性幹細胞をつくる自らの手法がいんちきであることを知っていた。外部のデータを利用して実験操作をそれらしく装い、キャリアを築こうとしたのである(一一四ページ以下を参照)。イギリスの心理学者シリル・バートは一九〇九年から一九六六年にかけて、自らの優生学理論を証明するため、双生児にかんする偽の統計的研究をでっち上げた(一五二ページ以下を参照)。一九二〇年代に化学者のオットー・オーヴァーベックは、まったく実験を行うことなく、若返りを可能にすると彼が主張する機器を考案して売りさばいた(一〇〇ページ以下を参照)。科学以外の分野でも、一九七〇年代にホンジュラスの独裁者たちが観光客をふやそうとして、ホンジュラスにおけるマヤの歴史をでっち上げ、考古遺跡までつくってしまった(〇四七ページ以下を参照)。

捏造による不正はここ数十年、ビブリオメトリクスの罠にはまった若い研究者のあいだで著しく増加している。

いたずら

不正のなかでとくに興味深いのがいたずらである。その動機はさまざまで、カーディフの巨人の場合は教会を笑いものにするためだった。ジョージ・ハルは聖書の記述が科学的に馬鹿げていることを示そうとして、巨人をつくろうと思い立った(〇二四ページ以下を参照)。機械仕掛けのトルコ人の場合は、ときの権力者に一杯食わせるのが目的だった。オーストリア女帝に仕える技師はいたずらを仕掛けたが、それは思わぬ方向へと発展する(二三三ページ以下を参照)。近年では一九九六年に、アメリカの物理学者アラン・ソーカルが、「境界を侵犯すること——量子重力の変換解釈学に向けて」というタイトルの、わざと難解な言葉をちりばめた論文をでっち上げ、著名な雑誌に掲載させることに成功した。その後、論文をめぐって激しい論争が巻き起こり、知の欺瞞にかんする彼の考え(と著書!)が広く世に知られることになった。

いたずらは、捏造を思いついたときからばれる定めにある。

1 考古学

人文科学と厳密な意味での科学との境界に位置する考古学は、現存するモニュメントや遺物をとおして古い文明を研究する。歴史家の文字史料と基礎研究の厳密な手法という相矛盾するものを利用することから、発見物はこの種の学問に固有のリスクにさらされる。実際、発掘される考古遺跡は歴史の深淵から思いがけず姿をあらわすのであり、だれもが知る、よく研究された地理的背景において見つかるとはかぎらない。さらに、遺物の多くはなにも語らず、その正体を見極めることも難しいので、きわめて主観的に解釈するしかない。そのため発掘の成果は、発見したものになにかを語らせようとする大胆不敵な研究者にとって科学の罠となる。しかし考古学の発掘は、とりわけ不正者には捏造の絶好の機会である。遺物と遺物の説明は自分の手のうちにあり、それをどう扱おうと不正者の自由だ。カーディフの巨人のように発見物をでっち上げたり、ロアタン島のマヤ化の事例のように、偽の遺跡をつくって貴重な歴史遺産に見せかけたり。さらに驚くべきことには、クレタ島のミノア文明のように、なにも語らない遺跡をもとに古代文明を創作することも可能なのである。

カーディフの巨人

ウィリアム・ニューウェルの農場で井戸を掘っていた人夫たちが、身長三メートルの人間の化石とおぼしきものを掘りあてた……。考古学はいずれも創意あふれる不正に満ちているが、カーディフの巨人は初めてマスメディアをかついだ点で、科学史上記憶に残る事件となった。

ロアタン——国家的な考古学の不正

ホンジュラス湾最大の島ロアタンは歴史論争の舞台になっている。それというのも、前例のない国家による考古学の不正が行われたからである。マヤ遺跡に観光客を呼び込み、それによって国の経済を発展させようと、ホンジュラス政府は新たな歴史をでっち上げ、楽園のようなこの島に偽の遺跡を建設した。しかしマヤ人はおそらく一度もこの島に足を踏み入れていない……。こうした欺瞞的行為により、いまでは島民自らマヤ人の末裔であると主張している。

アーサー・エヴァンズとミノア文明の発明

イギリスの考古学者アーサー・エヴァンズは一九〇〇年代にクノッソス宮殿を発見し、ミノタウロスとミノス王と王女アリアドネの伝説の迷宮は存在したと主張した。適当な史料がなかったために、エヴァンズは建物と壁画を勝手に復元し、ミノア文明という、古代ギリシア以前にさかのぼるクレタ文明の架空の歴史をつくり上げた。

カーディフの巨人

不正の種類

いたずら

科学分野

考古学

どこで?

アメリカ合衆国

いつ?

1869年

信じられたこと

巨人はほんとうに存在した。

おもな登場人物

ウィリアム・ニューウェル(農夫)、ジョージ・ハル(葉巻製造業者)、デイヴィッド・ハナム(馬の仲買人)、フィネアス・バーナム(サーカスの興行師)

アメリカの農夫が巨人の化石を掘りあてた。
それは消滅した人種がいたという証拠であった。

一八六九年、アメリカ合衆国ニューヨーク州にある小さな村カーディフ。南北戦争が終わり、アメリカ人は徐々に経済活動へ復帰しつつあった。兵士たちが復員し、農村は活気をとりもどした。内戦によってひとつの世代が大きな被害を受けた埋め合わせに、アメリカ人は、聖書の正しい解釈によって人々の魂を教化しようとするプロテスタントに「救い」を見いだしていた。

カーディフは一九世紀のアメリカ最深部を代表する地方。
広大な開拓地の周囲にはまだ手つかずの自然が広がっていた。

ウィリアム・ニューウェルはグラント将軍の北軍に従軍した若い農夫だった。故郷にもどってからは、ニューヨークの北四〇〇キロ、オノンダガ郡のシラキュースの町にほど近い、親から受け継いだ小さな農場を経営し、開拓にはげんでいた。

それより数十年前、シャトーブリアン［フランスの作家、政治家］がそのあたりに立ち寄っている。トックヴィル［フランスの歴史家、政治家。アメリカを旅行して『アメリカのデモクラシー』を書いた］の足跡をたどり、地域の長老である先住民オノンダガ族の酋長との対話をその回想録に永遠にとどめた。ほとんど人の手が入らない、完全に守られた自然にシャトーブリアンは陶然とし、あやうく理性を失いかけたと語っている。それから六〇年たっても風景はほとんど変わっていない。なるほど、いくつかの農場を中心に小さな村ができ、町はどんどん大きくなっていた。しかし、それはまだ、自然のままのアメリカで、開拓はほとんど進んでおらず、いまだインディアンの魔法があたりにしみ渡っていた。以下に述べる驚くべき物語、近代の大がかりな不正のはしりとして人々の記憶に刻まれる物語が展開したのは、そのような環境においてであった。

思いがけない発見

一八六九年一〇月一六日の朝、ふたりの井戸掘り人夫がシャベルを手に、ウィリアム・ニューウェルの農場でせっせと地面を掘っていた。冬が近づいており、ニューウェルは翌年の春にそなえて灌漑設備を整えようと、新しい井戸を掘ることにしたのである。地下水の層は一〇メートルほどの深さにあり、人夫たちの仕事は長くて一週間ほどかかりそうだった。いちばん大変なのはもちろん、パイプを打ち込んでポンプを設置する作業だ。ニューウェルも手を貸そうと作業現場に足を運び、率先して現場の指揮をとっていた。

しばらく掘ったところで、人夫たちのシャベルが石の表面に突き当たった。それは花崗岩だった!

彼らは驚いて顔をしかめたが、結局ニューウェルのアドバイスにしたがい、石の脇を掘りつづけることにした。そしてたちまち、同じ障害物に行く手をはばまれた。ニューウェルはわけがわからなかった。このあたりに花崗岩など埋まっているはずがないからだ。

ようやく人夫のひとりが石と土のすき間にシャベルを差し入れた。膝をつき、両手で土をはらいのける。石の表面は彫刻のようになめらかだった。三人の男はできるだけ土を取り除き、その物体をあらわにしようとした。肩そして腕とおぼしきものが、少しずつ姿をあらわした。彼らは怯えながらも、もっと知りたいという気持ちを抑えきれず、数時間かけて体全体を掘り出した。それは仰向けに横たわる、石でできた男の体だった。これは化石になった人間だとニューウェルは考えた。なぜならその顔は、生きていたときの表情そのままに固まっているように見えたからだ。

頭の一部はまだ土砂におおわれ、長いときがたって顔立ちは判然としなかったが、眼窩と耳の形がはっきりと見て取れた。口は閉じられ、唇の輪郭が落ち着いた表情をかもし出している。この人物の姿勢には驚くほかはない。右手は下腹部にのっているようだが、反対側の腕は背中にまわして背骨と平行にのびている。ややふくらんだ胸部は、死の苦しみにあえいでいるというより、深々と息を吸い込んでいるかのようである。当然ながら、巨人らしい外観にも目を引かれた。その身長は人夫の二倍ほどある、三・一六メートル。右腕の長さは一・四六メートル、人差し指だけで二〇センチもある。なんとか動かそうとしたが、巨人は重すぎて（一・三トン）びくともしない。全身を掘り出すには起重

ジョージ・ハル、
ウィリアム・ニューウェル、
井戸掘り人夫たち(左から右へ)が
即興のセレモニーを行い、
巨人の遺骸に黙禱している。

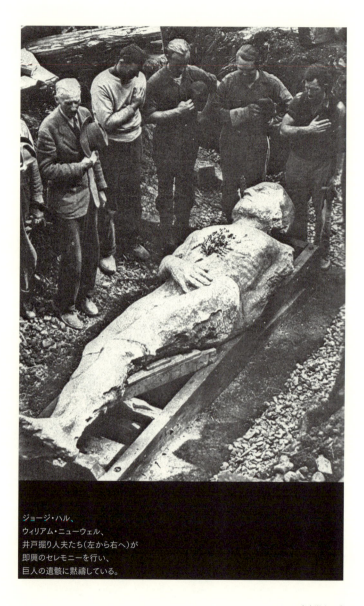

機が必要だった。人夫たちはいてもたってもいられずに農場を飛び出し、その信じがたいニュースを村中にふれ回った。「ニューウェルの農場で石のように硬い巨大な人間の体が見つかった」たちまち口コミでうわさは広まり、その日の午後にはもう、最初の野次馬たちが世紀の発見をひと目見ようと押しかけた。カーディフの巨人が誕生した。

世紀の発見を目にして、村人の興奮と好奇心は疑念を一掃した。

かつてない報道の広がり

メディアはこのニュースにとびついた。発見からたった二日後の一八六九年一〇月一八日月曜日、地元紙『シラキュース・デイリー・クーリア』にこのような記事がのった。「先週土曜日の朝、とてつもなく大きな人間の体が化石になった状態で掘り出された。このニュースに、カーディフの静かな村はかつてない興奮に包まれている」その翌日にはニューヨークの日刊紙、さらには全国のメディアがつぎつぎと巨人のニュースを報じた。『ニューヨーク・ヘラルド』の特派員は一〇月二〇日づけの紙面にこう書いている。「石化した巨人が発見されたという情報を確かめるべく、記者はカーディフ近郊の農場を訪れて取材した。井戸を掘っていたとき、地下三フィートのところでその化石が見つかったとのことである」突拍子もない仮説があれこれ立てられたが、そのときだれも、これはいたずらかもしれないとは思わなかった。

　この出来事が予想外の評判をとったとなれば、これでひと儲けできるかもしれない。そう考えたウィリアム・ニューウェルは、親族のひとり——葉巻製造で成功した実業家でいとこのジョージ・ハル——の助言にしたがい、発掘現場の上にテントを立てて巨人を展示することにした。見物料として二〇セントとり、やがて三〇セント、さらに五〇セントに値上げした。センセーショナルな話題に飢えていた地元の人々の好奇心はとどまるところを知らなかった。

考古学から見世物へ

　巨人のテントにかけつけた人々のなかにデイヴィッド・ハナムがいた。商売で成功を収め、悠々自適の隠退生活を送ろうとしていたこの男は、馬の仲買人として地元でよく知られる人物だったが、見果てぬ夢を抱いていた。見世物の興行師になることである。石の巨人は願ってもないチャンスだった。

「きみはカーディフの巨人を見たか?」

　巨人が発見されると、その正体は、当時の大学研究者や知識人、労働者やただの野次馬まで巻き込む文化的な大問題となった。

　信心深い人々は、創世記に出てくる巨人族のひとりに違いないと断言した。イエズス会宣教師が先住民を脅かしてキリスト教に入信させるためにつくった彫像だと言う者もいた。また、オノンダガ族の予言者の石化した遺体だと見る者もいた。数百年前のこと、いつかこの世にもどって子孫に会うだろうと言い残し、その予言者は死んだのである。

巨人を見物したその日にハナムはニューウェルを説き伏せ、石の男を総額二万三〇〇〇ドル（こんにちの四〇万ユーロ以上［約五〇〇〇万円］）で買い取ることに成功した。それは一一月のことで、発見から三週間もたっていなかった。

　金持ちになったウィリアム・ニューウェルは、思いがけずころがりこんだ大金をいとこのジョージ・ハルと山

メディアはペテンの共犯者か？

　カーディフの発見にたいする新聞のあつかいから、アメリカが近代的なコミュニケーションの時代に入ったことがよくわかる。

　19世紀後半、活字メディアは最新ニュースをセンセーショナルに報じるようになった。新聞の売り上げをのばし、新聞ですでに大きな位置を占めていた宣伝広告をふやすためである。こうしたメディアの近代化がなければ、このペテンもあれほどの騒ぎにならなかっただろう。それも巨人が人々をとりこにした理由のひとつであったことは間違いない。オーソン・ウェルズの火星人に先立つこと1世紀、カーディフの巨人はたしかにメディア的ないたずらのはしりであった。

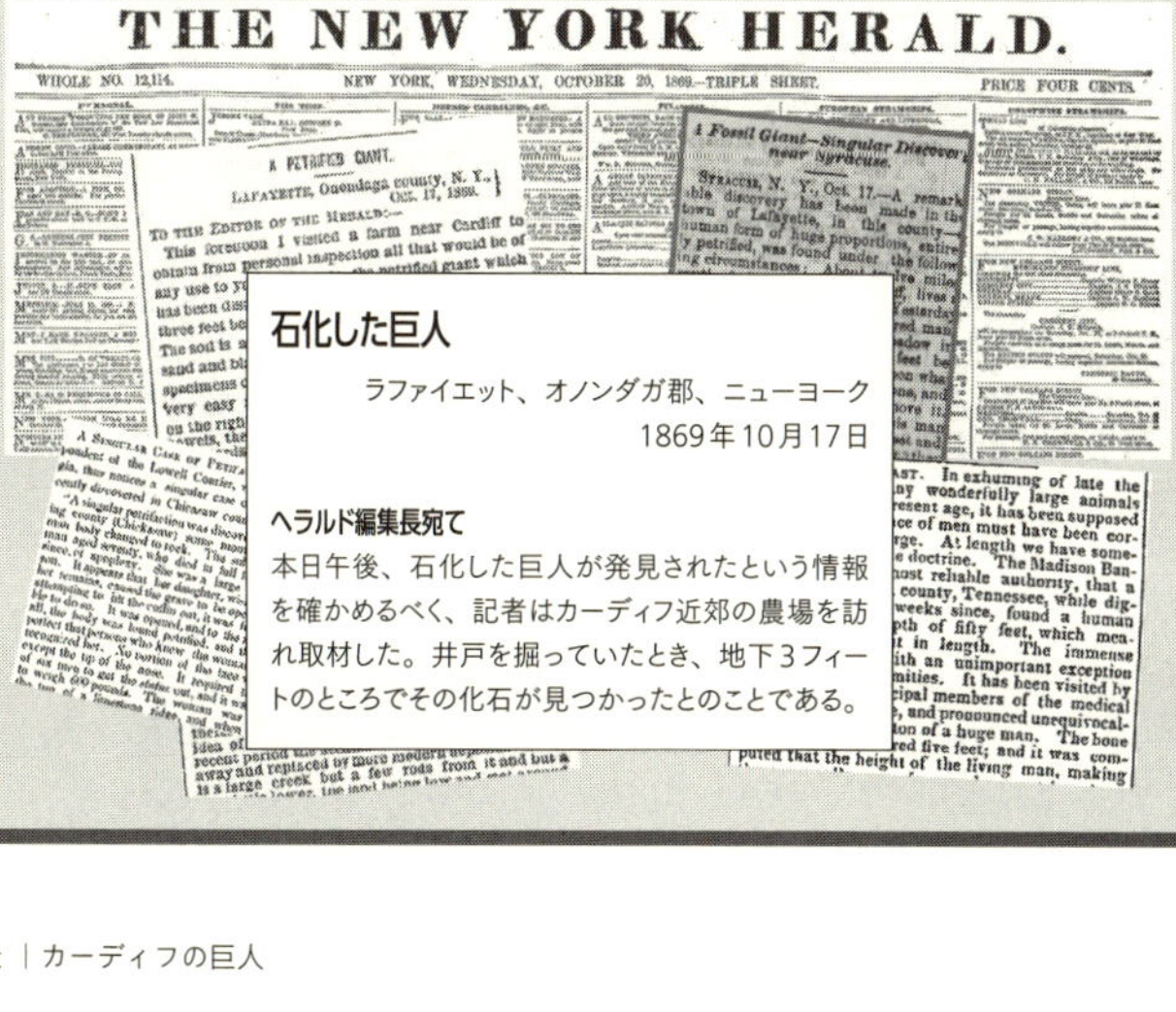

石化した巨人

ラファイエット、オノンダガ郡、ニューヨーク
1869年10月17日

ヘラルド編集長宛て
本日午後、石化した巨人が発見されたという情報を確かめるべく、記者はカーディフ近郊の農場を訪れ取材した。井戸を掘っていたとき、地下3フィートのところでその化石が見つかったとのことである。

分けにした。なにしろハルは、発見したものをうまく利用できるように手を貸してくれたのだし、とりわけ「実業家たち」と交渉してとびきりの高値で売ってくれたのである。貧しい家に生まれて教養のないデイヴィッド・ハナムは、化石がほんものかどうか疑問に思うことはなく、良識ある判断や道義心より、成功したい気持ちのほうが勝っていた。さっさと巨人を手に入れ、農場の外で展示会を開いた。

見物人がカーディフまでやって来るのを待ってはいられない。こっちから出向くべきだ。というわけでハナムはまず、村に近い大きな町シラキュースで展示会を開いて成功を収め、やがて州内を巡回するようになり、ついに、興行師にとって晴れの舞台であるニューヨークに乗り込んだ。

問われる信憑性

だが、考古学の驚くべき発見が大勢の目にさらされると、たちまち疑問の声がわきおこった。素人研究家も考古学者も、これは最近つくられた彫像であり、したがってとんだ茶番であると断言した。イェール大学の古生物学者オスニエル・C・マーシュは、巨人がまだ農場のテントの下に横たわっていたとき、はじめて公式に発言した人物である。彼の指摘は決定的だった。石化した男は解剖学的におかしなところがあったのだ。肌の表面に見られる小さい穴は、道具であけられたものだ。くぼみや不審な痕跡は、酸で彫刻を細工したときにできたものに違いない。鑿《のみ》を使ったあとも肉眼で認められると、彼は付け加えた。けれども人々はすでに納得していた。茶番であろうとなかろうと、巨人を見たいのである。そして新聞は、科学的真実などどうでもよかった。

これは茶番だと考古学者たちは断言したが、人々はすでに納得していた。とにかく巨人を見たかった。

「山師の帝王」バーナム

二〇世紀を迎える前の数十年間に、アメリカの大衆はセンセーショナルな見世物を好むようになっていた。有名なサーカス興行師フィネアス・バーナムが大成功を収めたことが、それをよく示している。自称「山師の帝王」は、だれもがもっている信じやすさと野次馬根性を利用し、近代サーカスの手法を大胆に取り入れた。すなわち、大がかりな巡業、地方での宣伝、あっと驚くような見世物である。シラキュースを訪れたとき、カーディフの巨人が商業的に成功しているのに驚き、あれこれ手をつくして、自分に巨人を売るようデイヴィッド・ハナムを説得しようとした。バーナムが関心をもっていることに気をよくしたものの、ハナムはこれほどのお宝を手放すことを拒んだ。バーナムは値をつり上げ、と

バーナム・サーカス

フィネアス・バーナムとそのサーカスは多くの小説や映画の題材になった。こんにちでも、世界一小さな親指トムや象のジャンボで知られている。

うとう一五万ドル出すと言った……これはまだ半金……いや数か月分の賃貸料だ……。しかし交渉は不調に終わった。それならそれでかまわない。バーナムは巨人を詳細に観察した。彼はだまされなかった。いかなる理由でこんなものがつくられたのか知らなかったが、彼は確信した。巨人は石に彫られたものだ。

バーナムはそっくり同じものをつくらせたが、それは石膏でできていた。運びやすくするためだ。

大きな儲けが見込まれた。近代サーカスの創始者も、巨人の「化石」という金のなる木をおおいに利用するつもりだった。彼はミリ単位のスケッチをたくさん描かせ、それをもとに、そっくり同じ複製品、しかしこちらは自分のものである新たなレプリカをつくった。一八七〇年一月にはもう、カーディフの巨人のレプリカを展示し……ほんものを上回る成功を収めた。一週間足らずで、数千人の見物人がニューヨークに押し寄せた。大衆は心底、驚嘆した。「これはカーディフの化石の精巧なレプリカだ！」途方もないものが発見されたときによく起こることだが、大衆にとって重要なのは現実ではなく、それがイメージさせるものである。コピーであるかオリジナルの巨人であるかは問題ではない。人々は感動しに来るのであって、知識を得るために来るのではないのだ。バーナムはそのことを完全に理解していたし、彼のサーカスが成功した理由もそこにあった。

ライバルの成功を快く思わないハナムは、盗作であるとして訴訟をおこす決心をした。ほどなくして、ふたりの男はニューヨーク市の法廷で対決した。新聞は裁判の話に色めきたった。あのバーナムが詐欺師なのか？　双方が言い分を主張した。裁判官が協議のために閉廷しようとしたとき、傍聴席でざわめきが起こった。見知らぬ男が立ち上がった。巨人の売買に同席していた、農夫ニューウェルのいとこジョージ・ハルだと、ハナムは気づいた。ハルは口を開き、どうしても言わなければならないことがあると切り出した。

ペテンのはじまり

それより二年前の一八六八年。カーディフから一〇〇キロほど離れたニューヨーク州ビンガムトンの町での出来事である。ジョージ・ハルは州でもよく知られた葉巻製造業者だった。町の名士たちが顔をそろえた夕食会で、聖書の記述、とくに創世記の以下のくだり（六章四節）が歴史的に真実であるかどうかをめぐって、彼はビンガムトンのメソジスト派の牧師と口論になった。
「当時もその後も、地上にはネフィリム［巨人族］がいた。これは、神の子らが人の娘たちのところに入って産ませた者であり、大昔の名高い英雄たちであった」（新共同訳）
ハルは反発し、さかんに議論をふっかけた。創世記の巨人だって？　聖書の真実だって？　ギリシ

ペテンの科学的事実

巨人症は神話ではなく、科学的事実である。医学年報だけでなく文明の歴史にも、実際にあった症例がたくさん見つかる。これは、脳の内分泌腺、脳下垂体が過剰な成長ホルモンを分泌することで発症する病気である。すべての神話の背景に真実がある……。

本物の巨人、ロバート・ワドロー（1918–1940）。
現代史に実在した世界一大きな人間の記録を保持している。
22歳で死んだとき2.72メートルの身長があった。

ア神話の英雄と同じじゃないか。招待客たちは慎重な態度をとり、牧師の権威に同調した。聖典がそのように述べているなら、それを信じなければならない。そうでなければ、アダムとイヴや神の創造自体を問い直さなければならなくなる。信仰をもつのが正しいこととされた時代に、ジョージ・ハルは筋金入りの無神論者だった。夕食会は殴り合いで幕を閉じた。ハルはここから去るよう言い渡された。彼は牧師だけでなく友人たちからも辱めを受けたと感じた。彼らは牧師の言いなりで、その説教に踊らされている偽善者だと思った。

町の名士たちの小さな社交界から追放された彼は、復讐を誓った。あいつらに一泡吹かせてやりたい。愚かな連中の言うことをどうして真に受けるのか。そのときとんでもないアイデアがうかんだ。神話や伝説がどのようにつくられるのか、巨人がどのように発明されるのか、彼らに見せてやろう。本物そっくりの巨人の化石でコチコチの信心家どもをからかってやれば、ころりとだまされるだろう。だが、どうやって本物らしくつくったらよいだろう。動物の骨にするか？ 加工するのが大変だし、簡単に見破られる。それに、一目で巨人だとわからなければならない。疑問をもたれてはならない。創世記の解釈も石のように硬直化しているのだから、石をつかってだますのは、彼の目的を達するのにうってつけの方法のように思われた。石になった巨大な人間をつくればいい。要するに彫像ということだ。

巨人の製作

ジョージは地元の地質記録を調べた。シラキュースから数キロ離れたオノンダガ族の居留地に広がる森林地帯は、かつて湖だった。泥のなかから魚やは虫類の化石が見つかることも珍しくなかった。いとこのウィリアム・ニューウェルがその地方に農場をもっていたのは、まさしく幸運だった。教養のないウィリアムは同じく無神論者で、人に影響されやすく、簡単に話にのってきた。ジョージが復讐をとげるためにどうしてそこまでするのか、彼には理解できなかったが、宗教の権威を笑いものにするための作戦に加わることにした。適当な場所に影像を埋めておいて、本物の考古学の発見に見せかける。人夫のような第三者がたまたま掘りあてたということにすれば、疑われることはないだろう。

ハルは情報がもれるのを恐れ、この彫像はニューヨーク市に依頼されたエイブラハム・リンカーンの記念碑だと職人たちに信じ込ませた。

ジョージ・ハル、独学のペテン師

ジョージ・ハルはペテンを企てる決心をしたとき58歳だった。科学者でも神学者でもなく、特別な勉強をしたわけでもなかった。引退間際の企業経営者にすぎず、葉巻の製造で成功したことから金はたっぷりあった。引退がせまると、社会的に認められたいという思いが強くなったが、まわりの者には認めてもらえなかった。ひと財産つくったことは称賛に値するが、それによって、彼が求めていたような権威や信用が手に入るわけではない。このペテンは最後に世間をあっと言わせる機会となるはずだった。

ジョージは極秘に作戦を進めた。反教権主義のプロジェクトは政治的に意味があると思うと、作戦にも熱が入った。大西洋岸のボストンの北にあるポート・ダッジの近くで、花崗岩のブロックを買った。石膏に似た灰色の石には黒っぽい筋が入っており、血管のように見えたのだ。その石は海中にあったので、「力自慢の男たち」を雇って港から石を運び出し、鉄道でシカゴの石工のもとへ送らせた。花崗岩のブロックを運ぶのに三週間かかり、多くの人手を要した。石工に口止め料を払い、なんのために仕事をしているのかきかないでくれと頼んだと、ハルはのちに語っている。石工には大きな人間の遺骸を本物らしく彫るよう命じただけで、それ以外になんの指示も出さなかった。

つくりものの化石を本物だと信じ込ませるために、ハルは「奇想天外な」仕上げをほどこした。酸で年月がたったように見せかけ、自分でつくった道具、すなわち硬いかがり針を何本も柄の先にとりつけたものをつかい、皮膚に無数の小さな穴をあけたのである。にわか芸術家は作品の出来映えが気になり、手持ちの鑿をつかって下手くそながら、細かいところまで入念に仕上げた。

一八六八年九月に彫像の準備がととのった。そして彫像は予想以上の成果を上げた。ジョージは巨人をつくるのに、二六〇〇ドル（現在の約四万ユーロ［約五〇〇～六〇〇万円］）以上を費やした。だがそれ以上の大金がころがり込み、苦労したかいはあった。あと一歩のところで失敗するのをおそれたジョージとウィリアムは、彫像を掘り出すのを一年間がまんした。農場まで彫像を運ぶ謎の荷車がとおるのを住民に見られたので、彼らの記憶が薄れるのを待つことにしたのである。

ペテンの発覚

化石の著作権をめぐる裁判が開かれている一八七〇年のニューヨークの法廷に話をもどそう。バーナムにそのコピーを展示する権利があるかって？　ジョージ・ハルはいら立っていた。この茶番にうんざりしていた。まずニューウェル、それからハナム、そしてバーナムに主役の座を奪われた。彼が期待した聖書の記述の信憑性をめぐる公開討論も行われなかった。メソジスト派のプロテスタントを笑いものにするどころか、見世物の興行に成功しただけだった。裁判のあいだ、話そうかどうか迷っていた。閉廷の直前になってようやく、立ち上がって話す気になった。法廷だけでなく世間一般に真相を語ることにしたのである。「私はジョージ・ハルといいます。あの巨人は偽物です。私はそのことを知っています。なぜなら、あれをつくったのは私だからです」法廷は静まりかえり、きこえるのは記者たちのペンがメモ帳のページを走る音だけだった。裁判長は驚いた様子で、しばらく口を開くことができなかった。

「私はジョージ・ハルといいます。あの巨人は偽物です。私はそのことを知っています。なぜなら、あれをつくったのは私だからです」

短時間の審議ののち、裁判長がブロードウェーの芝居さながら判決を読み上げた。偽物の偽物は、法的には偽物ではない。したがって、フィネアス・バーナムは無罪となり、聴衆の熱烈な喝采をあびたのだった。しかし巨人は、まだその輝かしいキャリアを終えていなかった……。

発見から一五〇年以上たっても、カーディフの巨人が近代史上もっともよく知られた考古学のいたずらであるのは間違いない。何人かのコレクターの手を経て、巨人は一九四八年、最終的にニューヨーク州のクーパーズタウンにある農民博物館に買い取られた。いまもそこに展示され、多くの旅行者を引きつけている。またバーナムの偽の巨人も、デトロイト近郊の「マーヴィンの不思議な機械博物館」に保存されている。

新しい巨人たち

カーディフの後も世界中で多くの巨人が発見されている。

二〇一五年七月二八日、考古学者たちが巨大な脛骨《けいこつ》を囲んでいる衝撃的な写真とともに、ある情報がネット上をかけめぐった。「ウルル＝カタ＝ジュク国立公園（オーストラリア）のエアーズ・ロックに近いウルル考古遺跡で、アデレード大学のチームが、これまでで最大の人骨を発見したと、今朝の『アデレード・ヘラルド』が報じた」

自称アデレード大学教授ハンス・ジマーはつぎのように発表している。「理論上、身長五メートルのヒト科動物はあり得ない。どうしてこんなものが出てきたのか。どうしてこんなことが可能なのか。この発見にわくわくさせられるが、疑問に答えるどころか、新たな疑問がつぎつぎとわいてくる」ただ、アデレード大学にも世界中のどこにも、ハンス・ジマー教授は存在しない。ワールド・ニュース・デイリー・リポートといういたずら専門のインターネット・サイトが仕掛けたペテンであった。それでもソーシャル・ネットワークや一部の情報サイトをつうじて、このニュースはまたたくまに広まった。

カーディフ以降、何十という巨人が発見されており、かなりの注目を集めた例さえいくつかある。一八九五年にアイルランドのアントリム州で見つかった巨人は、カーディフの巨人とよく似た経過をたどった。一九三一年にはスイスのフンボルト湖の底から、長さ三・五メートルの人間の骨格が見つかっている。一八七〇年以来、特別に運のいいアマチュア考古学者が世界のどこかで巨人を見つけたというニュースのなかった時期は、十年間もない。しかしながら、マスメディアを相手にいたずらを仕掛けた最初の事例として、ジョージ・ハルの驚くべきペテンには、いまでも特別な愛着を感じるのである。

巨人神話の起源

考古学における数々の不正の背景に、しばしば、宗教の歴史に起源をもつ通俗的な想像世界や神話の存在がある。同様にして巨人神話はギリシア神話に生まれ、多くの聖典に受け継がれた。いくつか例を挙げて、神話のなかで巨人がおもにどのような形であらわれ、民衆の信仰のなかで何千年も生きつづけてきたか見てみよう。

ギリシア人における巨人（古代ギリシア語でギガンテス、「地から生まれたもの」）は、並外れて大きいだけでなく、特別な力をもつ存在である。その特別な力により、巨人はもともと、人間と全能の神の中間に位置するスーパーヒーローの地位を与えられていた。ウラノス（天）とガイア（地）の子どもである巨人たちは、結局のところ神話ではほとんど活躍しないが、それでも何世紀ものあいだ、若い世代の心にしっかりと刻まれた。もっともよく知られたギリシア神話のエピソードはギガントマキア（「巨人族との戦い」）である。ゼウスは巨人のティタン族をタルタロス（ギリシアの神々が落とされる地獄）に閉じ込めた。彼らの母ガイアは憤慨してオリュンポスの神々に宣戦布告し、巨人族の息子たちを戦いへ送り込む。

旧約聖書には巨人の存在が繰り返し語られている。創世記には「当時もその後も、地上にはネフィリムがいた（……）」とある。カーディフの巨人のペテンを仕掛ける動機となったのが、この聖書の一節である。

聖書（サムエル記一七、一－五八）およびコーラン（アル・バカラ、二五一節）でもっとも有名なエピソードは、間違いなく、若いダビデ王が巨人ゴリアテと戦う話である。ダビデはペリシテ人の英雄ゴリアテを投石器の一撃で打ち倒す。

聖書の第五の書（モーセ五書の最終巻）、申命記には、バシャンの王である巨人オグが登場する。「バシャンの王オグは、レファイム人の唯一の生き残りであった。彼の棺は鉄で作られており、（……）長さ九アンマ、幅四アンマもあった」一アンマは約五〇センチなので、王の棺は長さ四メートル以上あったことになる。

さらにヨシュア記（旧約聖書の第六の書）では、巨人たちは事実上、皆殺しにされている。「ヨシュアは攻め込んでアナク人を（……）山地から一掃した。ヨシュアは彼らをその町もろとも滅ぼし尽くしたのである。アナク人はそのため、イスラエルの人々の領土から姿を消し、ガザ、ガト、アシュドドだけにわずかに残った」

有名な巨人たち

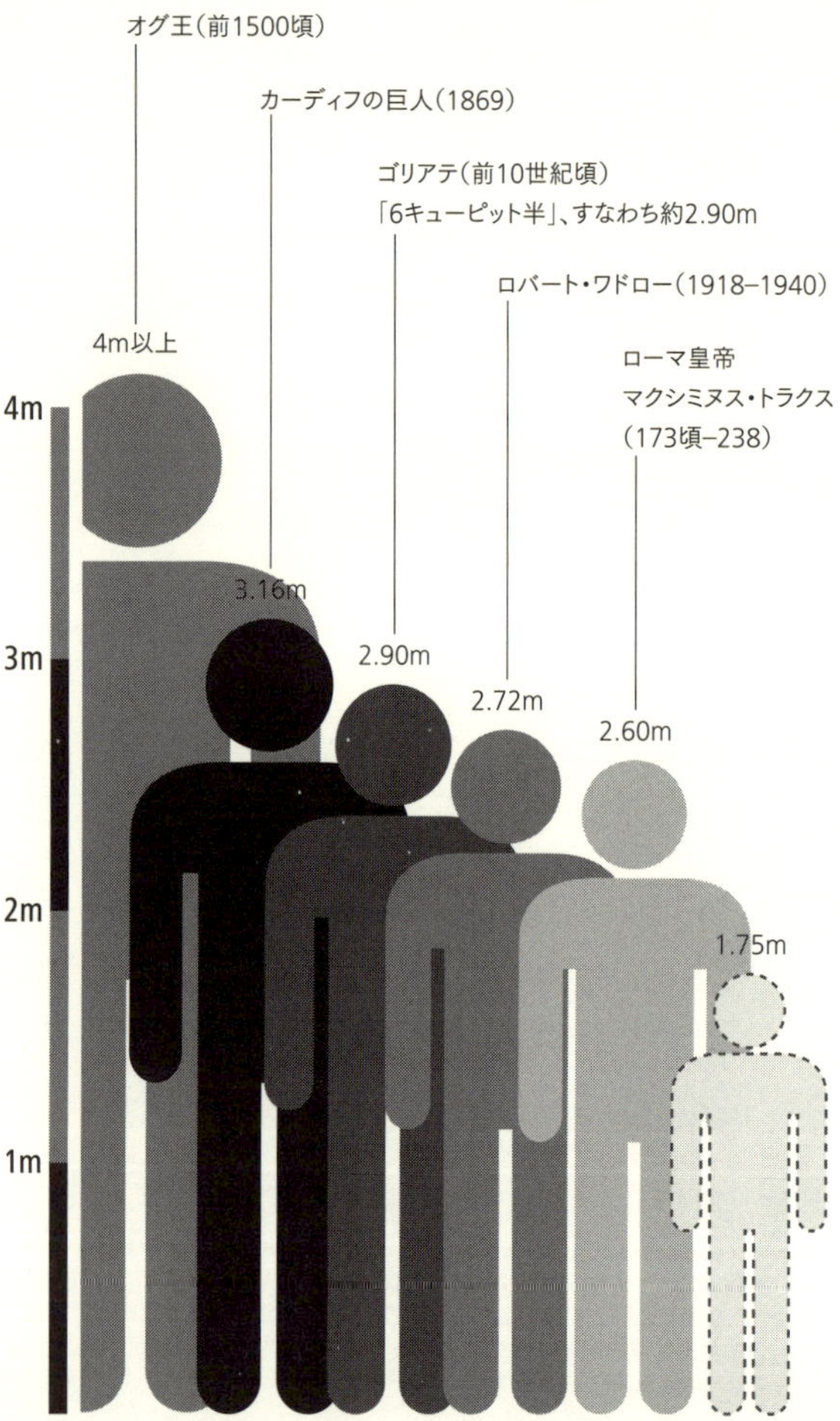
オグ王（前1500頃）
4m以上
カーディフの巨人（1869）
3.16m
ゴリアテ（前10世紀頃）
「6キューピット半」、すなわち約2.90m
2.90m
ロバート・ワドロー（1918–1940）
2.72m
ローマ皇帝
マクシミヌス・トラクス
（173頃–238）
2.60m
1.75m
4m
3m
2m
1m

ロアタン——国家的な考古学の不正

不正の種類

捏造

科学分野

考古学

どこで?

ロアタン、ホンジュラス沖の島

いつ?

1970年代以降

信じられたこと

ホンジュラス人はマヤ人の末裔である。

おもな登場人物

クリスチャン・ウェルズ(研究者)、ダリオ・エウラケ(研究者)、ホンジュラス国立人類学歴史学研究所、ホンジュラス国家

ロアタンはカリブ海にうかぶ小さな楽園である。島を訪れる観光客は素晴らしい海岸やダイビングスポットに夢中になっている……そしてマヤの偽の遺跡にも。

「国とそこに暮らす人々の真の歴史を知らなければ、国の過去はただ、神話と嘘に満ちた支離滅裂なものになるだろう」二〇一二年、考古学者のマイケル・バワヤはロアタンの考古学と歴史学の不正について、権威ある雑誌『アメリカン・アルケオロジー』でこのように述べた。ホンジュラスのマヤ化という国家的欺瞞のからくりを明らかにし、不当にも人々の記憶から消された民族ペッチを再発見するのに、彼も一役買うことになった。

この話は二〇〇三年、アメリカのサウスフロリダ大学考古学科の地下室から始まる。新大陸発見以前の中南米の文明を専門とする考古学者クリスチャン・ウェルズは、いつものように、資料室にずらりと並んだ戸棚を引っかき回して探しものをしていた。そのとき偶然、「マヤ陶器」というラベルのはられた大きな箱が見つかった。古いカードを調べると、それは十年ほど前、一九世紀からロアタン島に住むホンジュラスのある家族から大学に寄贈されたものだとわかった。箱のなかには、一五〇点あまりの皿や鉢などのさまざまな容器のコレクションと、ホンジュラス国立人類学歴史学研究所が発行した鑑定書が入っていた。中米の多くの遺跡について研究し、マヤの陶器をすでにいくつも鑑定していたクリスチャン・ウェルズは、それらを念入りに調べてみることにした。

考古学者クリスチャン・ウェルズが大学の資料室で偶然、マヤの陶器を発見した。

彼がひどく驚いたことには、正式な鑑定書がついているにもかかわらず、それらの陶器はマヤ人がつくったものではなかった。さらに詳しく調べると、それらの陶器をつくったのは、ほとんどなにもわかっていないホンジュラスの謎の先住民、ペッチ族であるとわかった。となれば、それら素焼きの陶器はいっそう貴重なものとなるのだが、間違ってマヤの陶器とされていたのだ。

ウェルズはホンジュラスの首都テグシガルパにあるホンジュラス国立人類学歴史学研究所に連絡し、彼の発見を伝えるとともに、どうして誤った鑑定書がつけられたのか事情をきこうとした。ところが、鑑定書は科学的にも行政の手続きからいっても正当なものだという答えが返ってきた。彼はもっと詳しく知りたくなり、アメリカのハートフォードにあるトリニティー・カレッジのラテンアメリカ史教授、ダリオ・エウラケに連絡をとった。ホンジュラス出身のエウラケは、新大陸発見以前のホンジュラスの歴史を知る数少ない専門家のひとりである。そして彼が明かしたことは、ウェルズの調査の方向を何年にもわたって変えることになる。それらがマヤの陶器でないことは、エウラケもすでに承知していた。なぜなら、マヤ人は一度もロアタンに居住したことがないからだ。けれども一九七〇年代以降、島の住民とホンジュラスの歴史学者たち、そしてホンジュラスの大学の大半は、独裁政権の圧力を受け、ロアタンの島民は新大陸発見以前のマヤ人の末裔であると異口同音に主張していた。

ホンジュラスの軍事独裁政権は観光産業を振興するため、「ホンジュラスのマヤ化」を推し進めた。

実のところ、そのころ相次いで政権の座についたホンジュラスの軍事独裁者たちは、のどかな楽園ではあるが文化的に貧弱な国家の観光収入をふやそうと、ダリオ・エウラケが「ホンジュラスのマヤ化」と呼ぶものを打ち出したのである。

新たにつくられた歴史

かくしてホンジュラス観光省は一九七三年、グアテマラとの国境に近いマヤの都市遺跡コパンをもとに、ホンジュ

研究所の不正

ホンジュラス国立人類学歴史学研究所はマヤ化の不正で主導的役割を果たした。1952年に創設されたときにはきわめて信頼性の高い研究センターだったが、1970年代、新たにつくられた観光省直属の機関となり、古代エジプトとならんで世界でもっとも人気のある古代文明のひとつ、マヤ文明と結びつけて国民の歴史的アイデンティティーをつくり上げようとした。

ラス中心部のマヤ化にとり組みはじめた。一九八〇年には、コパン遺跡のユネスコ世界遺産登録に成功する。この遺跡は本物だが、範囲は限られており、ホンジュラスの歴史を代表するものではなかった。国の主要部分は一度もマヤに支配されたことがなかった。

経済的な理由から、一国のアイデンティティーがほんの数年で形づくられた。

権力を握った軍人たちは、コパンの都市遺跡を改修して美しく整備し、いくつかの建物と、遺物や彫刻を収める博物館をそこに加えることを決定した。結局、遺跡を復元するのだから……、コパンのレプリカをよそにつくり、そこも観光の目玉にしたっていいではないか。そのような理屈で、ホンジュラス政府はロアタン島をその場所に選んだ。コパンが密林のまんなか、いちばん近い海岸から車で四時間以上かかる、標高六〇〇メートルの小さな谷にあるのにたいし、ロアタン島は楽園のような理想的な環境を提供していた。旅行者の島へのアクセスをよくしてもっと金を落とすよう、あと少し手を加えれば、南米においてエジプトのギザのピラミッドに匹敵する遺跡となるだろう……。

過去の抹殺

ホンジュラスのマヤ化と並行して、新世界発見以前にペッチ族が住んでいたことを示すロアタン島の本物の遺跡のうち、3分の1以上が破壊された。それは島で都市開発をすすめ、道路や観光インフラを建設するためだった。

それが軍人たちの目論見だった。そのためならなんでもするし、マヤの遺産がなければそれをつくってでも、歴史という最後のハードルを越えようとした。

近代文明の歴史ではまれなことだが、一国の歴史が数年のうちに書き換えられ、観光産業を振興するという経済的な理由から、国のアイデンティティーがつくり上げられた。学校の教科書と大学教育は手直しされたし、ホンジュラスの知識人と教師たちには、新しいマヤの起源を否定してはならないとする命令が正式に出され、それにしたがわない者は昇進できなかった。数十年にわたって歴史が書き換えられた結果、こんにちではホンジュラス国民の大半が、この「もうひとつ」の起源を自ら主張するようになっている。ほんとうの先住民ペッチ族はほとんど忘れられ、まるで存在しなかったかのようである。

ペッチ族の痕跡をたどって

この歴史の茶番を、皮肉をこめて説明しようとするなら、クリスチャン・ウェルズの陶器はあたかもシュレーディンガーの猫(観測者によってひとつの物体がさまざまな状態で存在し得ることを示す思考実験)のような量子的存在ということになる。クリスチャン・ウェルズがフロリダの大学の研究室から、それらの陶器がペッチ族のものであると見たのは、科学的に正しい。しかし、テグシガルパの人類学歴史学研究所の所長室から見れば、それらはやはりマヤのものであり、科学的にもそのように認められているのだ。
こうした事態に興味をかき立てられたウェルズは、現地に行って調査する決心をした。陶器が出土したペッチ族の遺跡を自分で見つけ、ホンジュラスが行っている信じがたい考古学の不正を世間に知らしめ（認めさせ）ようとしたのである。彼は現地に到着するなり、観光産業の発展ぶりと……見事なマヤの遺跡を目にすることになる。

クリストファー・コロンブスの息子フェルナンド

ロアタンの歴史にかんする記録はほとんどない。新大陸発見以前の数少ない史料のひとつが、偉大な探検家の息子フェルナンド・コロンブスの日誌である。

1502年7月、クリストファー・コロンブスは新世界への最後の旅となる第四次航海の途中、ホンジュラス北岸沖の湾にうかぶ島々を訪れた。息子のフェルナンドも同行し、父の部下たちが原住民と遭遇したときの様子を記録している。幅が八フィート（2.5メートル）もある、木の幹をくりぬいてつくられた原住民のカヌーに驚嘆し、「舟の中央に椰子の葉の屋根がかけてあり、雨や波を完全に防いでいる」と、日誌に書いている。このカヌーは、ユカタン半島かベリーズ、ないしはメキシコからやってきたと思われ、彼によれば、交易品を積んだマヤの舟であった。これをマヤの舟と同定したばかりに、フェルナンド・コロンブスは心ならずも誤った歴史的根拠を提供することになった。この情報に目をつけ、拡大解釈することで、新大陸発見以前にホンジュラス湾の島々にマヤ人がいたという神話がつくられたのである。

歴史の捏造の最たるものは、島の主要な観光施設マヤ・キーであった。その目玉はコパンのレプリカである。それらの「廃墟」はオリジナルであると表示されているわけではないが、コピーであるとはっきり書かれているわけでもない。旅行者の大半はマヤ・キーをロアタンとホンジュラスの歴史ととらえ、それが本物かどうかにまったく関心がない。

政策転換？

クリスチャン・ウェルズは二〇〇三年に陶器について調べ始めてから、ロアタンの本当の歴史を認めさせようと奮闘していたが、二

ロアタンはマヤ・キーの偽の遺跡より、楽園のようなビーチリゾートとして人気がある。

マヤ・キー——「考古学の」レジャーランド

ロアタンの西にある小島マヤ・キーは、嘘のマヤ起源とあらゆる形で結びつけられたアトラクションを提供する、まさしくレジャーランドである。園内には、中米の野生動物を展示するスペース、熱帯植物園、マヤの芸術や技術を紹介するスペース、マヤ・グッズを売る土産物店、飲食物の販売所、白い砂浜の海水浴場二か所……そしてコパンのマヤ遺跡の複製がある。入場料は30ドル（27ユーロ［約3600円］、比較としてディズニーランドの入場料は50ユーロ）。1年をとおして毎日、およそ250人から300人がこの島を訪れている。その多くは、クルーズ船が寄港している数時間しか島に滞在しない。彼らはサルやジャガーの写真をとったり、ビーチタオルを借りて澄み切った海でひと泳ぎしたり、神聖文字の階段のレプリカにのぼったりしただけで、さっさと船へもどっていく。

〇〇五年にマヌエル・セラヤ大統領が選出されると、とうとう彼にも追い風が吹き始めた。セラヤ大統領は、ホンジュラスの少数民族とその起源の再評価をおもな目的とするプログラムを発足させた。歴史家のロドルフォ・パストル・ファスケレが文化大臣に任命され、ダリオ・エウラケに人類学歴史学研究所の指揮をとらせるとともに、マヤ化をやめて歴史をあるべき姿にもどす手助けをした。

二〇〇八年、ダリオ・エウラケはロアタン島の真の過去を解明しようと、クリスチャン・ウェルズを招いて古い遺跡の発掘を行った。こうして、島民の真の歴史を改竄する不正に終止符を打つべく、「ロアタン・プロジェクト」が始まった。その翌年、ウェルズは島の半分を調査し、新大陸発見以前の住民の大半がまさにペッチ族であったことを明らかにした。残念ながら、プロジェクトの立ち上げからほどなくして、ホンジュラスはほぼ同時にふたつの災厄に見舞われた。地震とクーデターである。二〇〇九年六月、セラヤ大統領は軍によって政権の座を追われた。ロドルフォ・ファスケレとダリオ・エウラケはただちに罷免された。

いまもつづく欺瞞

風向きが変わった証拠に、新しい研究所長は人類学者でも、考古学者でも、歴史学者でもなかった。現在の執行部は真実重視のプロセスを逆転させ、スペイン統治以前の文化はもっと複雑で、マヤ人起源説を一概に否定してペッチ族と入れ替えることはできないと説明している。

いっぽうクリスチャン・ウェルズは、もし本物の遺産をめぐる観光事業がいくらかでも軌道にのれば、ホンジュラスの指導者たちもこの変化を歓迎するだろうと述べている。彼らの動機は経済的なものにすぎず、政治的なものでも文化的なものでもないのである。ダリオ・エウラケのほうは相変わらず現実的だ。ホンジュラス国民が真実の歴史を心から望んでいるのはたしかだが、貧困とか暴力とか公衆衛生の問題とか、ほかにも気がかりなことがたくさんあり、軍事独裁者の考古学の不正まで手が回らないだろうというのである……。

本物のコパン遺跡

　コパンはホンジュラスの西の端、グアテマラとの国境に位置する本物のマヤの都市遺跡である。コパンの歴史が始まったのは二世紀から三世紀にかけて。都市は七世紀に最盛期をむかえたのち、なんらかの理由で一〇世紀頃に突然、放棄された。

　都市はモタグア川の支流コパン川沿いにつくられている。廃墟のかなりの部分は川に押し流されてしまったが、メキシコ南部のユカタン半島にあるチチェン・イツァやグアテマラ北部のティカルとともに、コパン遺跡はこんにちまで、観光客だけでなく研究者にとってもっとも印象深いマヤの考古遺跡のひとつになっている。

コパンの神聖文字の階段は乱雑に復元された。

都市のプランはマヤの宇宙論的信仰にもとづいてつくられている。都市は四方位にしたがって配置され、世界の軸を象徴する聖なる中心がある。この中心は「グループ・プリンシパル（プリンシパル・グループ）」と呼ばれ、大広場、球技場、アクロポリスからなる。住居は東西南北の端に分散して建てられ、舗装道路で中央と結ばれている。

コパンの神聖文字《ヒエログリフ》の階段に彫られた二二〇〇字あまりの碑文は、これまでに知られるマヤ文字のもっとも長いテキストである。

コパン遺跡の見どころのひとつが壮大な神聖文字の階段で、これとまったく同じものがマヤ・キーに復元されている。もとの階段は全部で六三段あったが、スペインの探検家ディエゴ・ガルシア・デ・パラシオが一五七〇年にコパンを発見したときには、一五段しかなかった。崩壊した四八段が考古学者によって発掘されたのは一九世紀になってからである。一九三五年以降に行われた一連の修復で、それらの階段は順番を考慮せずに積み直された。

したがって、この考古学の謎全体を解読するのはもはや不可能だが、神聖文字のテキストはコパン王朝初期の五人の王の生涯を語っている。階段の中心線には、ステップに座った王たちの像が彫られ、建物をのぼる見物人を威厳に満ちたまなざしで見守っている。王の彫像の周囲には、戦争や人身御供、祖先の礼拝を描いた装飾がほどこされている。

階段の蹴込みに神聖文字（左、一部の模写）が細かく彫刻されている。正確な意味を復元することはできないが、コパン王朝の年代記が書かれていることがわかっている。石碑（右、側面と正面の模写）は第15代コパン王カック・イピヤフ・チャン・カウィールの肖像である。ロアタンのマヤ・キー遺跡には、型をとってつくられた、これとまったく同じ石碑が復元されている。オリジナルの石碑は階段の下にあり、756年頃に建てられた。

アーサー・エヴァンズとミノア文明の発明

✣不正の種類
捏造
✣科学分野
考古学
✣どこで?
クレタ島
✣いつ?
1900年
✣信じられたこと
クノッソスの廃墟はミノス王の伝説の宮殿とミノタウロスの迷宮である
✣おもな登場人物
アーサー・エヴァンズ(イギリスの考古学者)

一九〇〇年、イギリスの考古学者が先ギリシア時代の地中海文明の遺跡を発見した。それまでまったく知られていなかった、歴史とギリシア神話の境界に位置する文明である。彼は遺跡を復元することに決め……ミノア文明を創作した。

かつてクノッソスの先史時代の宮殿の壁を飾っていた色鮮やかな壁画の数々は、遺跡にほど近いイラクリオン考古学博物館に収められ、博物館の至宝となっている。それらクレタのフレスコ画は前二〇〇〇年代に描かれたもので、古代ギリシア文化を代表する絵画とされており、一世紀前から多くの教科書やポスター、絵葉書に繰り返し取り上げられている。百合の花の冠をかぶってさっそうと歩く若い王子や、ハヤやウニのあいだを泳ぎまわる五頭の青いイルカなど、ひと目でそれとわかる名品ぞろいだ。

しかし、クレタの宮殿跡を訪れる旅行者のなかで、遺跡の歴史的真実を知る者はいったい何人いるだろうか。フレスコ画と建築物の大半が、おもにイギリスの考古学者アーサー・エヴァンズの想像の産物にすぎないことを知る者は、いったい何人いるだろう。地中海の考古遺跡で最大かつ最古の遺跡――規模の大きさでしばしばポンペイと比較される――は、復元と偽造のあいだで揺れ動きながら、失われた文明がどのようなものであったか教えている……。だがそれは、発見者によって創作された文明なのだ。ある者にとっては芸術的壮挙であり、またある者にとっては考古学史上最悪の欺瞞であるものを、彼はどうやってつくり上げたのだろう。彼はなぜ、本物の素晴らしい遺跡を想像上の遺構で飾り立てたのだろうか。彼の真の意図はどこにあったのか。

ギリシア神話の歴史的遺構

紀元前一七〇〇年頃、ギリシアの沖合にうかぶ島クレタに、ミノス王の王国と伝説のミノタウロスの迷宮があったとされる。

それから四〇〇〇年近くたち、二〇世紀をむかえる頃になっても、その神話時代の遺構はまだ発見されていなかった。その島は、ギリシア文明の歴史で重要な位置を占めているにもかかわらず、ヨーロッパの学者にまだ広く知られておらず、クレタ島の正確な地図さえ当時一枚も存在しなかった。おそらく無意識のうちに、島は歴史よりも神話に結びつけられていた。この地域にたいする考古学の関心が薄かったのは、そこが政治的に不安定だっ

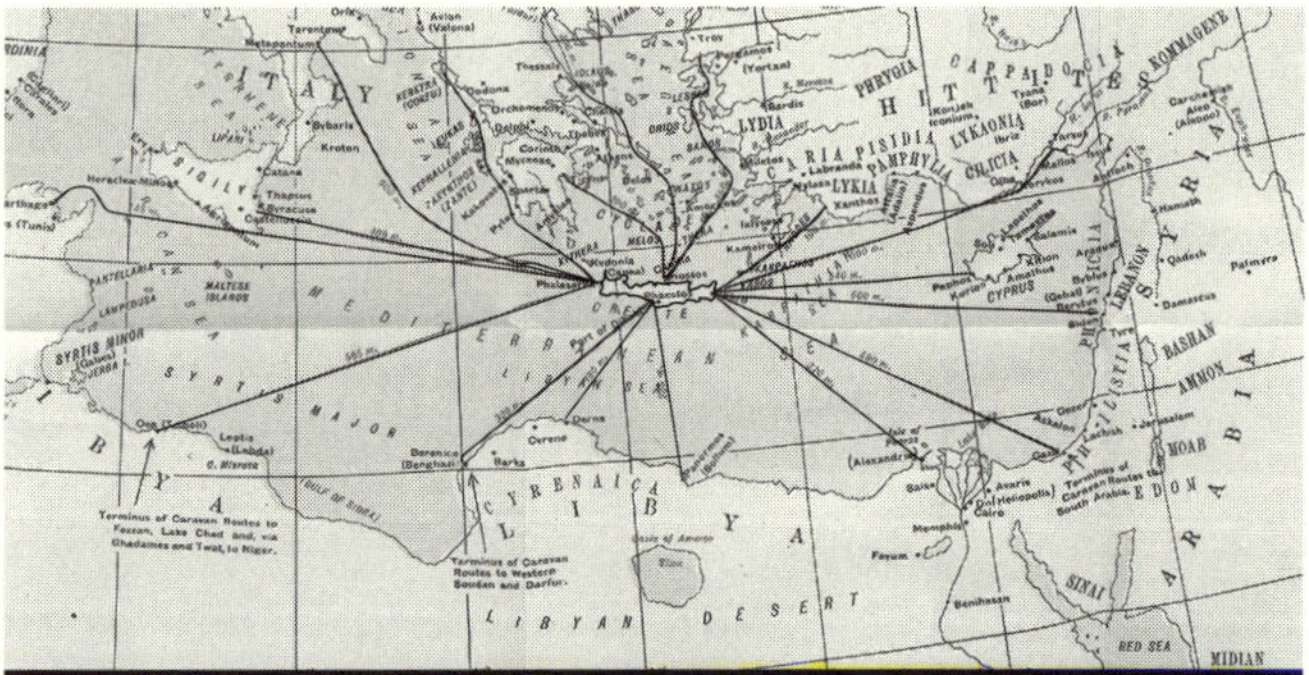

海で大陸と結ばれていたことを示すクレタ島の地図。1921年、エヴァンズの著書に掲載された。クレタ島はギリシア本土、ロドス島、リビアからほぼ等距離にある。このように地理的に有利な場所に位置していたことから、クレタ島はヨーロッパ、アフリカ、アジアを結ぶ海の十字路になっていた。

たからでもある。二世紀におよぶオスマン帝国の支配ののち、島が独立を勝ちとったのは、ようやく一八九八年になってからだった。

ミノス王の伝説が何千年も語り継がれたのは、歴史ではなく神話のおかげだった。

当時、クレタにかんする知識は、神話で語られていることに限られていた。クレタはゼウスの生まれた島であり、ヘラクレスとテセウスが牛頭人身の怪物と戦った場所でもある。そして、ゼウスとエウロペの息子ミノスがクレタ王国を支配していた。一九世紀まで、有名な迷宮やゼウスの墓とおぼしき遺構があるということだけは、探検家たちの話をつうじて知られていた。一八八〇年以降、フランスをはじめ、アメリカ、イギリス、イタリアと、欧米各国がアテネに考古学研究所を設立し、考古学者たちがその支援のもと、少しずつ島を調べるように

ミノスとミノタウロスの伝説

牛頭人身の怪物ミノタウロスは、ミノス王の妃パシファエとポセイドンから贈られた白い雄牛とのあいだに生まれた。ミノスはダイダロスがつくった迷宮にミノタウロスを閉じ込め、アテナイ人に、7人ずつの若い男女を定期的に生け贄として差し出させた。アテナイの王子テセウスは怪物を殺すことに成功し、その重い貢ぎ物からアテナイ人を解放した。一説によれば、ミノタウロスの造形は、雄牛と双斧（ラビリス、「迷宮《ラビリントス》」の語源）にたいする信仰から生まれたものだという。この信仰は先ギリシア時代の宗教にたびたび見られるもので、神聖な闘牛も行われた。

なった。そのころより、独立間もないギリシア国家からできるだけ有望な遺跡、ハインリヒ・シュリーマンが発掘したトロイアやミケーネのような遺跡を発掘する権利を得ようと、各国がしのぎを削るようになる。

ハインリヒ・シュリーマンの発見によって
ホメロスの語るミケーネ文明の存在が
明らかになったことに、考古学者たちは驚嘆した。

ギリシアの伝説がトロイアとミケーネの遺跡によって現実のものとなるなら、クレタについても同様のことが起きるのではないか。ドイツの考古学者シュリーマンの研究につづいて、クレタにかんする熱狂的な出版物がヨーロッパに出回るようになり、クレタ島は数年のうちに、忘れられた土地から考古学の新たなエルドラドとなった。人々の関心の中心は失われたクレタ文明の首都クノッソスであった。初期の発掘によってクノッソスの位置はおおよそ確定されており、その遺跡を徹底的に調査する——ようやく！——許可を得ようと、外交的な駆け引きが繰り広げられた。アーサー・エヴァンズの驚くべき冒険はこのとき始まる。

アーサー・エヴァンズ――文明の発明者

アーサー・エヴァンズは1851年に生まれた。父は製紙業で財産を築き、著名な考古学者でもあった。エヴァンズはオクスフォードで歴史を学んだのち、東欧へ発見の旅に出る。英日刊紙のバルカン通信員として働きながら、考古学にも情熱をそそいだのである。その当時、とくにバルカン地域での取材は危険をともなった。1882年、ヘルツェゴヴィナでスパイ容疑により投獄され、死刑宣告を受けたが、結局、間一髪のところでイギリスの外交官たちに助けられる。釈放と引き替えに、オーストリア＝ハンガリー帝国から追放されることになったのである。

オクスフォードにもどったエヴァンズは、大学の栄えある博物館、アシュモレアン博物館の館長のポストにつき、ヨーロッパにおける考古学研究のための基金集めに奔走した。1890年代半ば、彼の関心はクレタ島へと向かった。忘れられた文明の発見で彼の生活は一変する。やがてその文明をわがものとし、新たな形を与えることになる……。

イギリスの考古学者がクレタを再発見する

エヴァンズは古代世界とその遺物に熱中し、オクスフォード大学博物館の考古学の収蔵品を増やしていった。そんなある日、「島の石」と呼ばれる彫石に出会う。小石に刻まれた記号はある種の文字のようだった。アテネの古物商によれば、クレタ島由来の石だという。

ミケーネのシュリーマンと同じく、エヴァンズも文字と歴史を手がかりに、その石こそヨーロッパの考古学者たちがクノッソスで発見しようとしている先史文明の遺構から出たものだと考えた。大きな文明はすべて独自の文字をもっている。シャンポリオンは古代エジプト文字を解読した。いまこそホメロス時代の地中海世界を歴史の闇からよみがえらせるときだ。エヴァンズはホメロス時代のシャンポリオンになれるかもしれなかった。彼は全力をあげてそれを目指すことになる。

エヴァンズは現地調査を行い、先史時代の遺構がたくさん存在することに気づいた。まだ発掘されていないクノッソスの遺跡はそこにあると、彼は確信する。

家族の財産を利用し、父親の積極的なサポートを受けて、彼は一八九九年、イラクリオンに近いケファラ遺跡を手に入れようとする。そこはミノス王とアリアドネ王女と恐ろしいミノタウロスの伝説の都市、古代のク

平和的アプローチ

エヴァンズの平和主義はミノア文明の政治的な見方に影響を与え、発掘もその方向にそって進められた。実のところ発掘作業が始まったのは、ギリシアとトルコの戦争（希土戦争）が終結し、クレタ島に自治が認められて2年目のことだった。長く悲惨な戦争で市民生活が破壊されたことに心を痛めたエヴァンズは、「彼の」考古発掘を、キリスト教徒とイスラム教徒の和解のシンボルにした。双方の民族から労働者を雇い、両者共通の貴重な歴史遺産を提供したのである。こうした平和的アプローチの一環として、ミノア文明の軍事施設の遺構を勝手にとり壊し、クレタの青銅器時代は戦争のない牧歌的な時代であったことを示そうとした。エヴァンズはミノア文明を、人々が平和な社会で幸福に暮らす、理想化された近代のシンボルとしたのである。

ノッソスがあったとされる場所だった。各国の考古学研究所に所属する多くの研究者も、その場所を獲得しようと交渉していたが、最終的に、アーサー・エヴァンズの金と決意がすべてに勝《まさ》った。

イギリスの研究者エヴァンズは、クレタ当局と地主たちを説得し、遺跡を彼個人に譲渡させ、発掘許可を出させるという離れ業をやってのけた。それは彼だけに認められた特権であり、どんなに著名な考古学者であろうと勝手に発掘することは許されなかった。

宮殿の発見

一九〇〇年の早春にさっそく発掘が始まった。これほどの有望なミッションを滞りなく進めるために、エヴァンズは作業に必要な人手を集めた。シャベルやツルハシで土を掘る人夫のような、土木作業に必要な労働者だけでなく、発掘現場では異例なことに、石工や大工のような建築労働者も雇った。彼の助手として作業を監督する専門家もそろえた。彼のために発掘を記録する、経験豊かなスコットランド人考古学者。宮殿の遺構を理解して復元できる、アテネ考古学研究所から来たイギリス人建築家。さらに、フレスコ画を復元するためのスイス人画家である。

発掘は年間一五週から二〇週のペースで進められ、同時に最高三〇〇人もの労働者が雇われた。

発掘調査は完璧に行うよう、指示が出された。その後の修復が議論を呼んだにもかかわらず、考古学史上初の近代的発掘であるとのちに評価されたほどである。すべての発掘作業がスケッチと写真で記録され、説明つきの正確な図面が添えられた。

建築家がいたおかげで、エヴァンズは「建築層位学」という革新的技術でさまざまな場所を歴史的に順序づけ、宮殿の建築段階を決定することができた。そのようにしてミノア文明には、第一宮殿、第二宮殿と、複数の時代のあることが明らかになった。それぞれの時代の特徴は、その時代に固有の芸術様式にあらわれる。最終的に、ミノア文明は初期、中期、後期の三つの大きな時代に分けられた。適当な史料がないだけに、この独自の時代区分は妥当なものとして、こんにちまで歴史学者たちに用いられている。

ミノア文明の創造

発掘開始後わずか数週間で、労働者たちが幸先よく部屋を掘り当て、そのなかから「ヨーロッパ最古の玉座」である、彫刻と絵画の装飾のある石膏の椅子が発見された。かつて壁を飾っていたフレスコ画の断片も多数出土した。エヴァンズは貴人の部屋に違いないと思ったが、その椅子にだれを座らせるべきか悩んだ。王にするか王女(アリアドネ)にするか迷ったあげく、その神聖な椅子をミノス王

ミノア文字

エヴァンズをクレタに引きつけたのは、ホメロスの世界の文字を解読したいという思いだった。彼は象形文字《ヒエログリフ》、線文字A、線文字Bの三種類の文字を発見した。彼の考えとは異なり、線文字Bはギリシア文字の古い形にすぎず、象形文字と線文字Aだけがクレタ文明の文字であった。それらの文字はこんにちまで解読されておらず、クレタの遺構は沈黙をつづけている……。エヴァンズの予言的ヴィジョンがどんな反論にも拘束されないのはそのためである。

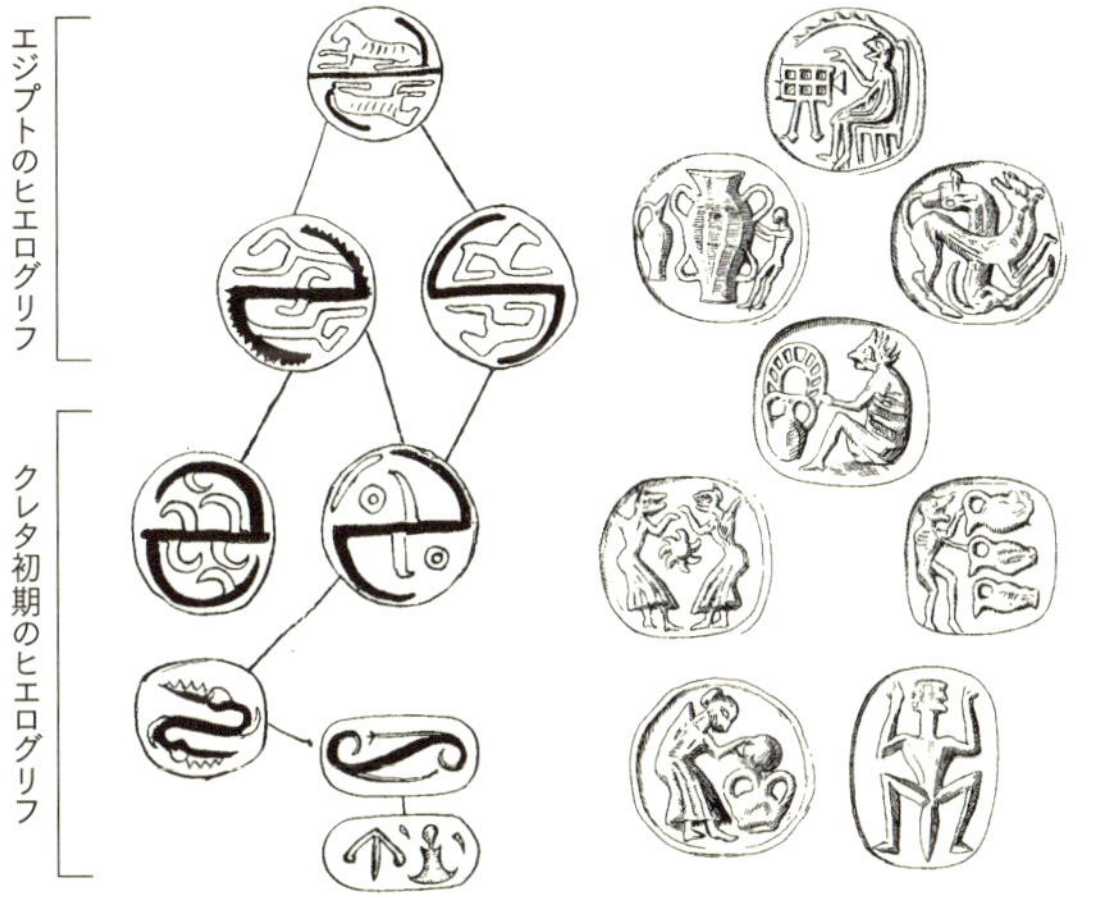

左：エジプトのヒエログリフとクレタのヒエログリフの比較。両者は驚くほど似ている。
右：クレタのヒエログリフは「島の石」と呼ばれる小さな石に刻まれている。

ステアタイト（凍石）に書かれた線文字Aのアルファベット。ステアタイトは非常に柔らかい石で、もっぱら文字を書くために用いられた。これらの線刻は『クノッソスのミノス宮殿』（1921）より抜粋した。

の玉座とした。そして、王は二〇人ほどの助言者に囲まれていたと考えた。玉座を囲むように置かれたベンチに、象徴的に彼らを座らせることにしたのである。ベンチの役割はそれ以外に考えられなかった。

　玉座の間に隣接する部屋もいくつか掘り出された。エヴァンズはそれらの部屋に、「双斧の間」とか「王妃の大広間（メガロン）」などと、もっともらしい名をつけている。だが調査の当初から、乗り越えがたい科学的な障害にぶつかっていた。シュリーマンはトロイアやミケーネを分析する際、多数の古代の史料を利用できたが、エヴァンズのほうは古代の文書のほぼ完全な沈黙に直面しなければならなかった。

失われた文明の年代

　ギリシアのクレタ島でミノア文明が発展したのは、エジプトの遺物から見て、紀元前2700年から1200年にかけてである。実際、文字の書かれたエジプトの遺物が多数、クレタの遺構から見つかっている。そのため、より詳しい歴史がわかっている古代エジプトと関連づけて、ミノア文明の年代を割り出すことができる。

エヴァンズが明らかにした世界は、人類の記憶にほとんど痕跡を残していなかった。

　しかしながら、新世界を前にしたクリストファー・コロンブスのように、その場所を歴史の地図に位置づけるためのヴィジョンを探求して理解し、世間に示さなければならない。そして名前も。彼はミノス王——これまでに知られた古代クレタに関連する人物のひとり——にちなんで、この文明を「ミノア文明」と名づけた。

先駆者たるエヴァンズは、絶望するほどなにも語らない遺物の用途を決定する際、民族学も利用した。クレタの伝統的生活や踊り、職人仕事を参考にしたのである。たとえば、宮殿で発見された石柱の役割を説明するため、マケド

エヴァンズは平和的で母権的な文明を創造した

西暦1世紀のローマの思想家プルタルコスは、クレタ人は「父祖の国（祖国）」ではなく「母祖の国」という言葉をつかうと伝えている。エヴァンズはフレスコ画にもとづき、ミノア文明を女性優位のバランスのとれた文明であるとした。そればかりか、海上交易のうえに築かれた海洋国家であり、あらゆる形の暴力や戦争と無縁だったと考えた。ミノア文明の宗教では、豊穣の女神と、多産の象徴である雄牛が崇拝された。

部分的に復元された絵画『青の婦人たち』はエヴァンズのフェミニスト的な見方を象徴している。

ニアで見たイスラム以前の石柱崇拝と関連づけることさえした。このように民族学は、遺構の拡大解釈の貴重な情報源となり、発見者はミノア文化について想像をめぐらせることができたのである。

エヴァンズは自らの伝説を科学的につくり上げようと、一九二一年から一五年の歳月をかけて研究の集大成となる『クノッソスのミノス宮殿』を執筆し、オクスフォード大学出版局から上梓した。そこでは、遺跡のすべてが発掘年代順に紹介され、彼のミノア学説にしたがって解釈されている。

クノッソスとその宮殿の本当の歴史

エヴァンズの解釈と復元は広く受け入れられていたが、同時代の研究者たちは彼の研究とは別に、クノッソスとその宮殿についていくつかの真実を明らかにしている。「ミノア学説」のうち不要な部分は除いたが、役に立つところは迷わずに採用したのである。

クノッソス宮殿はミノス王朝の王宮である。新石器時代末(前三〇〇〇年)から人が居住していた場所に宮殿の建設が始まったのは、前二二〇〇年のことである。青銅器時代中期(前二二〇〇－一六〇〇年)、カイラトスの谷に、大きな中央中庭と二次的な中庭を中心とした複合建築物が出現した。それは謁見の間、男性用と女性用の居室、階段、貯蔵庫、使用人の区画からなっていた。

前一七〇〇年頃、宮殿は地震の被害を受け、より広く複雑なプランにしたがって再建された。四層の高さにそびえる箇所も、ところどころ見られた。北側には階段席のある劇場風の区画がつくられ、豪華なフレスコ画が部屋と通路を飾っていた。前一六〇〇年頃にふたたび地震が起こり、補修された箇所が広がった。大きな王墓がつくられたが、これは墓と礼拝堂を兼ねたようなものである。青銅器時代後期(前一六〇〇－一四〇〇年)になると、アーサー・エヴァンズによって有名になった玉座の間がつくられた。やがてアカイア人(印欧語族系の民族でこのころギリシアに侵入した)が宮殿を占領し、クレタ人がふたたび奪還したのち、初期のクレタ文化の宗教的・政治的シンボルである「双斧[両刃の斧]」の間が建てられた。クノッソスの都市とその宮殿は前四世紀頃、なんらかの理由により放棄された。

クノッソス遺跡からはおもにエヴァンズによって、歴史と芸術、クレタ独自の宗教にかんする豊富な史料——文字はいまだに解読困難である——が出土している。そのため、それらの史料にもとづいて遺物が再解釈され、絵画が正当化され、発見者自身の指示で遺跡が復元された。またエジプト学の影響でによりクレタ王国にも古代エジプトのファラオのような神官王がいたとされている。

遺物が連想させる信仰や文化的生活を思い描くことで、エヴァンズはやがて「彼の」文明を誕生させ、それを歴史家たちに受け入れさせた。

六年におよぶ発掘で、エヴァンズは一万三〇〇〇平方メートルあまりの宮殿の廃墟を掘り出した。層位にしたがって段階的に遺構を復元し、遺構全体の方向性、美術的・歴史的な一貫性を与えていった。考古学におおむね配慮しつつも（コンクリートを使っているが！）、柱や壁を加えていった。窓を設け、自分が知っている歴史に合うように、いくつかの建築物を移動させた。「彼の」クレタの歴史を彩るために、絵画は補修され、あるいは新しく制作された。

エヴァンズが想像したクノッソスの遺跡は見学者を集め、決して「解体」されることはなかったが、この問題は一九三〇年代から大きな論争を巻き起こし、エヴァンズが国連でその仕事について弁明してからは、「廃墟をつくった男」と呼ばれるようになった。だが、歴史家のアレクサンドル・ファルヌーが書いているように、問題なのは復元そのものではなく、取り返しのつかない結果を招いたことである。彼はこうつづける。「歴史の改竄と言ってしまうのは公平ではない。考古学の歴史における『歴史の審判』に委ねるべきである。(……)だが専門家たちは全体として、こんにちでもエヴァンズの見方を踏襲している」

考古学の近代主義《モダニズム》、歴史を脱構築して自分たちの手に取りもどす

エヴァンズの考古遺跡復元とクレタ文明が残した歴史的痕跡の破壊は、こんにちの学者たちに衝撃を与えている。それらは遺跡の保存と修復のルールに必ずしも合致しておらず、現在の言葉の意味で不正にあたるのである。とはいえそれは、頭のいかれた孤独な男のたんなる気まぐれではない。それどころか、当時の学者、知識人、芸術家に大きな影響を与えた考え方、近代主義の流れにしたがっていたのである。

近代主義の考え方は、一九世紀末から、美術、建築、音楽、文学、人文科学の分野で西欧社会を動かしていた文化運動全体に広まっていた。そこには、キリスト教の文化遺産を問い直そうとするある種の時代的な危機意識とともに、啓蒙主義の合理的精神で人間とその歴史を語ろうとすることへの疑念が見てとれる。近代主義は神学的な意味において、人間の起源の考え方に取って代わるものを求めていた。

近代主義の影響を受けて構想されたエヴァンズのミノア考古学は、その当時、旧約聖書の科学的な書き換えに一役買っていた。

西欧文明はクレタ島に異教的なルーツをもつ。エヴァンズは自らの著作でそのことを明言しており、まさに非キリスト教の精神を追い求めていたことがうかがえる。理想化された個人的なヴィジョンで古代文明を復元するというプロジェクトには、世俗の近代主義の考え方によって異教の世界にふたたび光を当てようとする神秘主義的な意志がよくあらわれている。

そうした近代主義的研究と世俗的神秘主義への情熱は、聖書風の予言として表現され、妄想じみたユートピア的世界を見学者に提供している。それはまた、人間の起源の物語を解体して再構築するためのレトリックでもある。

科学史が示すように、あの時代には考古学だけでなく科学分野の多く、とりわけ宇宙論、地質学、古生物学において、こうした新たな神話を探求する動きが起きていた。

大階段の復元

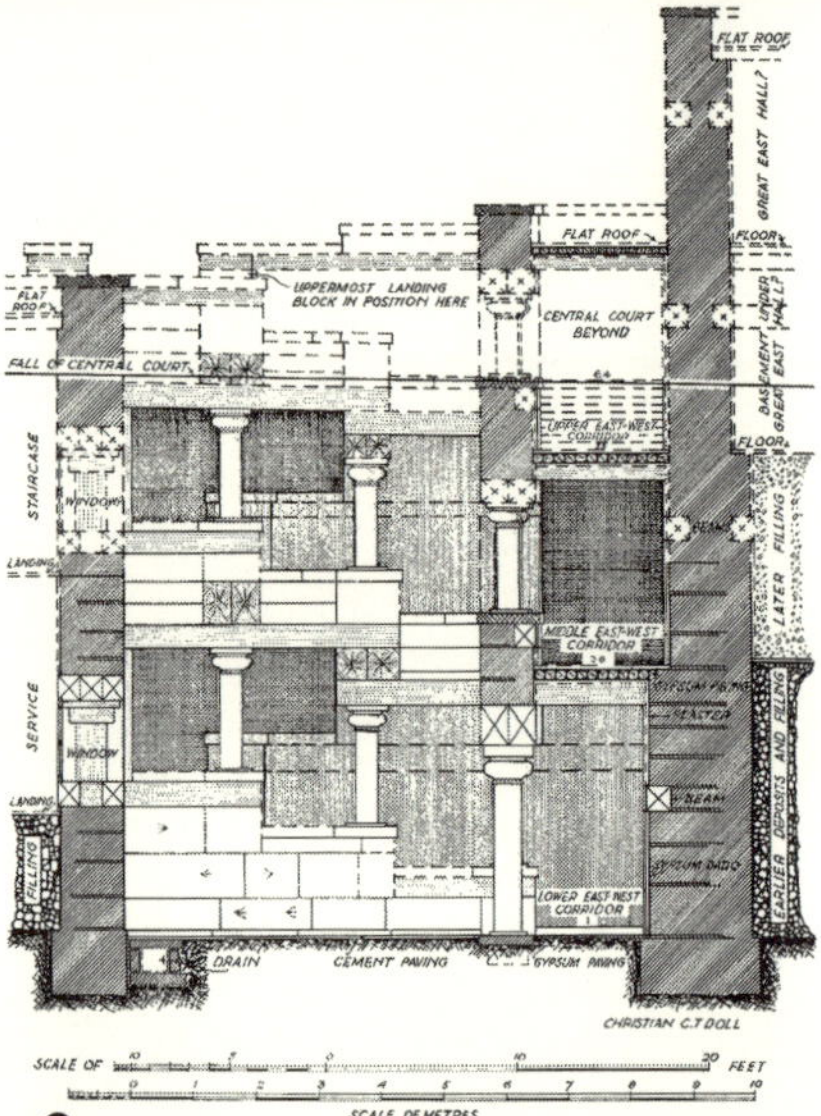

❶
FIG. 247.

❷

❸

崩壊のおそれのある大階段の遺構復元の三段階。❶建築家が描いた平面図。❷円柱が復元される前の発掘現場のスケッチ。❸ふたたび組み立てられた階段の写真。エヴァンズは下の層を補強し、円柱と楣《まぐさ》[開口部上部の水平材]を煉瓦、金属製の小梁《ばり》、セメントに取り替えた。図版は『クノッソスのミノス宮殿』(1921)による。

2
生物学と医学

医学と生物学は不正者にとってとくにうまみのある分野である。具体的な成果を上げにくい基礎科学とは異なり、ただちに幅広い応用が可能だからだ。犯罪行為はすみやかに、それを行った者の利益になる。医学の不正が医学の誕生とともに生じたのも、そのせいに違いない。それでも医学は、限りない創造性によってつねに刷新をとげてきた。以下に挙げる不正は、最近ニュースになったものと、科学の大きな歴史にかかわるものである。いずれも驚くべき話だが、その実態はよく知られていない。

日本の若い研究者、小保方晴子はノーベル賞を夢見ていた。華々しく登場しただけに、その失墜はあまりにあっけなかった。彼女は幹細胞を自在につくる方法を発見したと主張した……。本書では、名誉を回復した不正者もとり上げている。オットー・オーヴァーベックがその人である。彼の電気治療器リジュヴィネーターがある程度、治療法として認められることになろうとは、だれが想像できただろう。芸術の分野でもそうだが、科学でもときに、厳密さに欠け、不真面目であるとして不当におとしめられた者が、死んだあとで評価されることがある。それとは反対に、あとになって不正が暴かれることもある。疑わしい行為があったとして伝説の人物の地位が揺らいでいるルイ・パストゥールのケースがそれにあたる。

ルイ・パストゥール――伝説と不正のあいだ

ルイ・パストゥールはながいあいだ天才と認められてきたが、彼に「発見者」の資格はあるのか、一部の歴史家が問題視している。この一件が取り沙汰されるようになったのは一九八八年。一二〇年間封印され、科学アカデミーに保管されていた封筒の存在が明らかになったときだった。その封筒にはパストゥール自身のノートが入っていた。そこに書かれていたことが、歴史家たちを驚愕させることになる。

オットー・オーヴァーベックの若返り機器《リジュヴィネーター》

オットー・オーヴァーベックは患者の症状に応じて頭や顔、背中に電極をあてることを勧めた。電気治療器リジュヴィネーターはどんな病気も治療すると、彼は主張したのである。一世紀後、その奇妙な機械は再発見され、研究者の見方も変わった。実際、一部の症状には効果があるようなのである。はたしてそんなことがあり得るだろうか?

小保方晴子――ノーベル賞の夢

これはノーベル賞を夢見て、もっとも権威ある科学誌に驚くべき発見を発表した、日本人の若い女性研究者の話である。その発見とは、成熟した幹細胞を万能細胞に変えることができるというものだった。万能細胞をつくることは生物学の悲願である。『ネイチャー』に発表して半年後、小保方は論文を撤回した。論文を指導した教授は自殺した。彼女は嘘をついていた!

ルイ・パストゥール——伝説と不正のあいだ

不正の種類

盗用

科学分野

医学／細菌とウイルス

どこで?

フランス

いつ?

1850年から1890年のあいだ

信じられたこと

ルイ・パストゥールは科学の天才であり、低温殺菌とウイルス学の創始者である。

おもな登場人物

ルイ・パストゥール(生物学者)、アントワーヌ・ベシャン(忘れられた研究者)、アルフレッド・ド・ヴェルニェット(独学の発明家)

封をして一二〇年間保管されていたファイルが、
科学史上もっとも偉大な人物のひとりが同時代の研究者から
盗用していたことを明らかにした。

パストゥールはフランスの歴史のみならず世界の科学史においても著名人のひとりである。だからこそ変わらぬ栄光に包まれ、一世紀にわたって、彼の発見だけでなくその人物が人々の崇敬を集めてきた。細菌学とウイルス学は、彼が卓越したヴィジョンで大変革をもたらした主要な分野である。彼の名を冠した研究所と財団は、科学の世界における彼の伝説をいまに語り継いでいる。

しかしながら、二〇年ほど前から批判の声がきかれるようになり、「発見者」の資格が問われる事態となっている。当時の科学のやり方から見ても、彼を不正者とみなさざるを得ないのである。伝説にけちをつけているのは、どこかの下劣な密告者なのか。見識ある歴史家なのか。それとも、彼を批判することで少しでも目立とうとする科学者なのか。そうではない。まったく意外なことに、密告したのはパストゥール自身なのである。

「学者は一世紀後になんと言われるか心配しなければならない。悪口であるか、それともこんにちのような賛辞であるか」

――ルイ・パストゥール

ナンバー二五〇四の謎のファイル

この不正の物語は一八六九年七月二六日、パリのコンティ河岸にある科学アカデミーの金庫室で始まる。半身不随で体を動かすことも困難だったにもかかわらず、パストゥールは決然とした様子でただひとり資料の山に向かい、やっとのことでいくつかの封筒に資料を入れると、それらをコンパクトなファイルにまとめた。彼はフランス学士院［科学アカデミーもその一部］の用務員を呼んだ。用務員は部屋に入るとファイルを点検し、蠟で封印した。それからラベルに二五〇四という匿名の整理番号を書き込み、金庫の棚のひとつに注意深くおさめた。鋼鉄製の重い扉が閉じられた。パストゥールは文書館の名簿に署名し、謎の資料をあとに残して立ち去った。

一八四〇年以来、アカデミーの規約により、研究者は秘

ルイ・パストゥール――伝説の研究者

ルイ・パストゥールは1822年12月27日、フランス中東部ジュラ地方のなめし革製造業者の家に生まれた。学業優秀で、1843年、パリのユルム街にあるエリート大学、高等師範学校《エコール・ノルマル・シュペリユール》に入った。1847年に化学の学位をとり、その年、ストラスブール大学教授に就任。33歳の若さで、リール理科大学の学部長に任命された。彼の多くの研究はつぎつぎと科学アカデミーの賞や賞金を受け、1862年にはアカデミー会員に迎えられた。1865年にワインの低温殺菌の特許を取得。1885年に初めて狂犬病ワクチンの接種を行った。1888年、彼は自分の名のついた研究所を創設した。1895年に死去したが、彼が残した科学の遺産は生前から伝説となっていた。

密にしたい資料を百年間、フランス学士院に預けられることになっていた。戦時中はさらに二〇年、期間を延長することが認められる。パストゥールはどんな秘密を後世に残そうとしたのだろうか。その答えは一二〇年後に明らかになった。一九八八年二月一八日にルイ・パストゥールの封印された小さな包みが開けられたのである。一九六六年以来三回目のことで、それが最後のファイルであった。なかには手書きのノートが何冊か入っていた。科学アカデミーの文書館員が発見したものは、歴史家たちを驚愕させることになる。あの天才はいくつかの発見のもとになるアイデアを横取りしておきながら、その出所についてひとことも語らなかったのである。

問い直される伝説

ルイ・パストゥールは研究生活をつうじて、船長が航海日誌をつけるように、研究室の日々の活動を細心綿密に日誌に記し、手紙のやりとりや会った人、自分がかかわったことについて簡潔にまとめていた。猛烈に仕事をした彼は、そのいっぽうで、自分が研究しようとするテーマについて手に入るかぎりの出版物を徹底的に調べてから、有望な分野に取り組むのが常だった。彼のノートにはこの研究調査の作業が年代順に記録されていた。それにより、多くの歴史家や伝記作家がつくり上げてきた彼の伝説を、研究者の現実と突き合わせて検証することが可能になった。そうした歴史家のひとりで国際医学史アカデミー会員であるフィリップ・ドクールは、それらのノートを調べてこう書いている。

衛生にたいする異常な情熱

ルイ・パストゥールの父親は革なめし職人だった。子ども時代のパストゥールは、父親の仕事によるある種のトラウマに苦しんでいた。神経質な少年は、吐き気を催させる臭いに耐えられなかったのである。実際にパストゥールの一家は、革製品づくりに欠かせない動物の皮をはぐ施設のすぐそばに暮らしていた。当時の職人は衛生のことなどまったく気にせず、動物の内臓は川に投げ捨てられ、腐敗した大量のはらわたが水面に浮かんでいた。パストゥールの伝記を書いたエリック・オルセナが言うように、その悪臭を放つ運河が、「きたないもの」にたいする嫌悪を彼に植えつけたと思われる。パストゥールは人と握手をするのを拒み、妻には、自分が使うコップや皿、ナイフ・フォーク類を徹底的に洗わせた。精神科医が強迫神経症と呼ぶものにかかっていたことは間違いない。そしてそれこそが、衛生にたいする彼の情熱をはぐくみ、細菌とウイルスの研究へと向かわせたのである。

「科学の歴史がこれほど破廉恥な改竄を受けたことはまれである」「これほどの間違いが、これほど長いあいだ、どうして見過ごされたのか」しかしながら、それらのノートの現実と、そこから導き出される結論は、専門家のあいだの問題にとどまった。世間の人々はまだこのスキャンダルを知らずにいた。

「チャンスは準備のできている者にだけ微笑む」

——ルイ・パストゥール

通俗的なパストゥール伝説が陰りを見せはじめるのは、二〇〇〇年代初頭になってからである。それはオンライン百科事典——現時点での歴史家の研究成果——とピエール＝イヴ・ロリオの『ルイ・パストゥール、伝説後の現実』のようないくつかのベストセラーの影響によるものだった。薬剤師で生物学者のロリオは、この問題に強い関心をもって何年も調べ、パストゥールのノートと「公式の」伝記を徹底的に比較した。彼がそこから浮かび上がらせたのは矛盾だらけのパストゥールだった。虚栄心が強く、人の心をもてあそび、伝説をつくり上げるためならどんな嘘もつく男。そのいっぽうで、全身全霊で研究に打ち込む偉大な科学者であり、よき父親、敬虔なキリスト教徒でもありつづけた。長い研究生活をつうじて、彼の研究分野は非常に幅広く、常習的な盗用は多岐にわたるため、本書ではとくに重要な事例をいくつか選び、パストゥールの不正について述べるにとどめよう。

発酵

一八五三年、パストゥールはアルコール発酵に関心をよせていた。彼は発酵の生成物と微生物を顕微鏡で調べた最初の研究者のひとりである。顕微鏡のレンズをとおして好気性菌——空気のあるところで成長する細菌——と嫌気性菌——空気ないしは酸素のないところで成長する細菌——を観察したのである。発酵はもともと腐敗であること、好気性菌が酸素を取り入れ炭酸ガスを出していることを、彼は確認した。いずれも素晴らしい発見だ。ただし、彼より前にだれも同じ研究をしていなければ……しかもそれが、生物学者でストラスブール大学のパストゥール教授のもと教え子アントワーヌ・ベシャンでなければ。

アルコール生成における発酵は、有機物が自然に分解することによって生じる。ベシャンは、酵素の働きによって酵母が糖分に作用し、温度が上がると糖分がアルコールに変化することを突き止めた。そして、空気で運ばれた微生物によって発酵が起こることを発見した。このように発酵のプロセス全体が、ベシャンによって分析され、明らかにされたのである。ベシャンは一八六〇年、研究成果を科学アカデミーに報告した。パストゥールはもと教え子の研究からヒントを得て、一八六二年、同アカデミーに発酵にかんする新たな論文を提出した。彼が平然とこれを自分の発見としたことが、彼のノートで裏づけられている。ただし、ベシャンの研究を盗用するだけで満足せず、自分なりのやり方でもう一度科学的に検証し、自らの分析を加えている。彼には洞察力があり、さまざまな研究を総合することに見事な資質を発揮した。しかしながら、このケースでは、過度の思い上がりを責められても仕方がない。研究の発案者の資格を独り占めにしたのだから、彼が盗用者と呼ばれるのは当然である。

ワインの低温殺菌

パストゥールがつぎつぎと取り組んだ多様な研究テーマに、論理的な一貫性はない。そのときどきの大問題（ワインの質、蚕の病気、発酵）や国内ではやっている病気（炭疽、コレラ、狂犬病）にしたがい、行政当局がイニシアチブをとって資金を提供するものばかりである。たとえば一八六三年にナポレオン三世が、発酵と殺菌の専門家であるパストゥールに、フランスの産業に重大な損害を与えているワインの変質を防ぐ方法を探るよう依頼した。ワイン製造業者が瓶詰めの行程で、この問題にぶつかるのである。ワインの品質が急速に落ち、飲めなくなることもあった。パストゥールより先に、ふたりの研究者がこの問題に取り組んでいた。ニコラ・アペールとアルフレッド・ド・ヴェルニェットである。

ニコラ・アペールは一八一〇年、滅菌し

パストゥールによる微生物

パストゥールは長年、「ミクロ＝オルガニスム」と呼んでいたものの役割について思い違いをしていた。彼の誤りを理解するには、微生物の概念について思い起こす必要がある。初期の分子生物学では、微生物は酵母、細菌、ウイルスの３つの大きな科に分類されていた。生気論の信奉者であったパストゥールは、微生物（ベシャンはmicrozymas、パストゥールはmicro-organismesと名づけ、その後microbesと呼ばれるようになった）は生きているときでなければ活動しないと考えていた。そのため、発酵の原理を分析できなかった。彼の見方では、酵母がはたらくのは生きているときだけだったが、実際はその反対だったのである。免疫の原理についても同様だった。不活化した細菌でも免疫をもたらすことを、彼は理解できなかった。つまり、死んだ細菌をふくむワクチンが効くとは考えなかったのである。だがそのことは、ルイ・パストゥールのその後のキャリアになんら重大な影響を与えなかった。なぜなら、彼は最終的に、発酵の完全なプロセスを明らかにしたもと教え子ベシャンの研究を横取りしたからである。免疫とワクチンについても同じ盗用の筋書きが繰り返された。

た密閉容器（ガラス瓶やブリキ缶）に入れて加熱するという、食品の保存方法を考案していた。世界で初めて缶詰工場をつくったのもアペールで、フランス語で加熱殺菌を意味するアペルティザシオンは彼の名からとられたものだ。アペールはまた、パストゥールより五〇年も前に、ワインを長持ちさせるには加熱すべきだとする研究論文を発表していた。

「万巻の書物より一本のワインボトルのなかに多くの哲学がある」

――ルイ・パストゥール

アルフレッド・ド・ヴェルニエットは、生まれ故郷ブルゴーニュのワインの保存について研究していた。ブルゴーニュのワインは保存がきかず、すぐに苦くなってしまった。一八五〇年、パストゥールより一〇年早く、ヴェルニエットは全国農業組合に研究報告を送り、そのなかで自分のやり方を詳しく説明した。ワインを湯煎鍋に入れて七〇度に加熱したところ、瓶詰め後一〇年ほどたっても品質は変わらなかったというのである。パストゥールもまったく同じ報告を行っているが、彼がワインの加熱にかんする論文を提出したのは一八六〇年のことだった。ヴェルニエットとアペールから盗用したと『モニトゥール・ヴィニコル』の記者に非難されると、パストゥールはヴェルニエットの研究を知っていたことを否認し、アペールのことは知らないふりをした。けれどもアペールは有名人である。議論につまると、ヴェルニエットだってアペールから盗用したといいがかりをつけた。幸いなことに、彼のノートからやりとりの一部始終が明らかになっている……。

それでもパストゥールが素晴らしい研究者であることに変わりはない。彼はアペールとヴェルニエットの論文を横取りするだけで満足したわけではなかった。彼がより完全でアカデミックな論文を書く基礎を、このふたりは提供したのである。不正は先行する発見について口をつぐんでいたこと。すべて自分が考案したこととしたこと。そして、自分の名で特許を届け出たことである。

炭疽ワクチン

通俗的な伝説では、パストゥールが免疫とワクチンを発見したことになっているが、彼がその原理を理解したのは晩年になってからである。生気論［生命現象は物理・化学現象とはまったく異なり、独特の原理（活力）にもとづくという説］の信奉者であった彼は、アンリ・トゥッサンが炭疽ワクチンで行ったように、死んだ細菌で予防接種ができるとは思いもしなかった。トゥールーズの獣医学校の教授であったトゥッサンは、殺菌剤の石炭酸（フェノール）を加えながら炭疽菌を熱することを思いついた。それによって接種される細菌は死ぬが、その免疫力は残るのである。パストゥールは、生きた細菌を「酸素で弱めて」ワクチンにするという、それとは反対の理論を支持していた。一八八一年、プイイ＝ル＝フォールにおいて、当時家畜の羊の命を大量に奪っていた炭疽にたいして彼のワクチンの効果を証明するための実験が行われた。のちに有名になったこの実験で、彼はまたもや不正者の才能を発揮した。実験ではまず、五〇頭の羊の半数にワクチンを接種し、その二週間後、すべての羊に炭疽を感染させることになっていた。実験解説書《プロトコール》に署名する数日前、ルイ・パストゥールとその側近である協力者のエミール・ルーは、酸素で弱毒化した彼らのワクチンが効かないことに悩んでいた。エミール・ルーは生物学者のシャルル・シャンベルランを招き、パストゥールの実験室で彼らの血清とアンリ・トゥッサンがつくった血清を比較する実験をやらせてみた。シャンベルランは一年前にトゥールーズで、トゥッサンの実験を手伝っていたのである。実験結果は決定的だった。効果があるのはトゥッサンの抗炭疽血清だけだった。この現象についてまだ科学的に説明できなかったが、現実主義のパス

パストゥールは低温殺菌牛乳の発明者ではない

ワインの加熱技術はビールにも応用され、成功を収めた。この技術からのちに「パストゥリザシオン（パストゥリゼーション）」という言葉が生まれた。しかし、この方法が牛乳に適用されたのは1886年、ドイツの化学者フランツ・フォン・ソックスレーのアイデアによるものである。一般に信じられていることとは異なり、パストゥールは低温殺菌牛乳の発明者とはいえない。第一に、彼はワインとビールにかんする技術の特許を取ったのであり、乳製品についてはまったく考慮していなかった。そして、パストゥリザシオンのもとになった加熱法は、ヴェルニェットから横取りしたにすぎないからである。こんにち、買い物リストに「レ・ヴェルニェティゼ［低温殺菌牛乳はフランス語でレ・パストゥリゼという、日本ではパスチャライズド牛乳とも呼ばれる］1リットル」と書いてあるのを想像できるだろうか。しかし、それこそが正しいのである。

トゥールは、実験の当日に密かにこの血清をつかうことにした。この事実は歴史的に、パストゥールの甥で忠実な助手だったアドリアン・ロアールによってパストゥールの死後明らかにされており、また科学アカデミーに残された手書きのノートによっても裏づけられている。結局のところ、プイイ＝ル＝フォールの実験は成功した。ワクチンを接種した二五頭が生き残り、それ以外の羊はすべて炭疽で死んだのである。自分の力で成功したわけではなかったが、べつにたいしたことではない。彼は嘘をつき、自分のワクチンが成功したと主張した。往生際の悪いパストゥールは、トゥッサンのワクチンにたいする警戒心を捨てきれなかった。彼の考えでは、死んだワクチンをつかうのは危険すぎるからである。

パストゥールはライバルであるトゥッサンの作製方式のおかげで実験を成功させたが、協力者たちには彼らの血清が効かないことを黙っているよう命じた。

ルイ・パストゥールはフランス全土で有名になった。メディアは彼を英雄扱いした。彼が成功を収めたことは人々の記憶に刻まれ、学校の教科書にも取り上げられるほどだった。しかしながら、彼の炭疽ワクチンは効かず、トゥールーズの獣医のワクチンとすり替えたのである。パストゥールの近年の伝記はこの出来事を許しがたい捏造、破廉恥な不正であるとしている。ルイ・パストゥールの業績のすべてがこの調子であった。狂犬病ワクチンもそうだ。こちらも同様にして、厚かましくも、ピエール・ヴィクトル・ガルティエの研究を横取りしたのである。プイイ＝ル＝フォールの炭疽の実験と同じく、歴史では、彼の狂犬病ワクチンが素晴らしい成功を収め、ジョゼフ・マイスターという少年と羊飼いのジャン＝バティスト・ジュピーユが奇跡的に治癒したことになっている。それでもルイ・パストゥールは、生物学の多くの分野を進歩させた歴史的人物でありつづけている。そして彼の名を冠した研究所と財団は、彼の科学的遺産を恥じることもないし、それはまだ科学史のページを飾っている。彼は盗用を行ったにもかかわらず、科学の推進者であり、分析家であり、そしてなにより近代科学をつくった人物であることに変わりはないのである。

パストゥールによって有名になった技術

予防接種

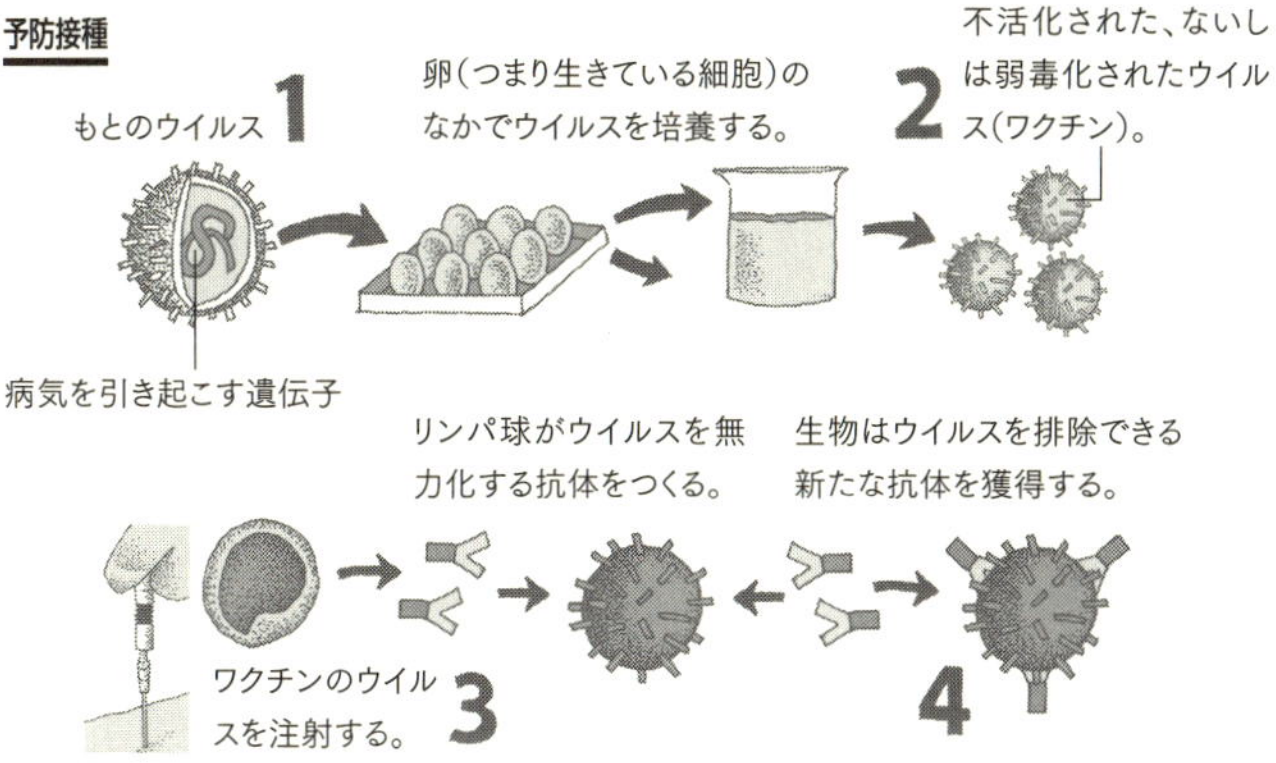

予防接種とは外部の作用因子(ワクチン)を生体に入れ、感染症にたいする免疫反応をつくることである。❶従来の方法では、ワクチンはもとの病原(病気を引き起こす)ウイルスからつくり、卵のような生きた細胞のなかで培養する。❷化学物質ないしは紫外線でウイルスを不活化ないしは弱毒化する。❸生体のなかで免疫系のリンパ球が、ワクチンのウイルスに反応する新たな抗体をつくる。❹ウイルスに感染すると、新たな抗体がそれを無力化する。

低温殺菌法(パストゥリゼーション)

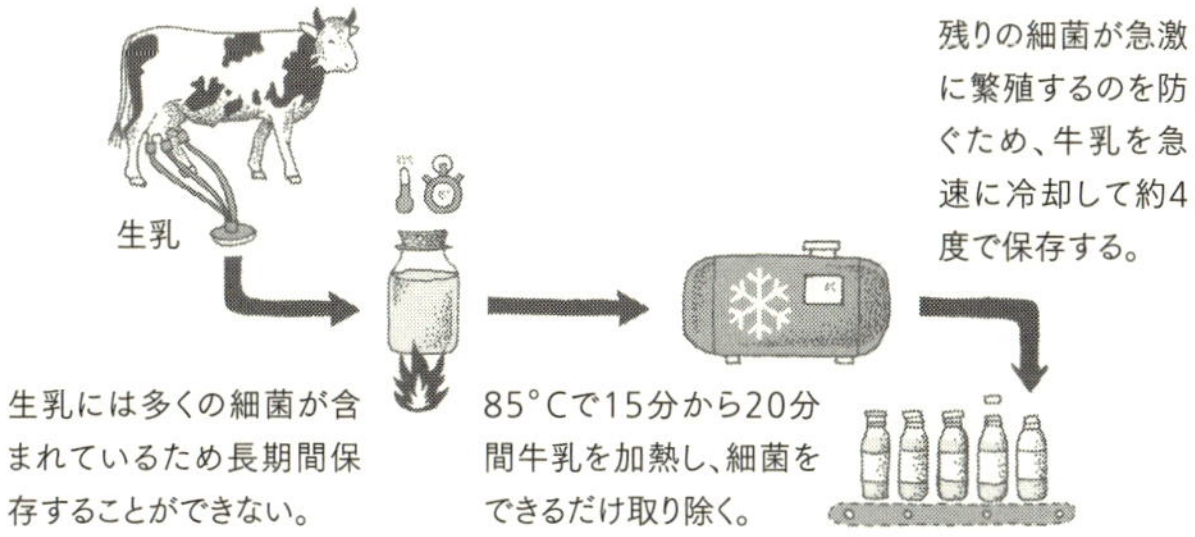

低温殺菌法は、ワインにたいするパストゥールの実験にもとづく食品(ここでは牛乳)保存法である。62°C以下では微生物を殺すのに低すぎ、88°C以上では食品の味や品質がそこなわれる。殺菌との違いは、低温殺菌ではすべての細菌が死ぬわけではないことである。

パストゥールの犠牲者たち、科学史から忘れられた人々

アントワーヌ・ベシャン（一八一六－一九〇八）　フランスの医者、化学者。微生物をさす言葉として「ミクロジマ（microzymas）」を考案した。パストゥールの主要な犠牲者であり、蚕の病気にかんする研究、さらに細菌理論を奪われた。一九〇〇年にベシャンは憤慨してこう述べている。「私はパストゥールに先んじていた。盗難に遭った者が盗人より先に金を所持していたように。幸運にして傲慢な盗人は被害者を鼻であしらい、中傷したのだ」パストゥールも死の床でこう言っている。「ベシャンは正しかった。微生物などたいしたことはない。体質がすべてだ」

アンリ・トゥッサン（一八四七－一八九〇）　フランスの獣医、医者。炭疽とニワトリのコレラにたいするワクチン接種法、とりわけ殺菌剤で毒性を弱める方法を奪われた。トゥッサンが抗議すると、そっちこそ別の研究者から盗用していると……こともあろうにパストゥールから非難を受けた。

エミール・ルー（一八五三－一九三三）　フランスの医者、細菌学者、免疫学者。パストゥールにもっとも近い協力者のひとりで、彼とともに、パストゥールの名を冠した研究所を創設した。狂犬病や炭疽のワクチン接種をはじめとして、パストゥールの多くの実験は彼が行ったとされている。

アルフレッド・ド・ヴェルニエット（一八〇六－一八八六）　独学の発明家。アペールの研究から着想を得て、ワインの加熱技術を確立した。低温殺菌の先駆者だが、その特許はパストゥールに奪われた。

ピエール・ヴィクトル・ガルティィエ（一八四六－一九〇八）　フランスの獣医。狂犬病ワクチンのほんとうの発見者である彼は、その動物実験にも成功していた。それは、パストゥールが彼の研究を知る前、パストゥールの協力者エミール・ルーが人にたいするワクチンの実験に成功する前のことだった。狂犬病ワクチンの作製者にかんする真実は以前から知られていたが、通俗的な伝説ではずっとパストゥールがつくったとされていた。一九〇八年のノーベル賞候補にガルティィエの名が挙がったこともあった。不運にも、彼は受賞が決まる直前にこの世を去った。ノーベル賞は生きている者にしか授与されないのである。

パストゥールの名誉を剝奪すべきか

注目の伝記を書いた免疫学者のパトリス・ドブレは以下のように主張している。「パストゥールはときに、他人が記述した研究成果を確認してから横取りしているだけのように見える。けれども、ほったらかしにされた実証実験、すなわち活用されずにいる実証実験をふたたび取り上げている点で、彼ほど革新的な者はいなかった。彼の天才たる所以は総合の精神にある」そしてＣＮＲＳ（フランス国立科学研究センター）の科学史家アンドレ・ピショはこう付け加える。「彼の研究はつねに、それがいかなるレベルにあろうと、整理整頓することにあった。そこに独創的な要素はほとんどなかったが、多くの場合、非常に混乱した状況から出発していた。パストゥールの才能はつねに、最初の混乱状態のなかから導きの糸［テセウスを迷宮の出口へと導いた糸、研究などの糸口のこと］を見つけることにあり、彼は終始一貫、辛抱強く熱心に、その糸をたどっていったのである」

「真実を知るだけでは十分ではない。

「さらに、はっきりと主張しなければならない」

——ルイ・パストゥール

パストゥールを、となりに座っている人の肩ごしに答案を書き写すたんなる劣等生と見るのは、たしかに間違っているだろう。パストゥールは世間に認められることを貪欲に求める大研究者だった。そして、傲慢さゆえに先行する研究をわがものとし、すでに発見者がいることを断固として認めなかった。だが、彼を突き動かしていたのはやはり、総合的なものへの関心であり、専門的知識の追求であり、科学を進歩させようとする意志であった。それゆえ、彼をたんなる「不正者＝盗用者」と言うには微妙なところがある。不誠実な行為はあったものの、それをこえて、彼はやはり科学史の重要人物である。彼のせいで不当にも忘れられた科学者たちを復権させることが、歴史家に課せられた責務である。彼の死後そのノートから明らかになったことが、そうしたアプローチの正しさを裏づけている。パストゥール自身によって、すでにその一歩が踏み出されていたのである。

オットー・オーヴァーベックの若返り機器《リジュヴィネーター》

✣不正の種類

捏造

✣科学分野

電気療法

✣どこで?

イギリス

✣いつ?

1925年

✣信じられたこと

科学の力で永遠の若さが手に入る。

✣おもな登場人物

オットー・オーヴァーベック(イギリスの化学者)

引退間近の化学者が、多くの病気を治療し若さを取りもどすことのできる奇跡の電気治療器を発明して売り出した。

老化現象は避けられないが、老化を遅らせることはできると、多くの人は考えている。多くの医学不正の根底に、自然が人間に課している老化という現実を受け入れたくないという思いがある。科学の進歩によって老化の影響を抑えられるのではないかという人々の期待を、それは利用するのである。永遠の若さの探求はそのようにして、古くから医学の文献をにぎわせてきた。永遠の若さが手に入るといって、どれほど多くの霊薬や若返り法が生み出されただろうか。とくに、この話の舞台となった一九世紀末から二〇世紀初頭にかけての時期には、その手のものが数知れず登場したのである。

一九二五年、イギリス東海岸のグリムズビーで、ひとりの工場勤めの化学者——当時はビール会社のサラリーマンだった——が、『生命の新しい電気理論』なるタイトルの、あっと驚くような本を出版した。彼はそのなかで、生物、すなわち人間の体の基本的特性は、身体のさまざまな部位のあいだで電気がやりとりされていることだと指摘した。電気をつかえば、身体の生理的機能のバランスを回復させることができる。それによって病気を治療し……若返ることも可能だというのである。

この本は、物理学、化学、生理学、解剖学、神経学、細胞生物学といった多くの分野からとられた学術的説明にあふれていた。もっともらしい引用が彼の論証を補強し、突拍子もない理論に科学的裏づけを与えていた。イギリス人化学者がこの本を書いた目的は、ある電気治療器が医学的に驚くほど効果のあることを明確に示すことだった。彼は治療の原理を示し、レオナルド・ダ・ヴィンチがパラシュートやヘリコプターの秘密を手稿で明らかにしたように、図版を駆使してそれがいかなる装置であるか説明している。その治療器は「オーヴァーベック・リジュヴィネーター」(rejuvenatorは若返らせるものの意)と名づけられていた。この魅力的な本を書き、電気療法による若返り機器を考案したのは、オットー・オーヴァーベックという名の男だった。

電気をつかえば、身体の生理学的機能のバランスを回復させることができる。それによって病気を治療し……若返ることも可能である。

オットー・オーヴァーベックと若さの探求

一九一九年、その本が出版される数年前のこと、オーヴァーベックは健康問題に悩むようになった。「年をとった」せいで、心臓は弱っているし、腎臓も慢性的な機能不全だというのである。だから、若返りの方法を探そうとした動機は非常に個人的なものだった。化学者オーヴァーベックは巷ではやっている治療法をいろいろ研究し、そのひとつが電気療法であった。

残念ながら、一九一九年から一九二四年までオーヴァーベックがどのような研究を行ったのか、その痕跡はまったく残っていない。リジュヴィネーターの大胆な企ては、一九二四年五月のある日、突然はじまる。そのとき英国特許庁に、「電気櫛」の特許出願申請が出されたのである。彼が新しい電気療法の特徴と効用を説く科学理論を書いたのは、器具が認可されてちょうど一年後のことだった。

一九二五年に出版されたオーヴァーベックの本が、当時の科学者や公権力に認めてもらえるよう、真剣に書かれたものであったことは、信じてもよいだろう。特許をとったあとなので、もっと商業的な意図をもって、こんにちでいう「マーケティング」として書かれたとしても、である。『生命の新しい電気理論』のクオリティとヴォリュームは、自分の治療法にたいして大きな野心を抱いていたことをよく示している。彼は特許を取得するとすぐ、当時よく知られた英企業、エディスワン社に器具の大量生産を委託した。最初の器具は一九二六年に売り出された。

オーヴァーベック——年をとりたくなかった化学者

オットー・ルドウィグ・オーヴァーベックは1860年5月10日にロンドンで生まれた。父親はイタリア人で、オットーは生涯、イタリア国籍を手放さなかった。ロンドン大学ユニヴァーシティ・カレッジで化学を学んだのちビール会社に長く勤め、そこで多くの装置、とりわけノンアルコール・ビールの製造につかわれる装置を開発して特許をとった。50歳になってまもないころ、健康に不安をおぼえるようになった。かかりつけの医者には遺書を書くよう勧められた。それで、まったく新しい若返り法を考案することになったのである。

リジュヴィネーターの紹介

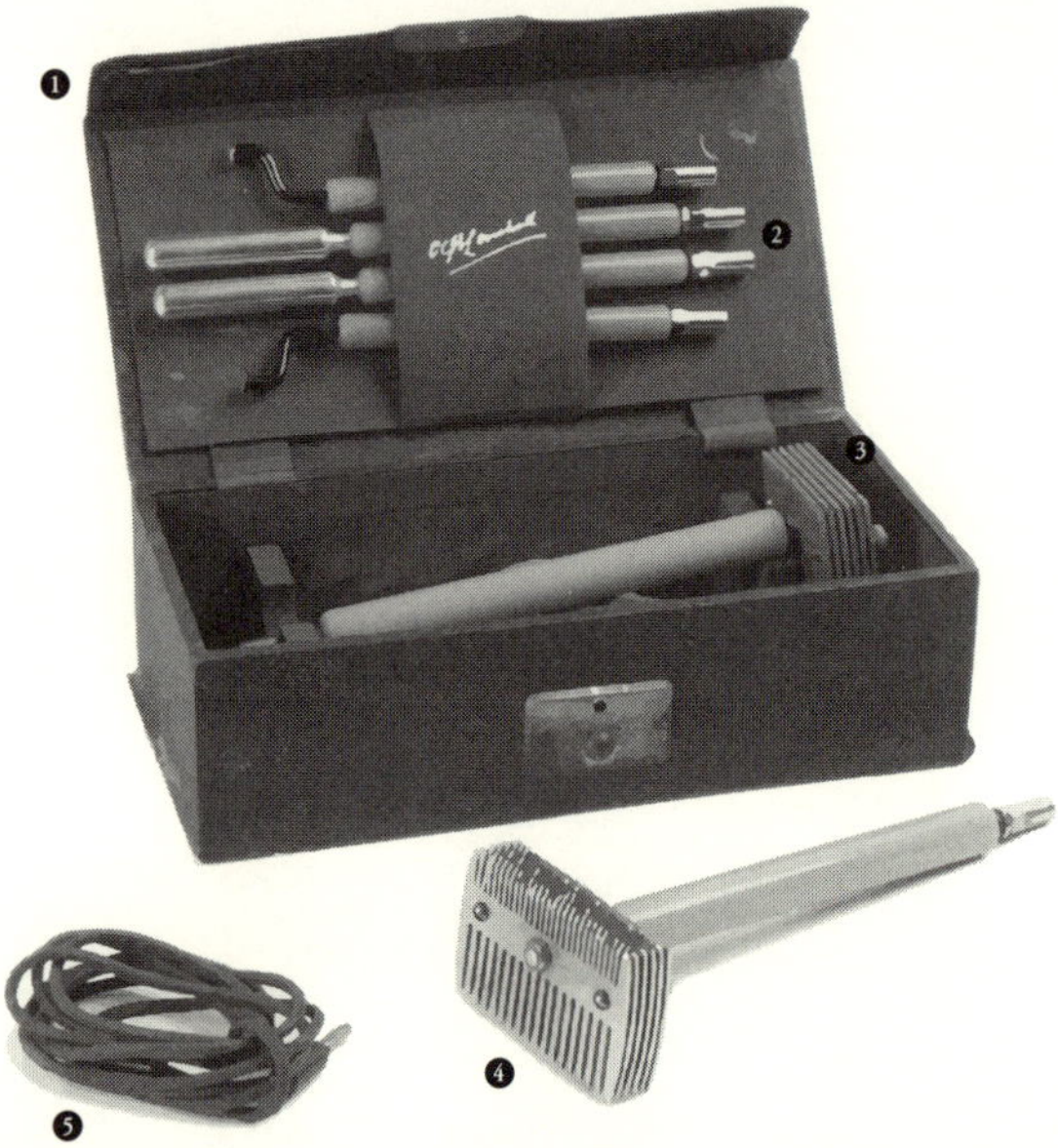

オーヴァーベック・リジュヴィネーターは電気をつかった医療機器である。装置は幅30センチ高さ15センチの革製のケースに入れて売られた❶。ケースの蓋には4つの電極がおさめてある❷。その下に見えるのは、抜け毛を防ぎ、脳を「治療する」ための、2本セットになった金属製の櫛である❸❹。マッサージしたい箇所によって長い櫛と短い櫛があり、頭蓋に当てて頭皮をマッサージする。櫛が置かれた板（写真では見えない）の下に、バッテリーの入ったケースがある。バッテリーには3つのつまみがついており、4.5ボルトか12.5ボルトの出力を選べるようになっている。櫛とバッテリーをつなぐケーブルもついている❶。櫛によるマッサージに加え、治療したい箇所に電極を当てることで、さまざまな症状や局部的な痛みを緩和することができる。

競争力のある低価格の製品をつくるため、オーヴァーベックはリジュヴィネーターを工場生産した。

大量販売

顧客を求めてまずイギリス国内、さらに西欧全域で、新聞をつかっておおがかりな広告キャンペーンが行われた。オーヴァーベックはオーストラリアまでリジュヴィネーターを売り込みにいった。さらに、近代主義の考え方に直感的にしたがい、通信販売の多くの手法を活用した。広告ページの下に注文書をつけたのもそのひとつである。リジュヴィネーターの商品説明はなかなか説得力があった。この器具は真の若返り法を提供しており、さまざまな病気を治療するので、医者にかかる必要はなくなるというのである。

製品の信頼性を高め、将来の顧客を安心させるため、オーヴァーベックは自らを発明家や医者ではなく、大科学者であるかのように装った。製品に満足したという多くの顧客の声とともに、治療効果の長いリストを掲載した。さらには、名の知れた医者のお墨つきを得ていることを前面に出し、彼らの大げさな褒め言葉を付け加えた。また、その若返り法は世界中で特許をとっており、それこそ、すぐれた製品である揺るぎない証拠なのだった。もちろん、そのすべてが完全な嘘……いや、そのほとんどが嘘であった。どうして「ほとんど」なのか、この驚くべき詐欺行為の結末で明らかにしよう。

先進的なマーケティング商品

ホルモン療法や移植といった当時の驚異的治療法とは異なり、リジュヴィネーターの卓越した斬新さは科学というよりマーケティングにあった。実際にこれは、「セルフ・メディケーション」による最初の医療器具であった。患者は医者に処方してもらう必要がない。簡単な使用説明書つきの器具を買えば、自分で治療できるのである。当時よく知られた他の若返り法はホルモン療法にもとづいていた。リジュヴィネーターはいくつかの道具がセットになった最初の医療機器であった。こんにちの通信販売のプロなら、オーヴァーベックがなにを狙っていたかがわかる。商品を売り込む第一のターゲットは女性であり、アンチエイジングの商品となればなおさらだ。

第一次世界大戦が終わって間もない時期に、治療できない病気はまだたくさんあった。大衆は新しい形の代替医療に頼るようになった。オーヴァーベックは従来の医療と変わらないことを強調し、その信頼性と「定評ある」医者たちの信用を拝借しながら、当時広がりつつあった感情をうまく利用

製品の提供

リジュヴィネーターのスタンダードモデルは6.3ポンド(約400ユーロ[約5万円])で提供された。抱き合わせ販売の例にもれず、装置専用のバッテリーは別売りであった。また治療を行うには、装置とは別に売られている専用の石けんで患部を洗浄する必要があった。

した。すなわち、このころから別の形の医療行為が可能となり、オーソドックスな治療を補完するようになったのである。

オーヴァーベックは金持ちをあてにせず、大量生産に乗り出すことで、商業的潜在力がより大きい中産階級に製品を売り込むことができた。

さらに、二度の大戦にはさまれたこの時期は、電気が家庭に普及した時代でもある。電気は技術や社会の進歩と同義であり、自分の体のために電気を利用するようになるのは当然の成り行きであった。


リジュヴィネーターの卓越した斬新さは科学というよりマーケティングにあった。

予想外の結末

やがて医者と患者の双方から苦情が寄せられるようになり、英国医学協会(イギリスの医者たちがつくる職業団体)はついに一九二七年、リジュヴィネーターにかんする審理を開始した。同協会は機器一式を購入し、技術者と医者にテストさせた。彼らの報告書には、装置にとくに害はないと書かれている。流れる電流は弱すぎて、人体になんら悪影響をおよぼすものではなかった。ぬれた皮膚に電極を当てるのは心配されたが、本当に効果があるかどうかは問題にされなかった。

オットー・オーヴァーベックは医者ではなかったし、自分は医者だと言ったわけでもなかった。そのうえ、外国住まいなので、医療行為にかんするイギリスの法律で取り締まることはできなかった。結局、医者のお墨つきを得ているなどと偽って宣伝しないよう、丁重に要請されただけだった。こうして、彼の「ささやかな事業」は存続を許された。

一九三七年に彼が死ぬと、その財産は大英帝国に遺贈された。ただし、景気のよい会社はふたりの従業員に譲渡され、第二次世界大戦まで大いに繁盛した。

事業を引き継いだ人物のひとりは、一九五五年にリジュヴィネーターのバッテリーを交換するよう最後の指示を受けていた。天才オットー・オーヴァーベックの願いをかなえることは、彼にとってこの上ない名誉となった。

話はこれで終わらない。二〇一四年、イギリスのリーズ大学医学史研究者ジェームズ・スタークが『ネイチャー』に、オットー・オーヴァーベックとそのリジュヴィネーターを科学史において復権させる論文を発表した。スタークによれば、オーヴァーベックは天才的直感をもつ詐欺師である。彼の器具は危険なものでなかったし、実際に生理学的効果があったことは間違いなかった。健康状態が改善したと、彼の顧客たちが感想を述べていたからである。リジュヴィネーターは大量販売された最初の電気医療機器であったといってよい。商売のやり方は適切でなかったが、オットー・オーヴァーベックはある観点から見れば、「復権」を許されてしかるべきなのである。

若返り、二〇世紀初めに流行した現象

オットー・オーヴァーベックの本が出版されたとき、すでに多くの若返り法がもてはやされていた。もっとも人気があったのは、生殖腺の移植とホルモン療法によるもの……すなわち、もっぱら男性のための若返り法だった。

当時、そうした若返りの技術を代表していたのが、オーストリアの生理学者オイゲン・シュタイナハ(一八六一―一九四四)とロシアの外科医セルゲイ・ヴォロノフ(一八六六―一九五一)である。彼らの仕事はシャルル＝エドゥアール・ブラウン＝セカールの研究につづくものだった。一九世紀のフランスの医師ブラウン＝セカールは、動物由来の性ホルモンを人間に注射する治療法にかんする論文を多数発表していた。性ホルモンには「人体の多くの部位を活性化する力」があると、彼は主張した。そのことは部分的に確認されているが、現在の研究手法による実験が行われていないため、正確なメカニズムは不明である。オイゲン・シュタイナハは、男性の不妊手術である精管結紮の一形態にその名を残している。彼の方法は、生殖腺を切断し、精子をつくるために人体が保存しているエネルギーの消費を抑え、それによって解放された余分なエネルギーを性ホルモンの生成に回すというものである。

ヴォロノフはブラウン＝セカールの実験方法をさらに発展させ、サルの生殖腺の組織を人間の睾丸に移植した。その目的はシュタイナハと同じく、性ホルモンの生成を促すことにあった。ブラウン＝セカール、シュタイナハ、ヴォロノフの研究は国際的な反響をよび、世界中のメディアに取り上げられた。同じ時期の一九二〇年代、フランスの研究者ジャン・フリュミュザンがいくつかの論文に、シュタイナハとヴォロノフの方法は肥満と老化をふくむ多くの病気を治療するのに役立つかもしれないと書いた。フリュミュザンは電気治療にも関心を示し、医学雑誌で喧伝するとともに、これによって近い将来、科学革命が起きるだろうと述べている。先進的な若返り法を探していたオットー・オーヴァーベックは、フリュミュザンからそのヒントを得たのである。

電気治療の科学的現実

こんにち精神医学では、リジュヴィネーターと似た治療法、経頭蓋直流刺激(tDCS)に大きな期待がよせられている。微弱な電流を治療に用いることは可能なのである。オーストラリアのニューサウスウェールズ大学精神医学科教授コリーン・ルーのチームは、薬による治療効果が期待できなくなった鬱病患者にtDCSを試みた。ちくちくする感じやむずがゆさをおぼえる程度の一から二マイクロアンペアの電流が、前頭部の毛髪のある皮膚に流される。このように、鬱病にたいする電気治療の効果は科学的に証明されているのである。

リジュヴィネーターと似た治療法、経頭蓋直流刺激に大きな期待がよせられている。

しかしながら、この技術がどのように作用しているのかは、まだ明らかになっていない。電流が神経細胞の細胞膜の電荷を変化させ、脳の活動を弱めたり強めたりしているのかもしれない。

長期間治療すれば、ニューロン間の境界領域におけるシナプスたんぱく質の生成を変化させることができるだろう。医者にとってそれは、鬱病を引き起こす脳の活動形態を一部、逆転させる可能性のあることを意味する。

フランスでは、tDCSにかんする研究プログラムが二〇〇九年にスタートした。とりわけリヨン第一大学クロード・ベルナール校の研究者エマニュエル・プーレのチームは、統合失調症の患者の幻聴に効果があるかテストしている。別のチームは現在、頭痛、認知症、統合失調症、慢性の痛み、さらには注意欠陥障害にたいする効果を調べている。tDCSを治療法として大々的に用いるには、彼らの研究がきわめて重要である。それは間接的に、オットー・オーヴァーベックの仕事を再評価することにつながるのである……。

tDCSはどのように作動するのか

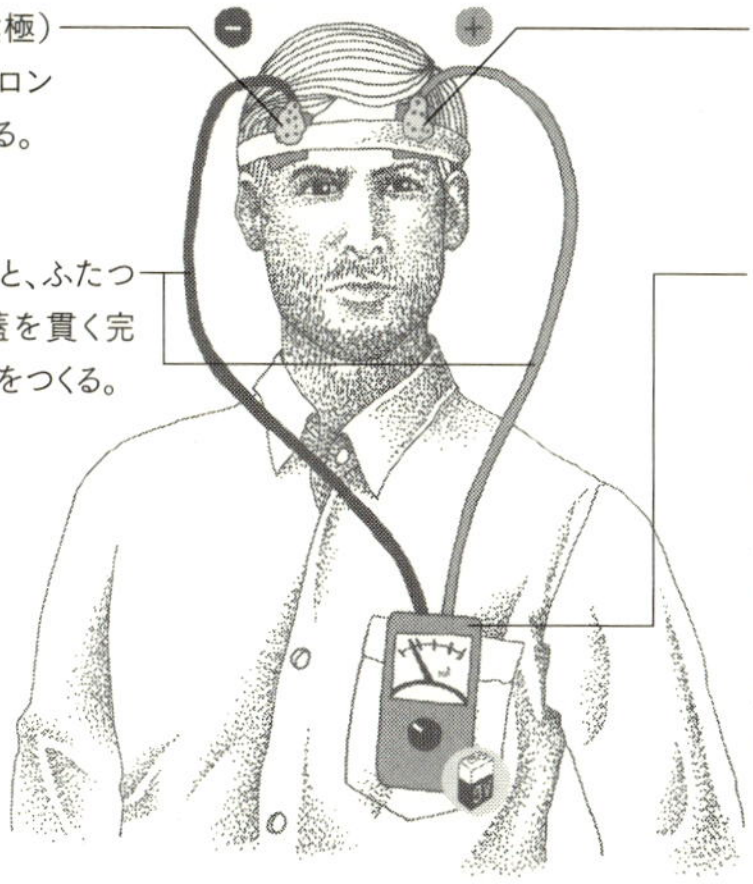

カソーダル(陰極)刺激はニューロンの活動を弱める。

アノーダル(陽極)刺激はニューロンの活動を強める。

電流が流れると、ふたつの電極は頭蓋を貫く完全な電気回路をつくる。

tDCS方式は電流の制御装置により、最大4ミリアンペアの弱い直流電流を流す。1日30分以内であればtDCSに危険のないことが、研究者たちによって証明されている。

なにを治療できるのか

2ミリアンペアから4ミリアンペアの電流で20分間tDCSを使用すると、陽極と陰極の位置によって脳の働きにかなりの効果がある。

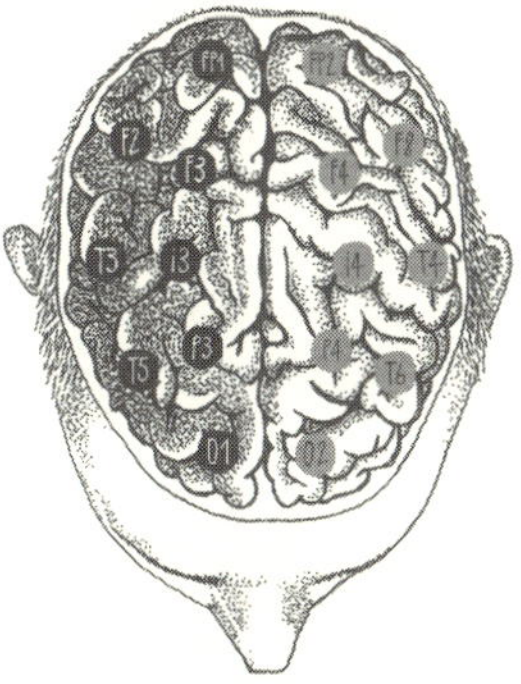

FP1- I4+
仕事の記憶と言葉の流暢さを改善する。

FP1- FP2+
慢性的な痛みを緩和する。

T3- T4+
一部の鬱症状に効果がある。

T3- T4+
集中力を一時的に改善する。

F 前頭葉　I 島皮質
FP 前頭前皮質　P 頭頂葉
T 側頭葉　O 後頭葉

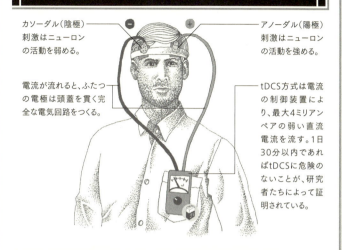

小保方晴子——ノーベル賞の夢

❖不正の種類

嘘

❖科学分野

再生医療

❖どこで?

日本

❖いつ?

2014年

❖信じられたこと

胚性幹細胞を簡単につくり、人体のあらゆる組織を修復できる。

❖おもな登場人物

小保方晴子(日本の若手研究者)、笹井芳樹教授(ベテラン研究者)、野依良治教授(2001年度ノーベル化学賞受賞者、理化学研究所理事長)

非常に優秀な日本の若い女性研究者は、どんな細胞でも再生できると世界中を信じさせた。

「称賛は非難のはじまり」という古いことわざがある。現代の日本で繰り広げられた不正事件に、この格言はぴたりとあてはまる。伝統的な道徳文化と既成概念の転換が交差するところに、不正の立役者たちの人生が重なった。伝統を守ろうとする意志と同じく、社会規範を変えようとする意志がそこに強くはたらいていた。

二〇世紀の日本で女性に与えられた位置は、こうした社会的矛盾にさらされていた。日本人はグローバル化と経済不況に直面しており、社会を変え、とりわけ、それまでもっぱら男性が享受していた生き方を女性にもさせたいと願うようになった。昔ながらの女性差別を打ち破るために男女格差の是正措置がとられ、それが極端なかたちとなってあらわれた。

それは広く経済にかかわる問題でもあった。働く女性の数を増やすことは、この国が十年来きびしい不況に見舞われてきた時代背景において、日本を再び成長させるもっとも有効な手段のひとつであると、エコノミストたちは見ていたのである。そのため国は、社会の重要な分野の多くに女性が登用されるよう、あらゆる手をつくした（一一七ページを参照）。二〇〇〇年代初めに若い小保方晴子が活躍できた理由に、このような社会背景があった。

成功への強い意志

二〇〇六年当時、小保方晴子は魅力的で勉強熱心な若い学生だった。彼女が化学を勉強する道を選んだとき、日本はこの分野の研究で最先端を走っていた。そのころ京都大学の研究者、山中伸弥が新聞の大見出しを飾っていた。マウスの成体細胞に遺伝子を導入し、細胞を初期化して「iPS」と呼ばれる万能細胞をつくることに成功したのである。翌年の二〇〇七年にはヒトの細胞をつかった実験にも成功。山中は二〇一二年のノーベル医学生理学賞に輝いた。

小保方がスピード出世できたのは、研究機関で働く女性の数を増やす政策がとられたからである。

小保方晴子は成功への強い意志をもって研究生活に入った。男性優位はハンディキャップになるどころか、その反対だった。一流大学で研究者になるための教育を受けているあいだ、大急ぎで社会の女性エリートを増やそうとする格差是正の流れの恩恵を受けてきたのだ。そのため、二〇〇八年に早稲田大学応用化学科修士課程を卒業すると、権威あるハーバード大学医学大学院に留学して博士論文を書くための奨学金と推薦状を難なく手に入れた。

遺伝子学者の山中伸弥にならって、彼女も幹細胞と再生医療をあつかう学科で勉強した。その博士論文はすでに、胚性幹細胞（ES細胞）の変化にかんするものだった。

若い女性研究者はそれ以上アメリカの大学にとどまることなく、論文を確実に仕上げるため日本にもどった。少なくとも彼女のなかでは、野心を捨てていなかった。二〇一一年に博士論文の審査を受けるとまもなく、かつての指導教授たちの推薦を受け、卒業の翌月にはもう、有名な理化学研究所（理研）に入ることができた。まだ二七歳だった。二〇〇一年にノーベル化学賞を受賞した理研理事長の野依良治は、彼女を歓迎した。彼女はたびたびこのベテラン研究者と会い、そのアカデミックな経歴に大きな刺激を受けた。うまくいけばいつの日か、彼のような大研究者になれるかもしれない。二年後、彼女は発生・再生科学総合研究センターのユニットリーダーに任命され、研究所の歴史はじまって以来最年少の主任研究員となった。

彼女が若くしてそのポストについたのは、スピード出世といってよかった。革新的な科学分野に身を置いていたので、重要な発見をすれば人に認められることを知っていた。山中とそのiPS細胞を手本に、細胞を分化させるまったく新しい技術を見つける必要があった。成体幹細胞を多能性細胞に変える新しい方法である。彼女は絶好の場所、絶好のタイミングにおり、必要な手段を

再生医療

再生医療の基本的な考えは、人体すべてのもとになる幹細胞の変化する力を利用して人工的に人体をよみがえらせることである。そのために、幹細胞の変化をコントロールし、「新しい」細胞を培養して人体に移植し、「欠陥のある」細胞と入れ替える方法を開発する必要がある。

もち合わせていた。

不可欠な支援

小保方は理研で笹井芳樹教授に出会う。彼は高名な発生学者で、山中のものに近い研究をしていたが、はかばかしい成果が得られなかった。小保方は笹井教授に、自分の支援者として加えるべき人物を見いだした。自分にはない研究機関での豊富な経験をもち、ベテラン研究者として後ろ盾になってもらえるからである。とはいえ、自分の研究に加わってくれるよう、彼を説得する必要があった。彼女は主任研究員として、自分でテーマを決めて研究を行うことが認められていた。実験方法も自分で選び、実行することができた。しかし、研究の進捗状況について報告する義務はなかった。彼女はきわめて真剣に、全身全霊で自分の研究に取り組んだ。実験の最中にたまたま、リンパ球を酸性の溶液に浸して遠心分離機にかけてみた。培養液で培養したところ、その細胞が変化した。電子顕微鏡にうつったものを見て、彼女は驚いた。それは幹細胞のようだった。幹細胞でさえあれば……。あわい期待から不正まではほんの一歩だった。そ

理研——日本のハーバード

日本有数の研究機関、理化学研究所[の発生・再生科学総合研究センター、現在は別組織になっている]は神戸にある。基礎科学の多くの分野、とくに遺伝学と生物学の研究で、理研の名は世界中に知られている。2011年に世界一となったスーパー・コンピューター京《けい》をつくったのもこの研究所で、理研出身のノーベル賞受賞者は5人あまりにのぼる。権威ある科学誌『ネイチャー』が小保方のつくったSTAP細胞に信憑性があると判断したのも、理研の名声が明らかにものをいったのである。

して彼女はその一歩を踏み出した。
それは二〇一三年九月、ユニットリーダーになって半年足らずのことだった。小保方は笹井教授と、iPS細胞に代わる新しい方法を見つけたいと語っていた。iPS細胞は複雑すぎるし不確実だと、彼女は考えていた。笹井教授は山中のライバルだったが運に恵まれず、山中がノーベル賞をとってからは、なおさらあせりを感じていた。小保方の狙いは正しかった。教授の注目を一身に集めることになったからだ。なんとか教授を説得しようと、すでに最初の実験に成功しており、教授と成功を分かち合いたいと申し出た。そのためには、彼女が「STAP＝Stimulus-Triggered Acquisition of Pluripotency（刺激惹起性多能性獲得）」と名づけた技術を紹介する論文の執筆を手伝ってくれさえすればよいのである。笹井教授はとうとう彼女を信じ、手を貸すことにした。数日後、野依良治理研理事長と研究所の幹部にそのことが報告された。研究所は喜びに包まれた。小保方はもうあとに引けず、彼女の嘘は一人歩きをはじめていた。

小保方——若き天才

小保方晴子は1983年6月29日に松戸市で生まれた。日本の中流家庭によく見られるように、両親は娘に一流の教育を受けさせた。彼女は生物学の研究者になった。国が女性研究者の数を増やす政策をとっていたため、彼女は29歳で主任研究員に抜擢された。半年後、嘘をもとにSTAP細胞の不正を仕組んだが、期限内に再現実験をやりとげることはできなかった。

動き出した不正

小保方は笹井に架空の実験の記

録と分析を提出した。研究論文は細胞の作製方法とその応用のふたつに分けて発表するよう、笹井はアドバイスした。彼女は細胞の画像に手を加え、自分に都合のよい形にした。急いでいたので、以前の論文でつかった写真を流用することまでした。細胞の初期化を研究していたチーム全員をこの発見に引き入れ、彼らを共著者とした。ハーバード大学医学大学院のかつての指導教授チャールズ・バカンティにも加わってもらった。実のところ、依頼された人々はまったく分析作業をしていなかったが、こういったことは世界中の研究所でよく行われている。論文発表に必要な体裁を整えるため、研究者たちはすすんで名前を貸し借りし、専門を同じくする外部の協力者として論文に名を連ねるのである。何人もの有力な著者が加わったおかげで、小保方の論文の科学的信頼性はぐっと高まり、論文は厳格な査読委員会の審査に耐えられるものとなった。

いっぽう笹井は科学誌『ネイチャー』の編集部にたいし、iPS細胞よりすごい幹細胞の新たな作製方法にかんする論文の草稿を送るむね通知した。二〇一三年一一月のことである。山中のライバルである理研の研究者からそのような発見を伝えられたとあって、査読者たちはすっかり信用し、論文を受理して雑誌に掲載することにした。不正は成功した！

二〇一四年一月二九日に『ネイチャー』は、さまざまな幹細胞を容易に作製できるという驚くべきSTAP方式にかんする小保方の署名入り論文二篇を同じ日に掲載した。幹細胞は通常、たくさん集めることの不可能な条件で採取するか（胎児）、複雑で不確実な遺伝子工学によって手に入れる（iPS

STAP細胞の不正

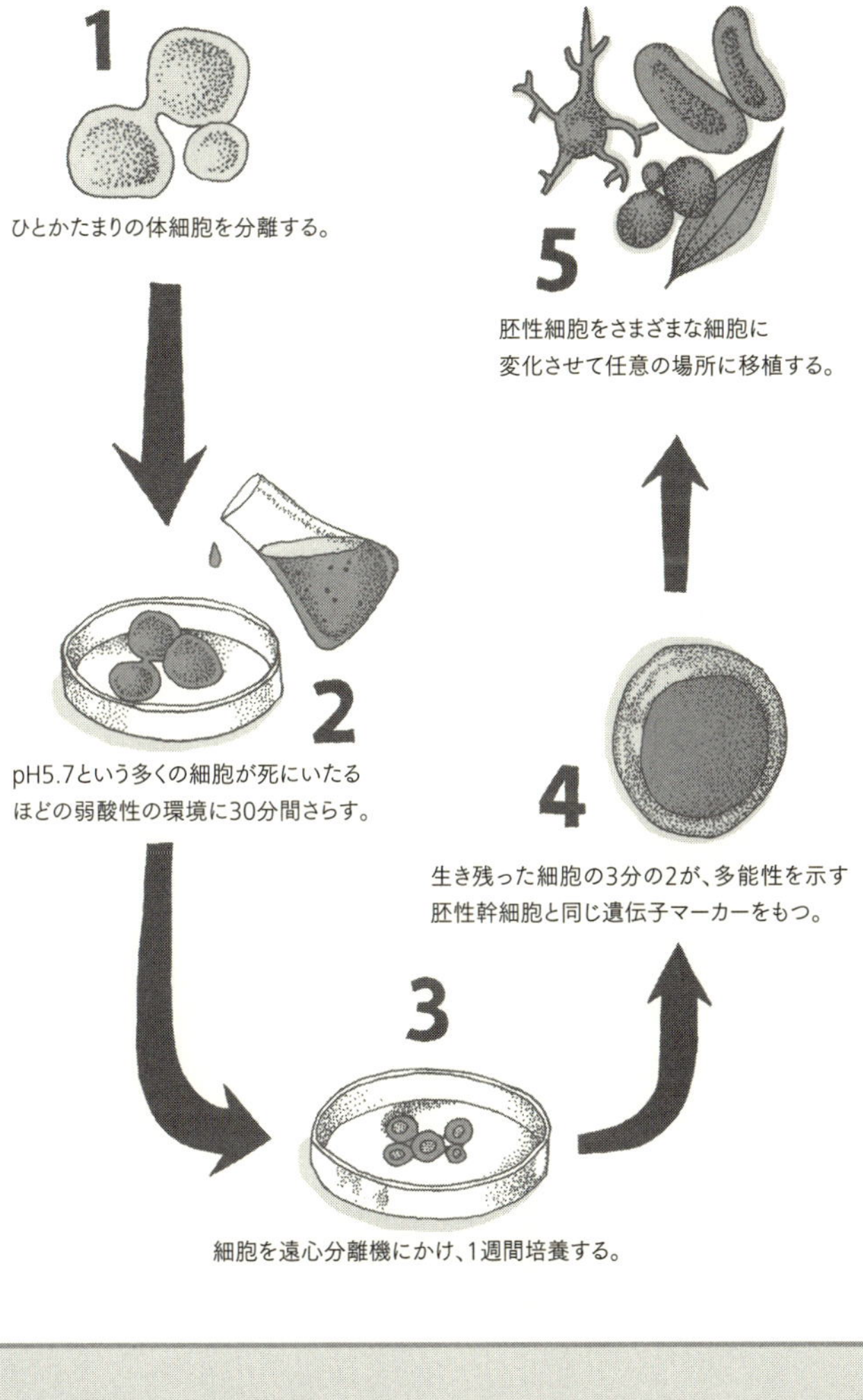
1
ひとかたまりの体細胞を分離する。
2
pH5.7という多くの細胞が死にいたる
ほどの弱酸性の環境に30分間さらす。
3
細胞を遠心分離機にかけ、1週間培養する。
4
生き残った細胞の3分の2が、多能性を示す
胚性幹細胞と同じ遺伝子マーカーをもつ。
5
胚性細胞をさまざまな細胞に
変化させて任意の場所に移植する。

細胞)しかないのだが、STAP細胞はどんな成体細胞からも容易につくり出せる。STAP細胞は多くの病気を治療するのに役立ち、とりわけ、損なわれた器官を短期間で再生することが可能になるかもしれないのである。

すごい発見であり、小保方が若く美しいとあって、彼女はたちまち有名人になった。女性の成功を待ち望んでいた日本の新聞は彼女を絶賛した。世界のメディアも生物学の若き天才に喝采を送った。

最初の疑惑から不正の発覚へ

小保方は史上最年少のノーベル賞受賞者になるのではないかと、メディアは期待をふくらませた。さらに、彼女がうら若き女性であることから、記者たちは彼女の研究室の内装(ピンクとイエローの壁紙にユーモラスなキャラクターのシールが貼られていた)から仕事着(研究者の白衣ではなく祖母からもらった割烹着)、日常生活(ペットのカメを泳がせたり散歩に連れていったりした)にいたるまで関心を示した。

小保方の成功は長くつづかなかった。『ネイチャー』に二篇の論文が掲載されて数日後、科学のプロ

STAP細胞の作製

小保方によると、多能性をもつSTAP細胞をつくるには、マウスのリンパ球のような分化した細胞を弱酸性の溶液に浸し、遠心分離機にかけてから、培養液で培養するだけでよい。小学生の実験のようなこのやり方で、遺伝子操作をまったく行うことなく、胚性幹細胞にきわめて近い細胞を短時間でつくることができるという。

グやツイッターに疑義が投稿された。いくつかの画像が改竄されていると思われ、論文の一部はすでに発表された他の論文をコピーしたものだったのである。二〇一四年二月一三日のことだった。論文の不正により、彼女の名声は二週間で地に落ちた。実際、科学の出版物から不正を探し出す科学者のブログがいくつも存在しており、前年の二〇一三年二月にそうしたブログが、高血圧治療薬ディオバンのスキャンダルを暴いている。臨床研究のデータが捏造されており、公衆衛生にかかわる問題として、フランスのメディアトール事件［やせ薬の副作用で五〇〇人以上の死者が出たとされる］に匹敵する大事件に発展した。

研究者のソーシャル・ネットワークにより、発表後半月足らずで不正が明らかになった。

不正ハンターたちが注目したのは、マウスの胎盤を異なる条件で撮影したはずの二枚の写真が、同じように見えることだった。論文の署名者のひとりである若山照彦は共著者として発言し、「単純なミス」により写真が混同されたと認めた。二月一八日づけの朝日新聞で、彼はこう述べている。「同じマウスで角度の違う写真を二回つかってしまった。最終的に二枚目の写真は本文と関係なくなっているが、削除するのを忘れた。小保方さんは忙しすぎた。ひとりで追加の実験をやりながら、研究結果をまとめなければならなかった。それでこのようなミスが起きたのだ」しかし、これで一件落着とはならなかった。

連日のように新たな不正が発覚した。『ネイチャー』の二本目の論文につかわれた別の写真も加工されていたことが判明した。その翌日には、小保方がハーバードで勉強していた二〇一一年に発表された資料に同じ画像がのっていると指摘された。さらに、その年に審査を受けた博士論文にも、それらの写真が使われていた。小保方晴子の化けの皮がはがれた。

再現できない実験

非難をあびるSTAP細胞を検証するため、幹細胞専門の有力な研究者一〇人が『ネイチャー』のアンケートに応じて追試を行ったが、実験を再現できた者はひとりもいなかった。この分野の科学者のコメントを集めたブログによれば、八回やってもうまくいかなかったという。小保方を弁護する者もいた。そのような検証の大半は小保方のものと同じタイプの細胞を使っていなかったのだと、彼らは説明した。適切な酸性度を見つけるのも至難の業である。わずかな酸でも細胞は死んでしまうのだ。

ハーバード大学医学大学院教授のチャールズ・バカンティは、研究に加わっていなかったが論文の共著者に名を連ねており、実験にミスがあった可能性があるのでもう一度実験をやりなおす必要があると述べた。理研は、三月から一年かけてSTAP細胞を検証することにした。しかし『ネイチャー』

は事態を重く受け止めていた。これ以上待つことはできない。七月初め、一三人の署名者全員の同意を得て、STAP細胞にかんする二篇の論文は撤回され、不正があったと公式に認定された。

笹井教授の自殺

二〇一四年八月五日、科学界を悲劇が襲った。笹井芳樹が研究所の階段で首を吊ったのである。五二歳だった。自ら命を絶つまえに靴を脱ぎ、踊り場にきちんとそろえて置いたという。彼の身辺から数通の遺書が見つかり、小保方にあてた遺書には、「STAP細胞を必ず再現してください」と書かれていた。理研の調査委員会によると、笹井は研究データを確認しなかったこと、小保方の逸脱行為を見抜けなかったことの責任をとったのである。科学誌での論文撤回は、日本では比較的まれである。ましてや、メディアをこれほど騒がせることもめったにない。この事件が日本の研究にとって汚点となったことは間違いない。スキャンダルの責任をとり、日本の格言にもある道徳観――「生き恥

1月29日は不吉な日

日本の伝統的な暦で2014年1月29日は縁起の悪い日、「仏滅」であった。ブッダの死を意味する仏滅[もとは「物滅」と書き仏の死とは無関係である]は不吉な日である。この日に旅に出たり、危険をともなう活動をしたりするのは避けたほうがよいとされる。寺では葬儀を行わず、迷信を気にして外出をひかえる人もいる。小保方の発見は2014年1月29日に発表され、そのときから彼女の人生は暗転したと言ったら、そんな馬鹿なと思うだろうか。

をさらすなかれ」――にしたがって命を絶つ直前、笹井は「深く恥じて」いると新聞に語ったのである。

笹井が自殺したにもかかわらず、理研は科学的検証をつづけたが、それ以上成果はなかった。小保方を採用した野依理事長は、最終的に、厳しい監視のもとで本人に再び実験をやらせることにした。二〇一四年一二月、STAP細胞を再現するため小保方に与えられた実験の期限がきれた時点、すなわち理研の検証が終了するまで三か月を残す時点で、すでに結果は出ていた。STAP細胞は嘘であったと公式に認定されたのである。「未熟な上の不正というのはやはり許されないことです。検証結果としては、STAP細胞は存在しなかったということです」文部科学大臣はこう結論づけた。二〇一五年に小保方は、大学の学位をすべて剝奪された。二〇一五年一〇月に早稲田大学は彼女の博士号を取り消し、スポーツ・チャンピオンに過去にさかのぼって制裁を科すように、博士号取得以降に支払われた助成金を全額返還するよう求めた。

不正は真の発見を見えなくする

同じ研究所、小保方晴子と同じ研究分野で、高橋政代研究員の率いる別のチームが2014年9月12日、STAP細胞のライバルiPS細胞の方式でつくった多能性幹細胞をつかい、加齢黄斑変性（AMD）という目の難病にかかった70歳の患者に網膜の細胞を移植した。患者の腕の皮膚の細胞からつくった網膜の細胞が移植されたのである。高橋は再生医療の実験に成功したようだ。それは小保方ほど野心的でないが（対象となるのは目だけ）、革新的な実験である。しかしながらSTAP細胞の騒動により、高橋の発見は残念ながら影が薄くなってしまった。

日本の男女格差是正措置

国が努力しているにもかかわらず、日本の科学研究はこんにちもなお、男性がほぼ独占している。だが、職業全体を見ても、日本の労働人口のうち女性は四〇パーセントに満たないことを付け加えるべきだろう。

二〇〇九年にＯＥＣＤ(経済協力開発機構)――先進国の市場経済を調査し、独自の統計にもとづいて勧告する国際機関――は、人口が減少している国で生産性を上げるには働く女性の割合をふやす対策をとる必要があると、日本政府に勧告した。最近でも、アメリカの有名銀行のアナリストによるレポートで、労働人口の男女差を解消すれば日本のＧＤＰは一五パーセント増加すると見積もられている。

しかしながら二〇一〇年、女性の雇用は惨憺たる記録を更新した。働く女性の数が二三〇〇万人というのは労働年齢にある女性の六〇パーセントにすぎないのにたいし、男性では八〇パーセント以上が働いていた。不況からの脱却と社会のグローバル化は、日本が二〇〇〇年代初頭から社会をあげて取り組んでいる課題である。日本は「ウーマノミクス(女性の経済)」で成長をとりもどそうとしているのである。

　科学研究での遅れはさらに深刻で、女性研究者の割合は先進国中最低の一四パーセントにすぎない。日本政府は今後数年間で、研究者の最低三〇パーセントを女性にするという目標を立てている。研究機関や大学はあらゆる手をつくしてこの数字を達成しなければならない。

　小保方晴子が研究者としてめざましい出世をとげた背景に、こうした急進的な格差是正措置があった。

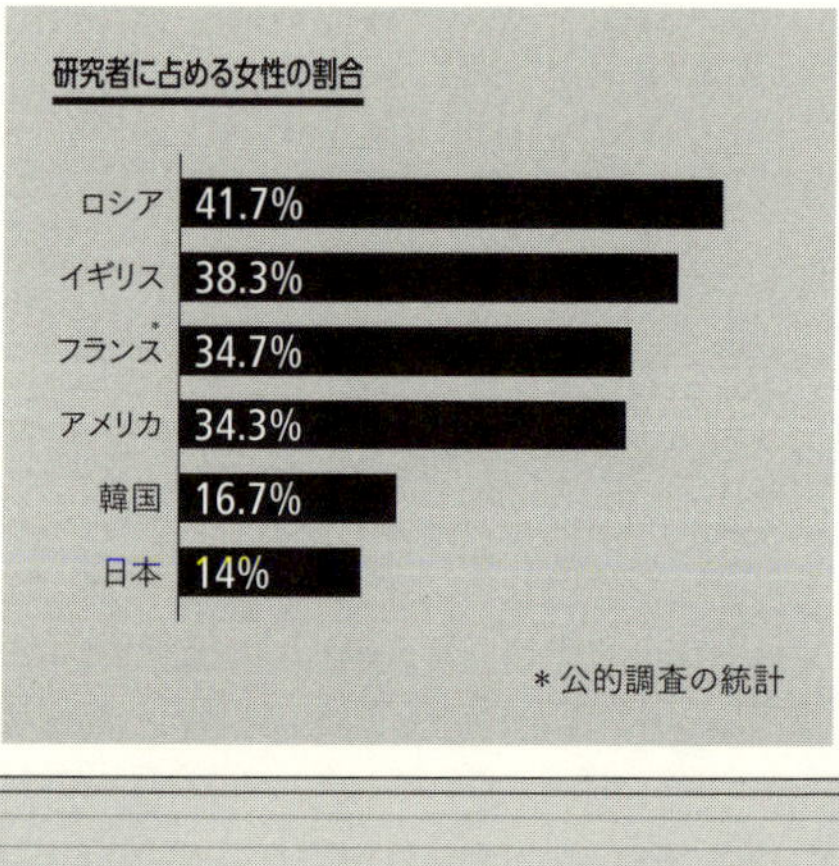

細胞を変化させて身体を再生することはまやかしではない

幹細胞を理解する

幹細胞は、あらゆる多細胞生物と同じくヒトにもともと備わっている。幹細胞の特徴は未分化であること、すなわち明確な用途にまだプログラムされていないことである。分裂して同じ細胞をつくる能力があり、最終的に、生体が与える用途にしたがって特化された細胞に変化する。

▼いわゆる「多能性」をもつ幹細胞は、生物学者にとってまさにジョーカーであり、どのような細胞にも分化する。それが胚性幹細胞（ES細胞）で、無制限にあらゆる種類の組織を生み出すことのできる、いわば身体をつくるセメントの材料のようなものである。胚発生の初期段階のみに存在するので、死んだ胎児からしか採取できない。そのため、すべての西欧諸国でそのような細胞の使用が禁止されている。

▼別の種類の幹細胞は分化する、すなわちあらかじめ用途が決定されている（すでに分化がプログラムされている）ので、のちにつくられる特化した細胞の種類が限られる。臍帯《さいたい》（へその緒）に由来す

る細胞——採取しストックできる量は限られ、大きな組織をつくるのは難しい——がそれにあたるが、成体幹細胞も同様である。臍帯の細胞とは異なり、こちらは生涯にわたって人体で自然につくられる。成体幹細胞が再生医療の中心となっているのはそのためである。

初期化された幹細胞

成体幹細胞は、つねに再生される組織からとられる。血液の細胞がつくられる骨髄（造血幹細胞）や表皮（表皮幹細胞）、脂肪組織（間葉系幹細胞）などである。そうした幹細胞はわずかな量しかなく、胚性幹細胞より培養が難しいが、研究者が利用でき、他への応

骨髄の成体幹細胞からつくられる「新しい」細胞

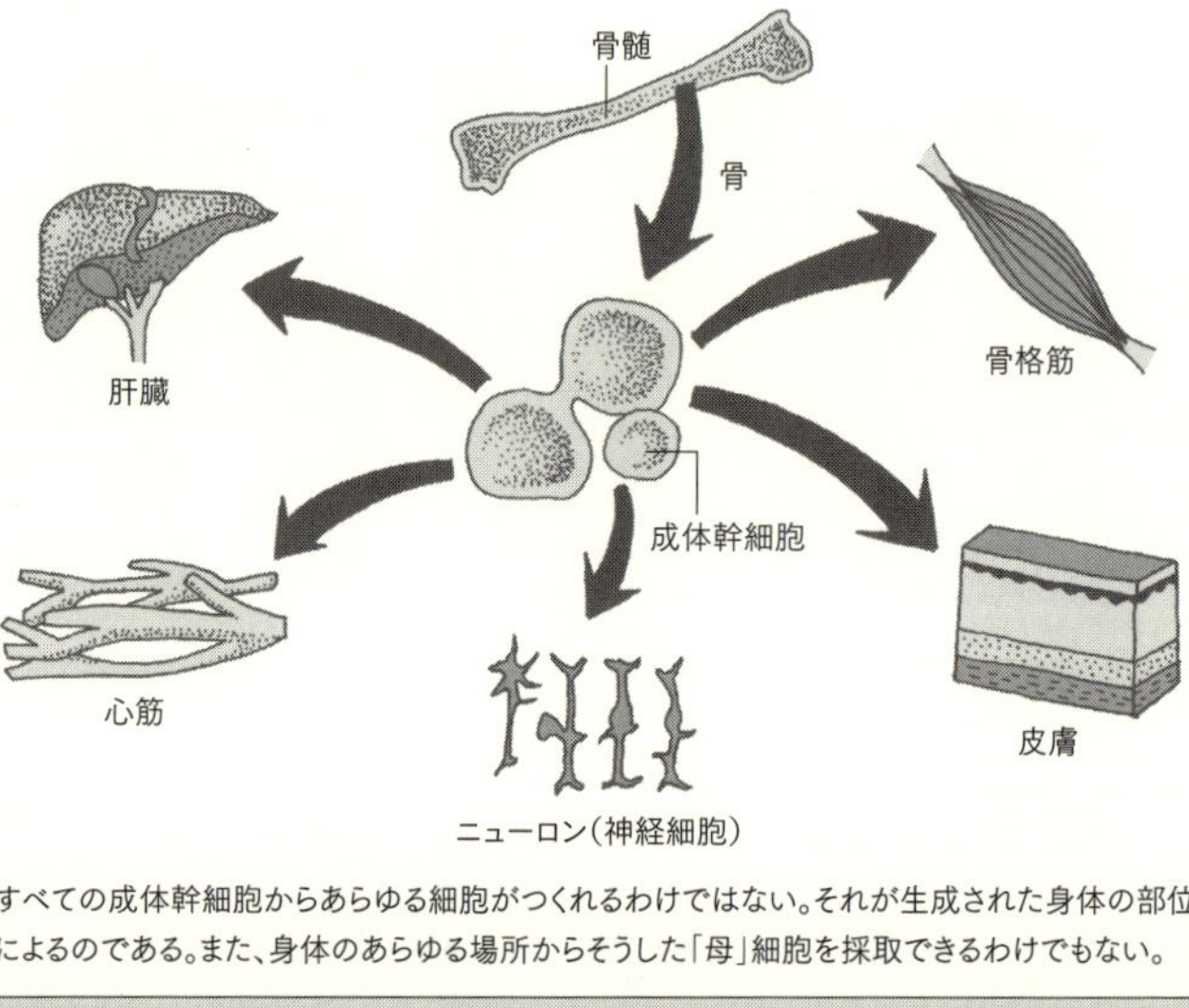

すべての成体幹細胞からあらゆる細胞がつくれるわけではない。それが生成された身体の部位によるのである。また、身体のあらゆる場所からそうした「母」細胞を採取できるわけでもない。

用が可能なのは、こちらの幹細胞である。

したがって、再生医療が目指しているのは、こうした成体幹細胞——使用可能な唯一の幹細胞——の遺伝子を操作し、人工的に初期化して多能性をもつ細胞にすることである。かくして、iPS細胞の技術が二〇〇六年に山中伸弥によって開発された。人工的につくられ、胚性幹細胞と同じ性質をもつiPS細胞は、分化した体細胞の遺伝子を初期化することで得られる。二〇〇七年以来、iPS細胞の数百の系統が、ほとんどすべての種類の体細胞（心臓、肝臓、網膜、神経など）からつくられている。それらは将来、治療用の細胞として徐々に使われ、「必要に応じて」欠陥のある細胞と交換できるようになる。そして理論的には、人体をそっくり再生することが可能になるのである。

3 遺伝学

遺伝学は生物学と医学にまたがる分野だが、別個にあつかうべきだろう。それは生物が生まれるまでの過程と、生まれてから死ぬまでの機能をプログラムしている「情報コード」を決定する。創造性豊かな学者にとって、これほど情熱をかきたてられる学問分野はない。母なる自然が課しているゲームの規則を理解し、定義しなおすことは、ほとんど科学革命を約束されたようなものだ。大発見と名声を求めるがゆえに、ここでも不正行為があとを絶たない。

遺伝学もその黎明期に、細胞の内部まで観察できるだけの技術や科学的方法がなかったことから、科学的欺瞞の温床となっていた。創造力あふれる学者たちにはなんでもありの世界である。たとえばグレゴール・メンデルは、遺伝の法則にたいする直感をもっていた。彼の実験はその見方を統計的に裏づけるものではなかったが、それはたいした問題ではない。百年後まで、だれもそのことに気づかなかったのだ……。やがて認知科学が遺伝学に関心をよせるようになる。遺伝学でヒトの生物学的特性を定義できるなら、脳の働きもあらかじめ決められているに違いない。心理学者のシリル・バートは、そこから知能は遺伝するという恐るべき結論を導き出す。遺伝学は生物、個人、さらに社会を定義するようになる。ひとりの若き農業技術者がスターリンを動かし、ソヴィエト帝国にふさわしいプロレタリア生物学をつくり上げたときも、遺伝学が大きな役割を果たした。

グレゴール・メンデルの完璧すぎるエンドウ

一八五〇年代、司祭のグレゴール・メンデルはモラヴィアの修道院で気象学と生物学を研究していた。それから五〇年近くたって、気象にかんする彼の研究はなにも残らなかった。いっぽう遺伝にかんする彼の研究成果は再発見され、そこから新しい科学分野、遺伝学が生まれた。一九三六年にある生物学者が彼の実験を分析したところ、それらは偽りのものだとわかった。しかしながら、実験の結論と彼がそこから導き出した法則は正しかった。いったいなにが起きたのだろうか？

シリル・バートと遺伝する知能

近代心理学の父のひとりはイギリス人である。心理測定法と知能の遺伝的特性の発見は、何世代もの心理学者にたいして権威をもっていた。子どもの成績がよいのは遺伝子のせいであって、学習によるものではない。バートが死んで数年後、研究者たちは、彼が研究生活をつうじて論文を偽造していたことを知った。

ルイセンコとプロレタリア生物学

ソヴィエト連邦の農学と生物学は三〇年にわたり、ひとりの農業技術者に牛耳られていた。彼は自らの科学的妄想を国家の宗教としたのである。歴史上類を見ないことに、ソヴィエト連邦の生物学研究は遺伝学にとりついた政治的見解に押しつぶされ、数十年あともどりを余儀なくされる。近代史上最大の影響をもたらした科学不正を引き起こしたのは、ウクライナ人のトロフィム・デニソヴィッチ・ルイセンコであった。

グレゴール・メンデルの完璧すぎるエンドウ

不正の種類

拡大適用

科学分野

生物学／遺伝学／植物学

どこで?

オーストリア

いつ?

1850年から1865年のあいだ

信じられたこと

生物の遺伝は生物界全体に同じ統計的法則ではたらくことが立証された。

おもな登場人物

ヨハン・グレゴール・メンデル（アウグスチノ会司祭）、ロナルド・フィッシャー（イギリスの生物学者、統計学者）

一九世紀、エンドウの雑種にかんするグレゴール・メンデル神父の研究により、遺伝学の基本的法則が打ち立てられた。メンデルの死後五〇年たってロナルド・フィッシャーが彼の実験を分析したところ、それらは偽りのものであった。

二〇世紀初頭まで、親と子が似ていることを説明するために多くの理論が立てられた。もっとも妥当とされた理論のひとつが、紀元前四〇〇年代にヒポクラテスが唱え、その二〇〇〇年後にチャールズ・ダーウィンが再度とり上げて完成させたパンゲン説である。この理論では、すべての人体組織のなかに流体が形成され、最終的に生殖器官に集まって生まれてくる子どもの性質を決定する。人体の要素はそれぞれ別個に複製されるのである。ヒポクラテスはまた、身体的特性が世代ごとに少しずつ異なるのは、男性の流体と女性の流体が争ったことから生じる不確定な結果にほかならないと説明していた。

チャールズ・ダーウィンは『種の起源』(一八五九)において、ヒポクラテスの考え方をふたたびとり上げて改良を加え、その流体はそれぞれの細胞が放出するジェミュール(芽球)であるとした。ジェミュールとはある種の粒子で、のちに植物学者のユーゴー・ド・フリースによって「パンゲン」と呼ばれるようになった。ド・フリースは遺伝が変化を引き起こすと考え、パンゲンはのちに「遺伝子」となる。しかし、新しい形質――進化論が機能するのに不可欠な要素――を出現させるメカニズムがわからなかったので、遺伝は相変わらず生物学の謎であった。そのため、遺伝の大法則が発見されるまで、遺伝情報がふくまれた粒子が「混ざり合う」のだと信じるほかなかった。

イギリスのダーウィンと同じ時期に、中欧の修道院でひとりの司祭が研究をつづけていた。普遍的な統計の法則を見つければ遺伝の生物学的プロセス全体を検証できると、彼は直感的に思いつく。しかしながら、この学者司祭からまた別の謎、こちらは歴史の謎がはじまる。彼の結論は正しいにもかかわらず、実験は偽造されていたのである。いったいなにが起きたのだろうか。これは科学史の驚くべき人物メンデル神父の物語である。

学者司祭メンデル

ヨハン・メンデルは一八二二年にオーストリア＝ハンガリー帝国、現在のチェコ共和国にある小さい村に生まれた。彼の一家はドイツ語を話していた。農夫の父親は果樹を栽培し、接ぎ木で品種改良を行っていた。歴史の偶然だろうか、植物の交雑で生物学に変革をもたらす息子は、子どものころ父親の園芸の仕事を手伝っていたのである。数年後、ヨハンは将来への大きな希望を胸に、大学で勉強をはじめた。しかしながら、彼が勉学の才を発揮したにもかかわらず、父親が大きな事故にあってから、家族は彼の学費をまかなうことができなくなった。

青年にとって運のいいことに、大学の物理の教師は偶然にもアウグスチノ会修道士であった。アウグスチノ修道会は教会活動のかたわら、研究と教育に力を入れていた。教え子の状況に心を痛めた物理の教師は、モラヴィアのブルン（現ブルノ）にあるアウグスチノ会の聖トマス修道院に入るようヨハンに勧めた。教員の資格をとり、ウィーン大学（帝国の中心的大学）で勉強すれば、修道会から仕事がもらえるかもしれない。

修道院長が遺伝に興味をもったことから、メンデルは植物の雑種を研究するようになる。

その修道院は教育や研究の場としても評判が高く、蔵書のそろった図書館のほか、植物園もそなえていた。二年目が終わると、メンデルは修道の誓いを立ててアウグスチノ会修道士となり、グレゴール神父と名乗るようになる。

研究に捧げた修道生活

修道院での生活は、生物学と植物学の研究に打ち込む絶好の機会となった。この思いがけないチャンスと引き替えに、青年は地元の中学校や高等学校で科学を教えなければならなかったが、教会の

交雑

メンデルの研究の中心となるメカニズム、交雑は、ある植物の胚珠《はいしゅ》に別の品種の花粉を人工的に受粉させるというものである。交雑で生じる「雑種」植物により、遺伝現象を分析できる。

仕事をやらずにすむならお安いご用だった。ヨハンはグレゴール神父となり、礼拝や修道院の集まりには参加したが、彼のやるべきことはただひとつ、科学の研究だった。司祭の叙階式がすんで宗教生活に入った当初は、たえず口実を探しては、司教から教区司祭に任命されないようにしていた。それはまた、修道院長のいきなはからいでもあった。一八五一年、彼はついに修道会の上層部から、ウィーン大学に留学して数学、物理学、植物学、植物生理学の勉強をつづける許しを得る。彼はウィーン大学で、科学実験の方法論にかんする知識を身につけるとともに、当時の植物生理学の大問題を発見した。植物学者たちはとりわけ、何世代もかけあわせた植物になぜ新しい形質があらわれるのか、なかなか説明できなかった。二年間ウィーンで勉強したのち、彼はブルンの修道院に呼びもどされ、その後二度と修道院を離れることはなかった。

生物の遺伝を解明したいという熱い思いと、ウィーンで学んだ植物の生殖にたいする好奇心に突き動かされて、グレゴー

遺伝の法則を打ち立てるのにどうしてエンドウを選んだのか

メンデルはその著書『雑種植物の研究』で、*Pisum*（エンドウ）のたぐいまれな性質を説明している。「この植物の中にいくつかの相互に独立した型があり、それは代を重ねても不変で、容易にしかも確実に識別できる形質をもつ。また、雑種を相互に交配したときに完全な稔性を有する子孫を生じる。そのうえ、他の花粉によるじゃまが容易に起こらない。なぜなら、受精器官は竜骨弁《りゅうこつべん》できっちりと囲まれている。（……）この状況は特に重要である。その他の長所として、この植物が露地や植木鉢で栽培できること、生育期間が比較的短いことにも触れておく。もちろん、人工交配するのは少し面倒であるが、ほとんどいつも成功する」

ルは修道院にもどった一八五四年の夏、植物雑種の実験をやらせてもらいたいと上司に願い出る。聖トマス修道院長はグレゴールの研究テーマに強い興味を示し、修道院の中庭に実験農園をつくること、修道士たちに彼の仕事を手伝わせることを特別に認めた。

メンデルは一時、植物の遺伝を研究するより、修道院の個室でこっそり飼っていたハツカネズミで実験を行うことを考えるが、修道院長の説得で最終的に思いとどまる。

多くの植物の交雑を試しては研究するという生活がつづいて二年がすぎた一八五六年、彼はついに、マメ科植物を実験植物に選んだ。エンドウのように実にさやのある植物である。メンデルはこう書いている。「マメ科植物はその花が特殊な構造をしているために、私は、最初から、これに特に注目した。この科のいくつかの種類を用いて行われた実験から、エンドウ属（*Pisum*）が設定された必要条件に十分あうという結果が得られた（『雑種植物の研究』岩槻邦男・須原準平訳、岩波書店、以下の引用も同じ）」かくして*Pisum*が実験に使われ、エンドウマメが驚くべき遺伝率を示したことから（だれが想像しただろう？）、革命的な科学分野の法則が明らかになるのである。

エンドウの交雑

一八五六年から一八六三年にかけて、メンデルは二万九〇〇〇株を下らないエンドウを栽培して実験した。彼の研究（一四六－一四九ページ参照）から、以下のことが明らかになった。雑種の第二世代以降で、栽培したエンドウの四分の一が純系の劣性遺伝子をもち、二分の一が雑種で、残りの四分の一は優性であった。彼はこの実験から、三つの学説の形でその生物学的プロセスを総括し、それはのちにメンデルの法則［「優性の法則」「分離の法則」「独立の法則」からなる］と呼ばれるようになる。それらの法則により、優性遺伝子と劣性遺伝子のふたつの異なる遺伝子にもとづき、それぞれの植物の遺伝的形質が決まることがわかった。つまり、二種類の遺伝子の発現においては前者が主導権を握っており、後者は第二世代以降にわずかにあらわれるにすぎないということである。

メンデルはその研究を、『雑種植物の研究』という有名な論文にまとめた。一八六五年にはブルン自然科学会例会でその論文を発表している。メンデルの実験は好意的に迎えられ、一八六六年に同会の会報に論文が掲載された。しかしながらこの研究は、生物界における遺伝の概念にかかわるものというより、植物学と交雑にかんする研究であると理解された。

その後の三五年間、メンデルの研究は他の科学論文に三回しか引用されなかった。

メンデルは最終的に研究分野を変えた。一八六八年には修道院長に選ばれ、そのつとめと両立しやすい研究に力を入れざるを得なかった。それでも彼は気象学に熱中し、気象学は一八八四年に死ぬまでもっとも長く研究した分野となった。彼は体系的な記録をつくり、地域の測候所の観測結果をひとつにまとめた。そのため当時の人々には、遺伝学に寄与したことより、気象観測に貢献した人物として知られるようになる。メンデルが死去してわずか数日後、当時の修道院長が彼の資料をすべて燃やしてしまったため、エンドウの実験がどれほど厳密なものか検証するための手がかりは完全に失われた。

ダーウィンの無関心とメンデルの研究の再発見

メンデルの論文は統計的研究と数学的予測にもとづいており、当時一般に用いられていた科学の表現方法とかけ離れていたため、生物学者たちにはほとんど理解されなかった。ダーウィンもメンデルの論文を知っていたが、ほとんど注意を払っていない。そのため、のちに相互補完的な関係となる進化論と遺伝学の理論は、数十年にわたり切り離された状態で共存し、両者を結びつけようと考える者はいなかった。

一九世紀にもっとも広く受け入れられていた遺伝にかんする理論は、ダーウィンのいとこフランシス・ゴルトンが唱えたような血液混合理論であった。彼はそれとは別の遺伝学の欺瞞、優生学の創始者でもある（一五二ページ以下を参照）。メンデルの法則は、遺伝は生物がそこから得られる利点を伝達することによって生じると主張するダーウィンの考え方に反していた。いうなれば、ダーウィンによる遺伝は三〇年にわたって優性だったのであり、メンデルの法則は劣性であるとみなされた。やがて二〇世紀に入ると、ユーゴー・ド・フリース、カール・コレンス、エーリヒ・フォン・チェルマックといった新世代の生物学の理論家たちがあらわれ、一九〇一年にそれぞれ独自にモラヴィアの司祭の法則を再発見した。彼らにつづいて一九〇二年には、ウォルター・サットンとテオドール・ボヴェリが、メンデルの遺伝を引き起こす因子を染色体とする染色体理論を唱えた。さらに同じ年、リュシアン・キュエノが植物雑種にかんするメンデルの法則は動物界にもあてはまることを示した。グレゴール・メンデルはそのときようやく、普遍的な科学史の仲間入りを果たしたのである。

メンデルから半世紀後、生物学者で統計学者のロナルド・フィッシャーが、生物の進化と遺伝の法則とのあいだに待望の橋渡しをしたが、モラヴィアの司祭が伝える実験結果の正しさについては異論を唱えた。というのも、第二世代（F2）の結果は正確に三対一とはならないからだ。フィッシャーは、メンデルとぴったり同じ数字になる確率は十万分の七にすぎないと算定した。これはいったいどういうことか？　メンデルが自分に都合のよい結果になるよう嘘をついたか、あるいは彼の助手たちにかつがれたのだろうと、フィッシャーは推測する。助手たちは師が期待する結果をよく知っており、メンデルは権威主義的で気が短いことで知られていた。いずれにしても、フィッシャーのいうとおり、実験全体が偽造されていたことは間違いない。それでもなお、二〇世紀の歴史家たちはメンデルを遺伝学の父とみなしている。彼の発見により、生物の遺伝は両親からもらった同数の情報によって引き起こされ、それらの情報はあらかじめ決まっている統計的法則にしたがってストックされ伝達されることが理解できるようになった。なにはともあれ、実験結果の拡大適用は天才の直感といえるものので、そこから生物学最大の革命のひとつが始まったのである。

ロナルド・フィッシャー——統計不正のハンター

統計学者で生物学者でもあるイギリス人のロナルド・フィッシャー(1890－1962)は、「ダーウィンの最大の後継者」というだけでなく、「ほとんどひとりで近代統計の基礎を築いた」男であるともみなされている。ふたつの科学分野の境界で、生命科学の実験に不可欠な数学的手法を考案したのである。彼はまた、それまでに行われた生物学の大きな実験のいくつかについて、その統計的有効性を調べたことで知られる。そのひとつがメンデルの実験であった。

フィッシャーは統計の分野に、多くの鍵となる概念を導入した。サンプルの統計的研究に確率の法則を結びつけた「最尤《さいゆう》推定」、複数のサンプルが同じ集団に起因することを確認する統計試験である「分散分析」などである。

彼はまた、近代遺伝学の創始者のひとりであり、ダーウィンの偉大な後継者でもある。それはとりわけ、集団遺伝学に不可欠な統計的手法を用いたことによるものである。フィッシャーはそのようにして、自然選択の原理を数学的に構築することに貢献した。そして、同時代のイギリスの多くの遺伝学者と同じく、1930年代に優生学の強力な推進者となったのである。

交雑実験

グレゴール・メンデルは論文『雑種植物の研究』において、遺伝の研究に雑種植物を選んだ理由をつぎのように説明している。「代を重ねても変化しない、互いに異なっている、一ないし数個の形質を備えた二種の植物を受精によって組み合わせると、二種間で共通の形質は、変わらずに雑種とその子孫に伝えられるが、これは多くの実験が示すとおりである。これに対して、二つの対立形質が雑種として結合すると新しい形質を生じ、通常その変化は子孫に伝わる。対立形質の一組ごとにその変化を観察し、それが続く世代に出現する際に示す法則性を見出すのがこの実験の目的である。したがって、この研究は、実験植物に存在する、不変の対立形質の数に相当するだけの別々の実験から成り立っている」

メンデルの論文には、エンドウを交雑する方法についても書かれている。「まだ完全には発達していないつぼみを開く。竜骨弁を除き、すべての花糸をピンセットで慎重に取り除いた後、ただちに他の花の花粉で覆えばよい」実のところエンドウは自家受粉の植物である。つまり、花の竜骨弁のなかにあるめしべの胚珠は、同じ花のおしべの花粉で受精するのである。自家受精し、外皮（竜骨弁）で保護されているため、そこでは別の花との遺伝子の交換が行われない。親の遺伝的形質は数世代にわたって保存され、子孫は純系となる。また、自家受粉の植物ならおしべを切除するだけで、植物が交雑以外の方法で受粉するのを防ぐことができる。実験が容易で、確実に雑種をつくれることから、エンドウを選択したのは適切だったのである。

エンドウの交雑

花Aの胚珠に花Bの花粉を受精させる。

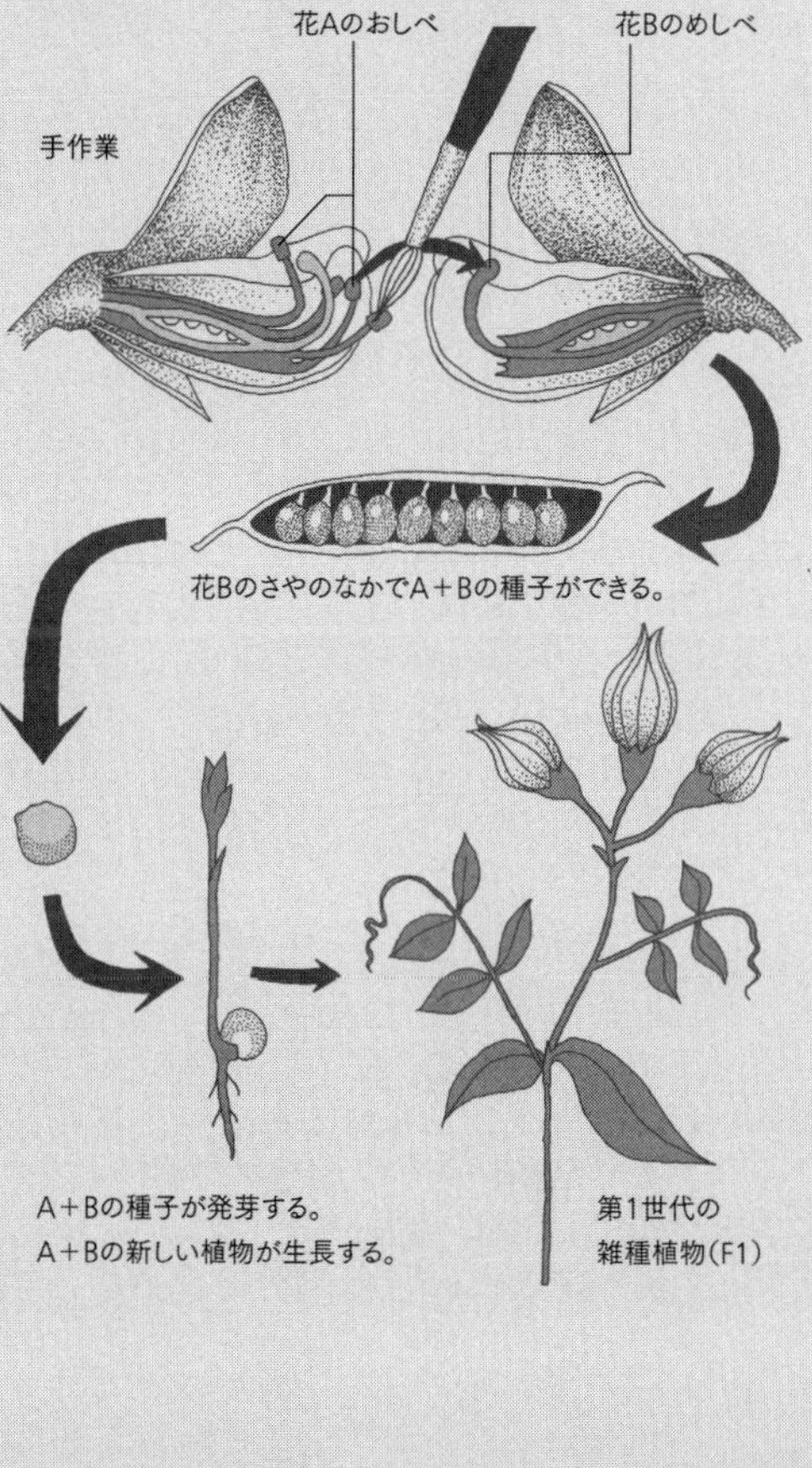
花Aのおしべ
花Bのめしべ
手作業
花Bのさやのなかで A＋Bの種子ができる。
A＋Bの種子が発芽する。
A＋Bの新しい植物が生長する。
第1世代の
雑種植物（F1）

メンデルの不正

メンデルは純系のエンドウを交雑して得られた子孫を分析することで、偽造されているものの適切な結論にもとづき、遺伝の最初の公準を打ち立てた。

❶さまざまな形質(色、花の位置、茎の長さ、さやの形状)のうちひとつのみが異なる純系のエンドウを交雑して得られた雑種第一代(F1)では、すべての個体が同じ結果になる。F1世代において対立する形質を必ず排除する形であらわれる形質を優性、排除される形質を劣性と呼ぶ(栽培したすべての株で一〇〇パーセント得られた結果)。そのようにして得られたエンドウはなめらか(しわがよっていない)、黄色(緑でない)などの形質をもつ。

❷F1のふたつの個体の子孫(F2)では、親の形質は、優性が四分の三、劣性が四分の一の割合であらわれる。つまり、四分の一のエンドウはしわがあり、緑色になる。

❸ひとつではなく複数の形質(色と外観あるいは大きさ)が異なる純系を交雑させると、それぞれの形質は他の形質とは独立してふるまい、それぞれが同じ遺伝比率にしたがい、しかし他の形質とは異なる形でF2にあらわれる。

統計学者のロナルド・フィッシャーによると、このような統計的比率は純粋に理論的なもので、わずかな数の実験植物でこの比率を得るのは不可能である。自然界では、これほど完璧な比率で劣性形質の遺伝を確認することはできない。そのため、メンデルは直感の天才ではあるが、実験結果を偽造したといわれるのである。

実験は偽造されているが、そのやり方は理にかなっている

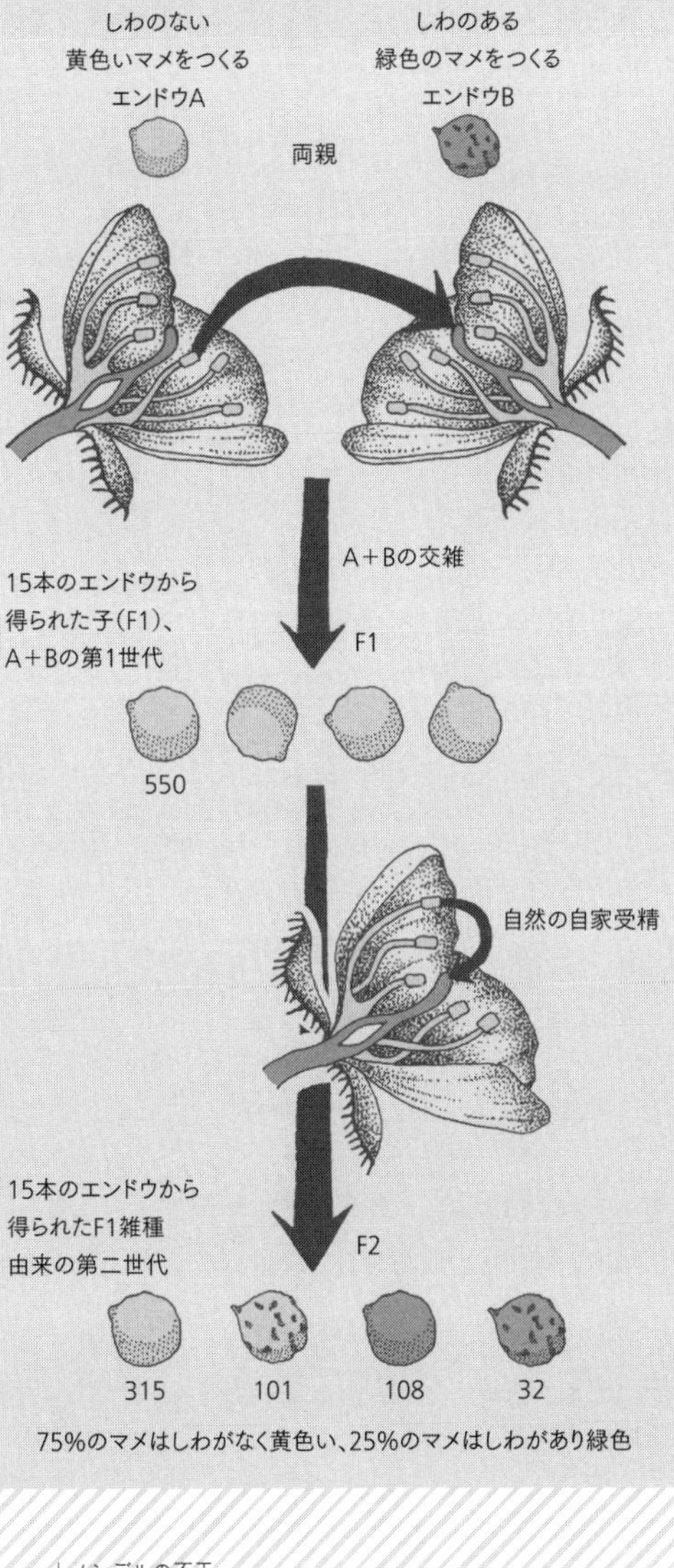

75%のマメはしわがなく黄色い、25%のマメはしわがあり緑色

遺伝形質

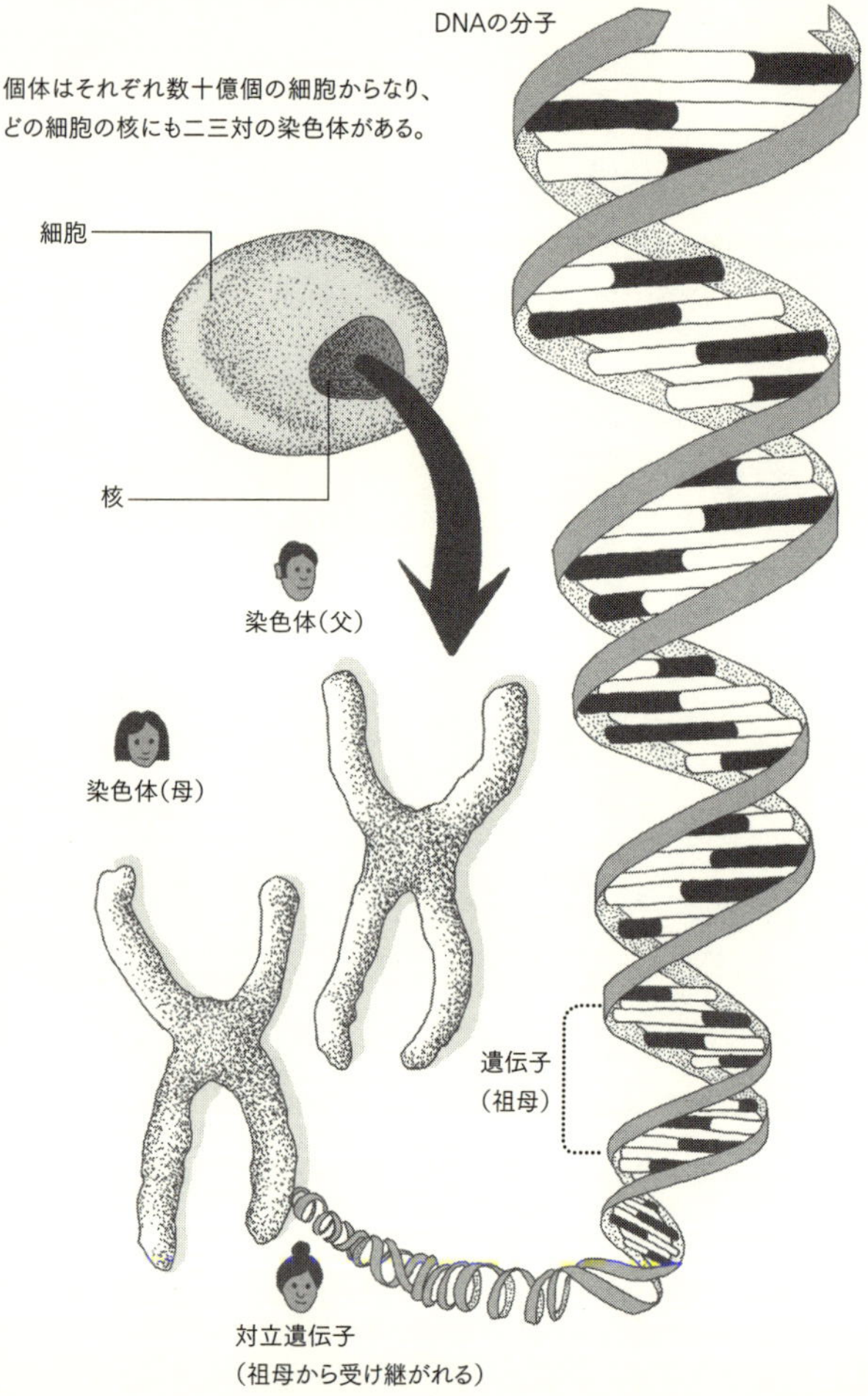
DNAの分子
個体はそれぞれ数十億個の細胞からなり、
どの細胞の核にも二三対の染色体がある。
細胞
核
染色体（父）
染色体（母）
遺伝子
（祖母）
対立遺伝子
（祖母から受け継がれる）

遺伝学用語を理解する

生物学的形質……伝達される情報。

ゲノム……生物がもつ全遺伝情報。

染色体……DNAとたんぱく質の分子からなる微小な構造体。ヒトの体細胞の核には二三対の染色体がある。

対立遺伝子……同一の遺伝子のふたつの状態(母系と父系)。両者が異なっている場合、いっぽうがもういっぽうにたいして優性となる。たとえば父と母の目の色は、子どもにとって父と母のふたつの遺伝子、すなわち対立遺伝子となる。

DNA……デオキシリボ核酸。巨大分子で、一般にはDNAの略称で知られる。遺伝情報をふくみ、DNAが運ぶ遺伝子によって遺伝情報を伝達する。

遺伝子……DNAによって運ばれる個別の情報で、染色体上にある。遺伝子はいわばDNAの「断片」、染色体のごく一部である。

シリル・バートと遺伝する知能

不正の種類

捏造

科学分野

心理学

どこで?

イギリス

いつ?

1909年から1979年まで

信じられたこと

人間の知能は遺伝し、科学的に測定できる。

おもな登場人物

シリル・バート(心理学者)、フランシス・ゴルトン(心理学者)、ウィリアム・マクドゥーガル(心理学者)、レオン・カミン(心理学者)、オリヴァー・ギリー(『サンデー・タイムズ』の医学記者)

長いあいだ近代心理学の父のひとりとみなされていたシリル・バートは、知能は遺伝するのであり、教育とは関係がないと主張していた。研究論文を捏造し、二〇世紀の政治と科学に多大な影響をもたらした。

一九世紀末のイギリスはチャールズ・ダーウィン(一八〇九―一八八二)とその進化論の時代だった。地球上に驚くほど多様な生物が存在すること、生物の種がゆっくりと形づくられることを、進化論は説明した。ダーウィンによれば、人間ひとりひとりの性質は――生物界における生物学的変数《パラメーター》すべてと同様に――数百万年をかけて進化した遺伝的因子である。彼のいとこで心理学者のフランシス・ゴルトン(一八二二―一九一一)は、そこから恐るべき政治理論を打ち立てた。それが優生学である。人間の才能や素質は遺伝現象であり、文化的な環境とは関係がない。ゴルトンは進化論を「選択的に」活用することを強く勧めた。人間の種を改良するには、社会を序列化し、このきわめて重要なパラメーターにしたがって結婚させる必要がある。

それから数十年後、この優生学を引き継いでさらに先へ進もうとする人々があらわれた。進化論の考え方が、ライン川の向こうで殺人の

優生学

語源はギリシア語のeu(よい)とgennao(生まれ)に由来し、文字どおり「生まれのよい」を意味する。優生学eugenicsという語は1883年、イギリス人のフランシス・ゴルトンによってはじめて使われた。

イデオロギーをはぐくんだ。そのイデオロギーは人種主義を称揚し、文明の退廃を防ぐための切り札を優生学的選択に見いだしたのである。

このような人間にたいする政治的見方は偶然あらわれたわけではない。メンデル遺伝学と、生物学的特性は遺伝するという基本原理の登場が、それに関係している。生まれたばかりの遺伝学を理解し分析するのに必要な研究手段がまだ整っていなかったため、科学者たちはその考え方を単純に一般化できたのだった。

知能は遺伝する

身体のはたらきを数ある要素のひとつとして理解することが、世界的な生物学の趨勢であった。植物や動物の種について議論するように、人間についても議論された。そのため、心理現象の研究、すなわち心理学も、教育や社会環境ではなく、身体的基準にもとづいて判断された。あらゆることが身体に結びつけられたのである。遺伝学が隆盛をきわめ、ヒューマニズムを圧倒していった。社会は自らの責任をなかったことにして、——ついに——個人主義を受

シリル・バート——優生学の心理学者

サー・シリル・ロドウィク・バートは、子どもの認知能力と学習にかんする先駆的研究を行ったイギリスの心理学者である。知能の遺伝にもとづく彼の研究は、40年近くにわたり、イギリスが教育政策を実施するうえで大きな役割を果たした。彼の死後まもなく、その研究データがすべて改竄されていたことが発覚した。彼の目的はただひとつ、優生学のイデオロギー的ヴィジョンを推進し、政治に実現させることだった。

け入れることができるのだ。社会の不平等は科学によって正当化された。速く泳いだり速く走ったりできるのも、金のかかる学校に入れるのも、人間がもともと平等でないからではないか。いや、それはまさに文化的不平等、遺伝によって定められた生まれつきの能力なのである。このような新しい考えを抱き、国家レベルで政治的に適用しようとしたのが、イギリスの心理学者シリル・バートだった。だが、彼の考え方はただ間違っていただけではなかった。彼はその研究と、そこから導き出される結論を、二〇世紀最大の科学不正のひとつと一部の人々が考えるもので正当化しようとしたのである。

天職の誕生

シリル・バート（一八八三―一九七一）は一九世紀末、作家コナン・ドイルが見事に描きだしたロンドンのブルジョワ的環境で育った。ひ弱で近視だったが、こんにちなら早熟と呼べるような子どもでもあった。一〇歳になると医者の父親について病院に出かけては、助手の仕事を手伝い、病院の環境や病理学、病気の診断になじんでいった。青年時代に、父親の親しい知人で優生学と差異心理学（個人間の心理的差異を分析する）の創始者、フランシス・ゴルトンに出会う。高名な心理学者のカリスマ性と雄弁さに若いバートは心を奪われ、一九〇二年、オクスフォードで哲学と心理学の勉強に熱心に取り組むようになった。彼を指導したもうひとりの心理学の重鎮、ウィリアム・マクドゥーガルは社会心理学の先駆者であった。バートがゴルトンに心酔し、優生学に強く惹かれていることを知ったマクドゥーガルは、心理測定法と心理テストについて研究するよう促した。それは将来有望な臨床心理学の分野であった。彼はまた、イギリス国民の身体的・精神的特性を調べるため、全国調査の実施を検討するよう勧めた。バートは生涯、この考えにしたがって行動することになる。

テストされ、公に認められる

バートは職業生活のすべてをこの分野の研究に捧げた。一九〇八年、リヴァプール大学の心理学と生理学の講師に採用され、ニューロンの機能を発見してのちにノーベル医学生理学賞を受賞するチャールズ・シェリントン教授のもとで働くようになると、教授の研究を利用して最初の学術論文を執筆した。それはすでに、知能の生理学的原因をテーマとしていた。大きな不正でしばしば見られることだが、この最初の研究にも、のちの研究の結論がふくまれている。すなわち、知能が遺伝するのは明らかであり、優生学は政治的に当を得ているということである。一九〇九年にはさっそく、その理論を補強するための「数量的」テストが行われている。比較の対象となったのは、プレパラトリー・スクール［パブリック・スクールへ進学するための私立小学校］の生徒と一一歳の普通の小学生の知的能力である。当時の文化的状況では認められたこととはいえ、彼の下した結論はこんにちではかなり乱暴に見える。ふたつの集団の得点の差は、獲得した知識ではなく、生来の精神的能力によるというのである。学校のレベルがこれほど違う個人の知能を合理的に比較できるものだろうか。

バートのもと教え子で教授の伝記を出版した心理学者のレズリー・ハーンショウは、以下のように見ている。

「気質からいっても受けた教育からいっても、彼は科学者ではなかった。うぬぼれが強く、性急で、早く最終的な結論を出そうとした。訂正したりうわべを取り繕ったりすることが多く、まともな科学者とは言えなかった。彼の研究の多くは科学的な外見をそなえていたが、信頼性はまったくなかった」

一九〇九年の処女作から一九六六年の最後の出版物まで、以上のコメントは不正者バートの研究生活を完全に要約しているように思える。

サー・シリル・バートの成功

一九一三年に彼の人生は決定的な転機を迎えた。ロンドン市の教育心理学者に任命されたのである。このポストが設けられたのは世界初のことだった。このときバートは、フランスの心理学者アルフレッド・ビネが考案した最初の知能テストを英語に翻訳し、イギリスに(彼のやり方で)取り入れている。

アルフレッド・ビネ

フランスの教育学者アルフレッド・ビネ(1857－1911)は科学的心理測定法の考案者にして、フランスにおける実験心理学の推進者のひとりとみなされている。実際に使用できる最初の心理テストを確立し、彼の研究をもとに知能を測定するための尺度がつくられた。それは学習の困難な子どもに使われるものだった。彼の尺度はシリル・バートに流用され、ある年齢層全体の測定だけでなく、成人にまで拡大適用された。

新しい仕事の一環として、バートは優生思想にもとづく法律の作成に加わった。社会のなかから精神的欠陥をもつ子どもを特定するための「精神薄弱者法」である。この不当きわまりない法律が一九五九年まで適用された結果、六万五〇〇〇人以上の子どもが家族から引き離されて強制的に施設に入れられ、最悪の場合はイギリスの植民地に移住させられた。一九二七年、バートは非行少年にかんする論文を発表し、――称賛に値することに――世界初の社会復帰施設をつくるよう提言している。四年後には権威あるロンドン大学ユニヴァーシティー・カレッジの心理学教授となり、小学生の進学先を決めるためのテスト、「イレヴン・プラス」の作成に尽力した。

ロンドンでの成功により、バートは一九四二年、英心理学会会長という栄誉あるポストに迎えられた。一九四六年にはジョージ六世より爵位を授けられ、双生

イレヴン・プラス試験

イレヴン・プラスとは、1944年から1967年までイギリス全土で実施された中等学校の進学試験である。11歳(名称の由来)の児童に論理的思考と暗算の問題を解かせてその能力を評価する。子どもがあげた得点によってその知能を数量化し、初等学校を卒業してどのタイプの中等学校に進学するか、前もって科学的に決めることができるのである。子どもたちは、大学へ進学するためのグラマー・スクール(上位25パーセント)、上の学校へ進学しない子どものための「簡略化された」中等学校(下位25パーセント)、ないしは中間の成績をとった者のための技能学校の三つに振り分けられる。当時は、子どもの将来の環境と仕事は子ども自身の能力を超えることがなく、その能力は遺伝子と脳生理学によって生得的に決まっていると考えられていた。

児の研究で世界的な名声を博した。実際にバートは、一緒に育てられた一卵性双生児と別々に育てられた一卵性双生児の知能指数を比較するというアイデアを最初に思いついた学者のひとりだった（一二一ページを参照）。彼の結論はもちろん、自らの理論を正当化するものだ。子どもの知能の発達に環境はほとんど影響しないというのである。彼の捏造論文は、二〇世紀後半の多くの心理学者に長期にわたって悪影響をおよぼした。

シリル・バートは一九五一年に六八歳で大学を退職する……。しかしながら、助手もいなければ研究室もないのに、研究論文や専門書を発表しつづけ、知能の遺伝の立証ではつねに第一人者とされていた。彼の研究は科学的方法論に欠け、ありえない統計が目についたが、大学コミュニティーはそれを再検討することなく、近代心理学の父のひとりとされる人物を称賛しつづけた。

「ほとんどとかおおよそと言っておけば、どんな嘘もとおる」

……イギリスのことわざ

バートは一九七一年、児童心理学とイギリスの教育政策に深い傷跡を残したまま、八八歳でこの世を去った。その教育政策のせいで、数世代にわたる小学生の運命が変わってしまったのである。だが、これで話は終わらない。われらの不正者はまだ化けの皮をはがされていなかった。そのため、故人の名は世界中の辞書や百科事典に堂々とのっていたし、彼につづく高名な心理学者たちも彼の業績をたたえていた。

疑わしい統計データ

一九七二年、彼の理論のオーラはアメリカで最高潮に達した。イギリスでは一九六〇年代に、優生学にもとづく教育政策を転換していたのだが。カリフォルニア大学のアーサー・ジェンセンは、一部の少数民族の学校教育がうまくいかないのは、人種に固有の、すなわち遺伝的な、知能の欠陥によるものであると主張した。アメリカ各地の一流大学で、科学者のコミュニティーが遺伝決定論者と環境論者(子どもの知能の発達の主たる要因は環境にある)に分かれて対立した。

プリンストン大学の心理学教授レオン・カミンは、人間の知性は学習によっていかようにもなると確信していたが、この論争に加わらなかった。心理測定法にもシリル・バートの研究にも関心がなかった。だが、バートの統計に驚いた学生のひとりに勧められ、双生児の知能にかんする一九四三年の有名な論文を注意深く読んでみた。ほんの数分で、実態が明らかとなった。論文の統計データはでっち上げられたものであり、紹介されているサンプルは存在し得ないものだったのだ。そこで、この分野でなされた他の研究を調べ、双生児にかんするさまざまな論文、とりわけバートの論文を厳密に検討した。二年間調べたのちの一九七四年、カミンはその著書『IQの科学と政治』(岩井勇児訳、黎明書房)

で結果を公表した。バートは調査方法や対象となる集団について明確な説明をまったくしていないし、方法論の詳細がのっているという出版物は存在しない、あるいは見つけることができなかったと、彼

双生児論争

バートにたいするレオン・カミンの批判はおもに一卵性双生児の研究にかんするものである。一卵性双生児の特徴は同じ遺伝子をもつことである。一緒に育てられた双生児と別々に育てられた双生児を調べることで、人間の知能がどのように発達するか知ることができる。バートによれば当然ながら、同じ家庭で育つか否かにかかわらず、双生児の知能テストの得点はほとんど変わらなかった。

1943年から1966年まで3回実施された調査テストにおける相関係数は、1943年＝0.770、1955年＝0.771、1966年＝0.771と、一貫してほぼ同じ数字を示している。論理的にいって、被験者の数が増えるにつれ変異度は大きくなると考えられるが、相関係数の数字はほとんど変わらない。実際に最初の論文では、別々に育てられた一卵性双生児は15組であった。1955年には6組ふえた。そして1966年の最後の出版物では、バートはすでに退職して研究室もなかったのに、53組もの一卵性双生児を調べたことになっている。53組というのは、それまでに行われた調査でもっとも多い数である。そしてバートのどの研究でも、相関係数を操作することで、知能の遺伝を裏づけるような結果が出ているのである。

その後も、バートがあれほど多くの別々に育てられた双子を見つけることができたとは考えにくいという批判があいついでいる。1997年にアメリカの心理学者ウィリアム・タッカーは、1922年から1990年までに世界の研究者たちが調べた一卵性双生児の数をかぞえ、研究に参加した双子の数は全部で53組に満たないと結論づけた。シリル・バートはイギリスで、それほど多くの別々に育てられた一卵性双生児を見つけることはできなかった。そのような双子がそんなにたくさんいたはずがないのである。

は高名な心理学者を批判した。カミンはたった一冊の本で、遺伝する知能の実験的基盤を粉砕し、それによってバートの名声を失墜させたのである。

もっと気になることがある。カミンによれば、一九六六年の最後の論文の結果――係数の形で示される――は一九四三年のものとまったく同じであり、これは統計学的にみてあり得ないことである（一六一ページを参照）。それでも彼は、バートを不正者であると非難していない。明白にそのことを示唆しているが、はっきりそうだとは言っていない。これがたんなる攻撃文書となって、遺伝にかんする論争に悪影響をおよぼすのを危惧したのだ。カミンはバートを科学者として不適切であると非難するにとどめた。

「シリル・バートが残した数字はこんにちもはや、科学者がまともに取り上げるに値しない」

――レオン・カミン［一九七四年］

二〇世紀でもっとも驚くべき科学不正

カミンの本は人間科学を専門とする研究者のあいだで話題になり、イギリス人のアン・クラークとマイケル・マッカースキーが、親のIQと子どものIQの相関関係にかんする過去の研究論文すべてを検証することになった。彼らの分析は一九七六年五月の『ブリティッシュ・ジャーナル・オヴ・サイコロジー』に発表された。バートの論文のみが不適格と判断され、はじめて捏造であると認定された。論文の公正さにたいする見直しは当初、大学のレベルにとどまったが、たちまち世間一般の知るところとなった。不正がはじめて公になったのは一九七六年一〇月のことである。

『サンデー・タイムズ』の医学記者オリヴァー・ギリー博士は、カミンの本を読んで高名な心理学者の研究に関心をもった。彼は調査にのりだし、バートの協力者をつとめたマーガレット・ハワードとジェーン・コンウェイを探し出そうとした。議論の的になっている統計についてもっと詳しく知り、バートの科学的手法にかんする証言を集めるには、ふたりから話をきくのが一番いいと考えたのである。徹底的に調べたが、ふたりの名は架空のものだと考えざるを得なかった。カミンおよびクラークとマッカースキーが報告したさまざまな事実から、シリル・バートはデータを改竄していたと、ギリーは結論を下した。一九七六年一〇月二四日づけ『サンデー・タイムズ』の一面に掲載されたその記事は、以下のような文章で始まっている。「二〇世紀でもっとも驚くべき科学不正を行ったと、サー・シリル・バートは非難されている。知能は遺伝するという問題の理論を裏づけるため、バートは嘘のデータを発表し、重大な事実をでっち上げたと、著名な科学者たちは確信している」

バートの忠実な教え子だったレズリー・ハーンショウは、そのとき、教授の汚名をそそごうと伝記を書く決心をした。彼女は公式声明のなかで大学コミュニティーにたいし、伝記が出版されるまで教授に道徳的審判を下すのを待つよう強く求めた。そして教授の家族から、研究資料と個人のノートすべてを手に入れた。だが、彼女がたいそう驚いたことに、恩師の罪を晴らす材料が見つかるどころか、なげかわしい証拠しか出てこなかった。ハーンショウは一九七九年に出版された著書『心理学者シリル・バート』において、一連の非難に根拠のあることを認めざるを得なかった。

優生学を信奉する心理学者の仮面は決定的にはがされた。しかしながら、知能は遺伝するという彼の考えは、あらゆる領域の知識人に犠牲者を出しつづけている。最近の例では、二〇〇七年に同じく『サンデー・タイムズ』で、ジェームズ・ワトソン(一九六二年度ノーベル医学生理学賞)がアフリカ黒人についてこう述べている。「現在の社会政策はすべて、彼らの知性がわれわれと同じであるという根拠にもとづいてつくられている。だが、さまざまな経験から、そうでないことは明らかである」遺伝する知能という欺瞞が消えてなくなる日は、いつになったら来るのだろうか。

パラノイアの学者?

シリル・バートは自らの過激な主張に確信を抱いており、あらゆる方法を用いてそれを証明しようとした。彼の伝記を書いたレズリー・ハーンショウによると、彼は晩年、耳が聞こえなくなり病に冒され、ある種のパラノイア(妄想症)となって、自分に反対する者にたいしてますます攻撃的な態度をとるようになった。ギリーが発見した偽の協力者は、大学紀要の論文をもっともらしく見せるために記載していた20名ほどの偽名の研究者の一部にほかならなかった。

シリル・バートによる非行少年の遺伝的分類

犯罪者の社会復帰のための最初の施設がロンドンに創設される際、シリル・バートは著書『非行少年』(一九二五)において、少年犯罪にかんする自らの研究を紹介している。優生学の恐るべき発想そのままに、それぞれの子どもの先祖を同定。遺伝によるものと彼が考える比較基準にしたがって分類し、精神指数を判定している。下は一一歳の非行少年の事例である。

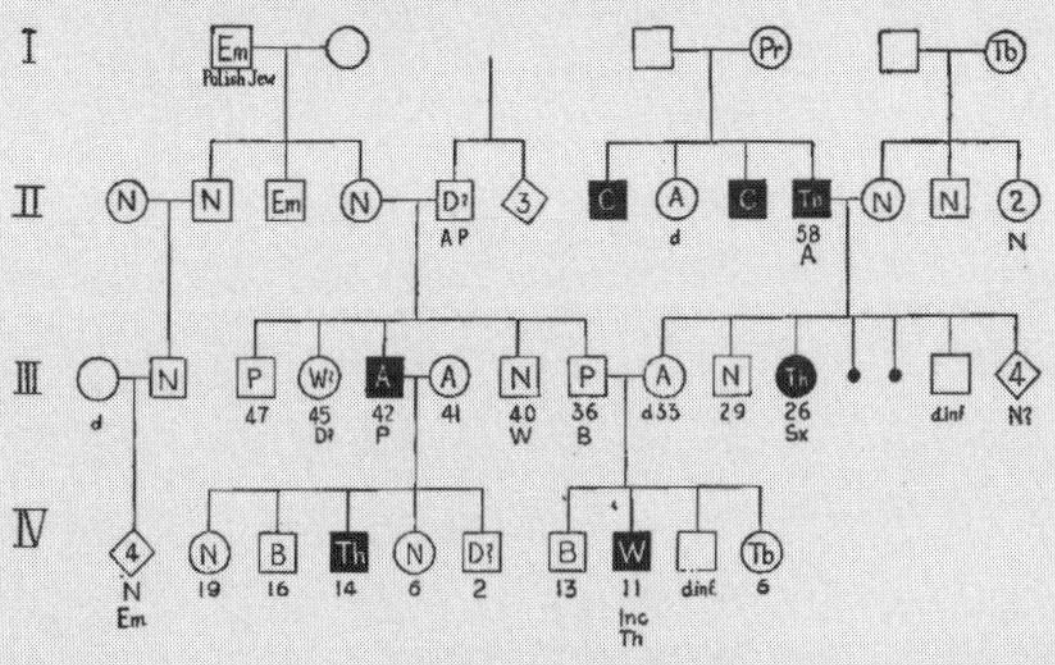

■□ 男
●○ 女
◆ 性別不明
■● 禁固ないしは少年院送致

A アルコール依存症
B 知的障害
C 犯罪者
D 精神障害
Pr 売春婦
Div 離婚
Em 移民
P 困窮者
Th 泥棒
Sx 性犯罪者
W 浮浪者
Tb 結核患者

▶分類、矯正不能。放課後に家出し、一緒に暮らしている母方の叔父の金を盗む。身体虚弱。知能は平均以下だが、断じて知的障害ではない(精神指数90)。情緒不安定で怒りっぽい。

▶父親、文盲、物乞いの施設に収容されている。

▶母親、18歳で結婚、飲んだくれ、9か月前に死亡。

▶父方の家族、父方の祖母はユダヤ系ポーランド人の移民の家に生まれる。父方の祖父はアルコール依存症で困窮者、知的障害者であったと見られる。彼の子孫もアルコール依存症、困窮者、浮浪者の傾向を示す。

▶母方の家族、母方の祖父は大酒飲みで、盗みにより拘置される。祖父のふたりの兄弟も投獄されている。彼らの母親は売春婦だったようである。

知能は数量化できるか

心理学者たちは一世紀前から知能の測定を試みてきた。それはもともと、知的障害の範囲を定め、障害のある子どもたちに個別の教育をほどこすことを目的としていた。そこからやがて、知能指数、すなわちIQを測るためのテストが行われるようになった。つぎの時代になると、それはすべての個人に拡大適用され、個人の能力を数字で比較できると思われるようになった。とはいえ、神経科学の黎明期に考案されたこのアプローチは、しだいに時代遅れのものとなりつつある。実際に生理学者、情報科学者、神経科学者、心理学者、哲学者の見解では、知能は正確に定義できるものではまったくない。それでは、なにを測ったらよいのだろうか。知能は、人によっては環境に適応する能力、あるいはいくつかの認知の課題をこなす能力とみなされ、いまだに明確な概念となっていないのである。

ハーバード大学の心理学者ハワード・ガードナーは一九八三年に多重知能理論を唱え、全体的な定義を考えるのではなく、知能に下位の定義を設けようとした。ガードナーの見方では、知能は論理・数学的、空間的、内在的、身体・運動的、言語的、音楽・リズム的、自然・環境的、実存的なものである。近年ではそれに、感情的な側面が加えられている。それでも知能は、ひとつの基準にまとめるには多すぎる意味をふくんだ包括的概念であることに変わりはない。それではなぜ、私たちはいまだにＩＱを話題にするのだろうか。それは、われわれの社会が、バートのような人物の欺瞞や優生政策の影響からまだ抜け出せずにいるからに違いない。個人は科学的に定義可能であり、したがって他人と比較可能であるという考えにもとづくポピュラーな知能信仰に、それらは具体的な形を与えたのである。われわれはアルフレッド・ビネのやり方にもどる必要があるのではないだろうか。すなわち、知能の測定は、子どもに障害があるかどうかを判断するための教育の材料にすぎない。さらに、成人にたいする心理測定テストは明確な適性を評価するために行うものだということを、受け入れなければならない。それらの適性は「ひとつの」知能といったものではまったくなく、ひとりひとり異なる能力であり、それをもって社会文化的な階層を説明するものではないのである。

ルイセンコとプロレタリア生物学

不正の種類

捏造

科学分野

農学／生物学／遺伝学

どこで?

ソヴィエト連邦

いつ?

1948年

信じられたこと

動植物を人間の望む方向へいかようにも変えることができる。

おもな登場人物

トロフィム・デニソヴィッチ・ルイセンコ（農業技術者）、イヴァン・ヴラディーミロヴィッチ・ミチューリン（植物学者）、ニコライ・ヴァヴィロフ（植物学者、遺伝学者）

ソヴィエト帝国における正統派遺伝学の最高権威ルイセンコは「プロレタリア学者」だった。彼は科学を捏造し、二〇世紀でもっとも悲劇的な不正を引き起こした。

これから語る不正は科学史上もっとも恐るべきもののひとつである。一国の生物学、遺伝学、農学が三〇年以上にわたって麻痺状態に陥った。生物学者のひとつの世代がそっくり、研究の場から遠ざけられ、その多くが投獄されたり、収容所へ送られたり、あるいは殺されたりした。この悲劇の出発点となったのが、国の指導者たちに目をかけられたひとりの男、トロフィム・デニソヴィッチ・ルイセンコである。

ミチューリンのあとを追って

ルイセンコは一八九八年にウクライナの貧しい農家に生まれた。一九二五年にキエフの農学校を卒業し、レーニンの死後まもなく農業技術者になった。のちに驚くべき出世をとげることを予想させるものはなにもなかった。当時、ロシア人植物学者イヴァン・ウラディーミロヴィッチ・ミチューリンが体制の保護を受け、国家的英雄にまつり上げられていた。ミチューリンは、異なる品種の果実をかけあわせてすぐれた交配種をつくることができると主張していた。型破りだがマルクス主義の考え方にぴったり合った彼の主張は、ソヴィエトの体制を魅了した。農業労働者ルイセンコは、実験の有効性よりも理論が優先される理想主義の時代に成功をおさめるには彼をモデルとすべきだと考えた。

ルイセンコの初仕事は唯一、欺瞞ではなかった。一九二七年、農地を牧草地に「転換」できることを証明したのである。農地を牛のえさ場とすれば、飼料の生産を減らせるというわけだった。共産党の機関紙『プラウダ』に、はじめて彼の名前がのった。おそらくそのときから、名前を知られることに味をしめ、共産主義の反啓蒙の時代に頭角をあらわすにはどのような戦術をとったらよいか、理解するようになったのだろう。あとは、党内で野心的なキャリアを築くのに不可欠な、飛躍のきっかけを見つければよい。彼はほどなくしてそのきっかけをつかむことになる。

不正者のキャリアのはじまり

一九二九年にチャンスは訪れた。レニングラードで農業にかんする会議が開かれ、ルイセンコは演壇に立って春化処理の技術を説明した。自分がその技術を考案したと主張し、それによって農業の生産性を飛躍的に高めることができると断言したのである。会議に参加していた大学の研究者たちはルイセンコの発言をきびしく批判し、それは一世紀ほど前にアメリカで発見された方法の受け売りにすぎず、その効果は限られたものだという事実を歪曲していると非難した。けれどもルイセンコは民衆の出身であった。いっぽう当時の科学者たちはブルジョワの知識人で、外国で教育を受けた者も多かった。近代のあらゆる科学不正と同じく、ここでもメディアが主導的な役割を果たした。しかもソヴィエト連邦では、新聞は第五の権力などではなく、『プラウダ』というただひとつの機関であった。共産党機関紙『プラウダ』の特徴は、ソヴィエト国民全体にとって唯一の活字情報源であるとともに、スターリンの権力を支えるプロパガンダの道具だったことである。『プラウダ』はこの論争を記事にし、ブルジョワの大学エリートではなく若い農業技術者の肩をもつことで、不正を誕生させることになる。

ルイセンコが学問上の師ミチューリンの論文をたてに論争をやや政治的なものにしたのは、正しい判断だった。園芸研究家のミチューリンは名誉ある生物学者の地位にのぼりつめ、国家の英雄でもあったのだ。ルイセンコはそうして、西欧のメンデル遺伝学を受け継いだ競争相手たちの理論を反動的で資本主義的であると決めつけた。ミチューリンの研究と春化処理にかんする自らの発見を結びつければ、シベリアの寒冷地や極地でも小麦の栽培は可能になると、彼は断言した。あとは主張の正しさを証明してみせればよかった。

春化処理のデモンストレーション

ルイセンコは農夫の父親に、四八キロの冬小麦(秋まき小麦)を水にひたしてから植えるよう依頼した。父親は○・

> **春化処理**
>
> この栽培法では、植物の生長サイクルを人工的に早めるため、種子を加湿してあらかじめ発芽させてから、低温状態にして発芽を抑える(抑制栽培)。その種子を植えると、発芽のサイクルが再開するいっぽう、植物の生長期間を数週間短縮できる。

五ヘクタールの土地に小麦を植えた。その近くでは、そのような手間をかけずに栽培される春小麦もまかれた。農業技術者ルイセンコが冬小麦の収穫をどのように操作したのか、歴史はなにも語っていないが、冬小麦は驚くべき収穫高をあげた。知らせを受けた農業大臣は、職員を派遣してその現象を確認させた。春化処理の天才的発明者ルイセンコの欺瞞に満ちたキャリアが本格的にスタートした。この年、政府は彼をオデッサの遺伝学研究所所長に任命し、同研究所に春化処理の研究を専門に行うための部署が設けられた。

ルイセンコの発見により、冬の寒さが厳しいためにそれまで満足に収穫できなかった地域を救うことができると期待された。

ロシアの科学者たちに支持された不正

ロシアの反体制の生物学者であった歴史家ジョレス・メドヴェージェフは、のちに、ルイセンコがめざましい出世をとげた理由をこのように説明している。「ルイセンコの初期の著作に見られた合理的な論拠は、多くの科学者に支持された。(……)当時の科学アカデミー総裁コマロフ、リヒター教授、アカデミー会員ケラーなど多くの生理学者や植物学者が、彼の研究を好意的に受け止めた」両大戦間における生物学の大物のひとりニコライ・ヴァヴィロフまでがルイセンコを強く支持し、春化処理をソヴィエト科学の革命的発見としてたたえた。それ以来、ルイセンコの手法は、いわゆる「古典的」生物学の原点である西欧の科学理論すべてと一線を画すものとみなされた。イギリスの研究者ウォルター・グラッツァーは、このような欺瞞がこれほど長くつづいたおもな理由をこう説明する。「スターリンの農業集団化政策とあいつぐ不作により、ウクライナでは飢饉のために何百万もの人々が死んだ。ソヴィエトの農学者たちはこうした災厄や官僚主義にたいしてなすすべもなく、報復を恐れて、どんな奇跡の約束であろうと必死になって飛びついた」

ミチューリン学派の生物学

ルイセンコのただひとりの学問上の師ミチューリンは、正規の教育を受けていないロシア人園芸家だが、接ぎ木と異種交配のスペシャリストであった。いわゆる「プロレタリア」科学であるミチューリン学派の生物学は、動植物を人間が望む方向へいかようにも変えることができるとする基本原理を提唱していた。

「裸足の教授」

一九三五年にモスクワで、同志スターリン出席のもと、集団農場にかんする会議が開かれた。会議ではきびしい批判があいついだ。ルイセンコのいう明るい未来の到来が待たれているのに、ソヴィエトの農業生産は最悪の状況だというのである。土地の集団化に公然と反対する小規模農家がしだいに増えているとの報告もあった。困惑する出席者を前に、ルイセンコは裸足で演壇にあがり、古典的遺伝学にたいする新たな戦いを宣言した。「科学の〔富農／クラーク〕どもは共産主義の敵だ」「春化処理の戦線では、いつも階級闘争が起きているではないか」「学者であろうとなかろうと、階級の敵はつねに敵である」最後のひとことは「国民の父」スターリンを熱狂させた。

「ブラボー！　同志ルイセンコ！　ブラボー！」

スターリンは愛国心にわれを忘れ、大声で叫んだ。このときからルイセンコは、新しいプロレタリア科学の英雄になるとともに、だれも指一本触れることのできない、スターリンの庇護を受けた人物として振る舞うようになる。『プラウダ』は以後、彼のことを「裸足の教授」と呼ぶようになった。

「外国の学者たちの反動的な言葉の前にはいつくばるトロツキストの破壊活動家ども」

――ルイセンコ［自分に反論する人々について］

恐怖の体制

ルイセンコはしだいに出世し、一九四〇年には生物学者ヴァヴィロフの後任として、科学アカデミー遺伝学研究所所長に任命された。この昇進以降、彼の力は大学の枠をこえるようになる。ルイセンコはＫＧＢとつながる科学「知識階級《インテリゲンツィア》」として、「反資本主義」の戦力となった。「裸足の教授」のしだいに暴走する主張に反論する遺伝学者も何人かいた。彼らがどれほど権威ある学者であろうと、「外国の学者たちの反動的な言葉の前にはいつくばるトロツキストの破壊活動家ども」は、たちまち職場を追われた。科学アカデミー前総裁ニコライ・ヴァヴィロフは、はじめこそルイセンコを支持していたが、あるとき、世界中の生物学者の研究から遠ざかっているのは残念なことだと述べた。彼はすぐさま反逆罪の嫌疑でKGBに逮捕・投獄され、一九四三年に独房で死亡する。

農業科学アカデミー総会が開かれた一九四八年八月、ルイセンコは公式に科学者コミュニティーの権力を握った。彼が提出した報告書は事前に共産党中央委員会の承認を受けており、その目的は「生物学から偶然性を一掃する」ことだった。ソヴィエトの最高決定機関のお墨つきを得ていることは、この理論にほとんど聖書のような価値をもたらした。科学的な論争は以後、完全に閉ざされる。この日から遺伝学者たちは黙って党の方針にしたがうか……異論を唱えて裏切り者になるかの

ルイセンコ――罰せられない犯罪者

トロフィム・デニソヴィッチ・ルイセンコは1898年9月29日にカルロフカ(現ウクライナ)で生まれた。彼のキャリアはすべて、新しいプロレタリア科学を広めようというソヴィエト共産党の意志に支えられていた。1930年にはスターリンが彼をソヴィエト連邦の英雄としている。ルイセンコはスターリンの庇護を受け、めざましい出世をとげた。30年にわたり、自分に反対する者を資本主義の裏切り者として告発し、ソヴィエトの科学界を恐怖におとしいれた。レーニン勲章を8回も授与され、ソヴィエト最高会議顧問の肩書きをもち、ソヴィエト科学アカデミー遺伝学研究所の所長に任命され、社会主義労働者英雄にもなった。1976年に死んだが、科学不正についても、政治的犯罪についても、一言も語ることはなかった。

どちらかとなったのである。

プロレタリア科学の英雄の最期

スターリンは一九五三年に死んだ。フルシチョフとその政府は「ルイセンコ・システム」による輪作を放棄する。このシステムはソヴィエトの農業部門全体で強制的に行われていたのだが、役に立たないことは明らかであった。トウモロコシの生産ではアメリカの方式がふたたび採用された。国民を混乱させないよう、ルイセンコはその地位にとどまり、フルシチョフは一九五八年、ソヴィエト国家最高の栄誉であるレーニン勲章を授与している。

多くの飢饉を引き起こした不条理な時代を総括し、ルイセンコを批判するときがようやく訪れた。彼を批判しても、収容所に送られる心配はもうないのである。一九六五年にフルシチョフが失脚したのち、彼はついに科学アカデミー遺伝学研究所所長のポストを解任された。三〇年にわたる恐るべきルイセンコ主義の時代を経て、ソヴィエト連邦は農学と遺伝学の分野で徐々に遅れをとりもどしていった。

ルイセンコ主義
辞書にものっているこの言葉は、政治的目的をもってあらかじめ決められた結論を主張するため、科学的手段を操作したりゆがめたりすることを意味する。

ルイセンコ主義と「階級生物学」の欺瞞

遺伝は染色体によって引き起こされるとするグレゴール・メンデルの学説にたいし、ルイセンコは「階級生物学」の概念を提唱した。それは、獲得形質の遺伝という、博物学者ジャン＝バティスト・ド・ラマルク（一七四四－一八二九）の独自の考えにもどるものである。

実のところ、人間が手を加えることで動植物に有益な遺伝形質をもたらすことができるとするラマルクの理論は、マルクス主義の考えにぴったり合っていた。それにたいしてメンデルの遺伝学は「おぞましい」ものだった。というのも、進化のスピードが遅く、コントロールもきかない自然決定論に、人間はただしたがうしかないからだ。ルイセンコの欺瞞に満ちたキャリアが長びくにつれ、その科学的発想は「階級生物学」の見方に影響を受け、ますます常軌を逸したものとなった。

「ある植物種から別の植物種を誕生させることは可能だ。大麦がライ麦になるかもしれない」

——ルイセンコ

ルイセンコの見方では、生物が望ましい形質を獲得するのは、ブルジョワが捏造した自然選択によるのではなく、個体同士が協力するからである。

第二次世界大戦中、ルイセンコはシベリアで植林計画の指揮をとり、ツンドラを乾燥から守るために樹木の種子を「巣まき［密植の一種］」するという驚くべきアイデアを実行させていた。植物も「社会主義的再教育」を受けることは可能であり、グループに分けて植えれば、弱いものがより強いもののために犠牲となるはずである。「それぞれの穴に複数の種子をまく。発芽する苗は多すぎるだろうが、その大半はある一本の苗のためにわが身を捧げる」シベリアでは数百キロにわたり、そのようにしてナラ類が植えられた。そして、すべての苗が一年目に枯れてしまった。

4 物理学

物理学はたんに学校や大学で教わるもの、とっつきにくい理論的知識にあふれたものというわけではない。世界の見方を何度も根底からくつがえした、人間の素晴らしい冒険でもある。物理学者は人跡未踏の地をいく探検家、その無限に小さな深部とはるかかなたに広がる空間をさぐる探検家である。彼らは数式と推論を用いて宇宙の起源を一気に変え、それによって医者は人体を探り、化学者は物質を組み合わせ、天文学者は銀河の中心まで旅し、情報技術者は人工知能の性能をしだいに向上させている。物理学者のおかげで、だれもがますます多くのエネルギーを消費できるようになった……。哲学や文化をこれほど大きく変えながら、なおかつわれわれの日常生活に深くかかわる知の分野はほかにない。

これほど豊かで精妙な研究分野のもっとも優秀な人々が不正を行ったとなれば、だれもが意外に思うだろう。

「そんなことをする必要があるのだろうか?」

そして実際、物理学では、科学不正はめったに見られない。不正が起きたとしても、たんなるでっち上げというより、かたくなに間違いを認めなかったり(ルネ・ブロンロのN線)、慢心による盗用が疑われたりと(アインシュタインの特殊相対性理論)、それほど害のないものが多い。

アインシュタイン――総合の天才?

アンリ・ポアンカレとアルベルト・アインシュタインは実際にどのような関係にあったのだろうか。アインシュタインは自ら主張しているように、ポアンカレのさまざまな文献をまったく読んだことがなかったのだろうか。一部の歴史家は、そんなはずはないと断言している。一九〇五年、アインシュタインが役所勤めをしていたとき、数か月で四編の革新的な科学論文を発表した。しかし、参考文献や引用元の記載はまったくない。$E=mc^2$の数式と特殊相対性理論はすべて彼ひとりで考案したのだろうか。この歴史的人物について、その一部を再検討しなければならないのだろうか。見方によっては、彼以前に歴史上の偉大な学者の多くがそうであったように、彼も盗用を行ったといえるのではないか。

ルネ・ブロンロのN線

一九〇三年、物理学者のルネ・ブロンロは新種の光線を発見したと発表した。それはナンシーの町にちなんで「N」線と名づけられた。国の誇り、ロレーヌの英雄となったブロンロは、科学アカデミーとメディアから絶大な支持を受けた。だが、発見は明らかに間違いであり、彼がかたくなに間違いを認めなかったことから、それは一転して不正となった。この事件が興味深いのは、完全に主観的な視覚の解釈にもとづいていたことである。彼は自己暗示の典型として、物理学ではなく近代心理学に貢献することになる。

アインシュタイン——総合の天才?

不正の種類

盗用

科学分野

理論物理学

どこで?

スイスとドイツ

いつ?

1905年

信じられたこと

アルベルト・アインシュタインは数か月のうちに相対性理論と$E=mc^2$を発見した。

おもな登場人物

アルベルト・アインシュタイン(物理学者)、アンリ・ポアンカレ(数学者)、ヘンドリック・ローレンツ(物理学者)、マックス・プランク(物理学者)

そしてもし、伝説的な科学の天才
アルベルト・アインシュタインが先行する発見を横取りしていたなら？
一部の研究者によれば、その主要な犠牲者は
オランダ人のヘンドリック・ローレンツと
フランス人のアンリ・ポアンカレであるという……。

ベルン、一九〇五年三月八日、午前八時少し前。タータンチェックのスーツを着た若い男は封筒を手に家を出た。若きアルベルト・アインシュタインが花柄の刺繍のスリッパをはいていることに、通行人は気づいただろうか。靴紐を結ぶという毎日の不快なつとめを、彼はすっかり忘れていた。古都ベルンの歴史地区の中心にある二間きりの小さなアパートに妻と赤ん坊のハンス＝アルベルトを残し、スイス特許局のオフィスへ出勤するところだった。彼は同僚に囲まれながら、三級技術専門職として、特許の認可申請書を審査していた。二六歳の誕生日をむかえたばかりで、三年前から、のちに彼が言っているような「特許の徒刑囚」となっていた。しかしその仕事についたおかげで、不安定な生活からようやく解放され、住まいと慎ましい生活を家族にもたらすことができたのである。アインシュタインは封筒に郵便切手をはると、書式にしたがって宛名を書いた。「物理学年報《アナーレン・デア・フィジーク》　編集長殿」『物理学年報』とは物理学者にとってもっとも権威ある科学雑誌である。彼が提出する大胆な論文は異端とみなされるのか、それとも革新的と評価されるのか。

アインシュタイン――野心的な天才

アルベルト・アインシュタインは1879年3月14日、ドイツ南西部のウルムに生まれた。言葉をしゃべり始めるのがかなり遅かったという有名な伝説は、史実として確認されている。学校にあがる年齢になると、その挙動が周囲の人々を驚かせるようになった。なにか話すたびに、何回も同じことを繰り返す。最初小声でつぶやいてからでないと、きちんと話せないのである。彼は反ユダヤ主義のドイツ人が多く住む環境で育った。そのことが彼の孤独で内省的な性格に影響を与えたことは間違いない。周囲の者への共感に欠けるいっぽう、好奇心旺盛で、徹底した粘り強さを発揮した。科学と学校の成績に強いこだわりをもっていたにもかかわらず、一部の教師は将来たいした人間にならないだろうと考えていた。

16歳になった彼は、ミラノにいる両親とともに暮らしたのち、チューリヒ工科大学に入った。そこでついに自分の進むべき道を見つける。物理と……数学の教師になろうとしたが、たちまち、数学がどうしても好きになれないことに気がついた。

チューリヒで数年すごすあいだ、若きアルベルトはのちに妻となるミレヴァに出会った。アインシュタインの生活すべてにおいて、彼女は中心的な役割を果たすようになる。1900年に教職試験に合格するが、結局、情熱のおもむくまま、物理学者になる道を選んだ。その仕事につくのは難しく、履歴書を送ったものの、大学助手のポストにつくことはできなかった。ミレヴァが妊娠し、食べるための仕事、働きながら物理学の研究をつづけられる仕事を探した。1901年12月にやっと仕事が見つかり、ベルンの特許局に入った。それからは、心おきなく自分の研究に専念できるようになった。

革命が動き出す

アインシュタインは特許局のオフィスで、きわめて重要な五編の研究論文を書き上げた。そのうち四編は一九〇五年三月から九月にかけて『物理学年報』に発表され、残る一編は、分子の大きさを測定する新しい方法について論じた博士論文であった。

ひとつ目の論文は量子(光子《フォトン》)にかんするものである。彼は光電効果の研究により、光の粒子(光量子)の性質について革新的な見方を示した。アインシュタインはその論文に、「光の発生と変換にかんする発見法的視点について」というタイトルをつけている。光の粒子が放出される原因にかんする自らの研究について詳しく述べられているが、それはドイツの物理学者マックス・プランクの研究にもとづくものだった……。マックス・プランクは『物理学年報』で彼の論文を審査した人物にほかならない。

ふたつ目の論文は、分子にかんする博士論文を補うもので、液体中に浮かんだ粒子の不規則な動きについて述べ、謎の「ブラウン運動」の説明を提示していた。この現象は、ニュートンの物理学ではそれまでほとんど解明されていなかった。この動きにたいするアインシュタインの説明は、力学にかんするニュートンの研究から導き出されるようなエントロピー(エネルギーの漸減)の法則に完全に反していた。アインシュタインによれば、分子が熱から運動エネルギーを引き出しているのである。科学的にとてつもない価値をもつこの論文は、まさに、原子と分子が存在する理論的証拠——数年後にフランスの物理学者ジャン・ペランにより実験で確認された——となるものだった。

ブラウン運動はアインシュタインと同時期に、ポーランドの物理学者マリアン・スモルコフスキーによって解明された。

アインシュタインの三つ目の論文はさらに重要なもので、「空間と時間の新しい理論による運動物体の電気力学」をあつかっており、これは有名な相対性理論そのものであった。ニュートン力学が定義するような絶対空間と絶対時間の公理や、エーテルの存在を、アインシュタインはきびしく批判した。水や空気のなかを音波が移動するように、エーテルという不活性の星間物質が光を運んでいると考えられていたのである。一九〇五年六月に発表されたこの論文はふたつの結論を導いていた。エーテルは存在しないこと、そして時間と空間は相対的なものだということである。

アインシュタインは周囲の者になにも語ることなく、最後に一ページ半の第四論文を書き上げた。「物体の慣性はそのエネルギーに依存するか」とタイトルが投げかける疑問は有名な答えをもたらした。それは質量とエネルギーの等価性を数式にしたもので、ほどなくして$E=mc^2$と表記されるようになる。これは特殊相対性理論という新しい理論から導き出される結果であり、そこから幅広い研究と応用の分野が生まれることになった。革新的な発見と同時に信じられないほどの連鎖反応が生じたことは、科学史上、かつてなかったことである。アルベルト・アインシュタインは自らの野心的な計画を実現させた。それは、先行する理論にもとづくことなく、説明のつかないものを説明する方法を同時代の物理学者たちに提示することだった。

著名な物理学者で『物理学年報』の科学顧問であったマックス・プランクは、「運動物体の電気力学」にかんする論文を最初に読んだ人物である。アインシュタインはまだそれを「相対性理論」と名づけていなかった。光量子理論（第一論文）には内心同意できなかったし、文献資料や引用出典が欠けていたにもかかわらず、プランクは歴史がつくられるにまかせた。一連の論文は受理され、雑誌に掲載された。

アインシュタインは一九〇五年に驚くほど多くの論文が書かれたことを正当化するため、あの年は頭のなかを嵐が吹き荒れたのだと説明した。

アンリ・ポアンカレの研究

フランスの高名な数学者アンリ・ポアンカレは、一八九八年から一九〇五年にかけて、当時の物理学の諸問題を数学的に分析する作業に取り組んだ。彼が七年にわたり講義や科学アカデミーへの報告、エッセイなどをとおして明らかにした五つの基本的公準は、一九〇五年のアルベルト・アインシュタインの論文にも見られるものである。

▼たがいに一定の速度で動いている観測者すべてにとって「法則は同じになる」という、相対性原理。

▼空間は均質である。この性質はひとつひとつの点を識別できない（混ざり合っている）という形であらわれる。

▼空間は等方的である。たとえば光学では、この公準により、光線の方向がどうであれ、媒質の性質は不変となる。すなわち、光線はその方向によって屈折したり、速度が遅くなったりすることはない。

▼物理的な時間はどの座標系においても均一になるはずである。ポアンカレによれば、絶対的な時間はなく、時間を決定するには、光の信号によって時計を合わせる必要がある。

▼現象間の因果関係は特殊相対論とともに保たれる。一連の因果関係は従来の物理学でそうであるように、時間の流れにしたがう。

一部の歴史家によれば、アインシュタインはポアンカレの基本的公準に手を加えて自分の研究に取り入れながら、そのことを明記しなかった。

多くの物理学者、さらに、ポアンカレを復権させようとして論争を巻き起こしている作家のジュール・ルヴーグルによると、以上の公準を見れば、特殊相対論がアインシュタインによって不当にも「独り占め」されたのは明らかだという。アインシュタインはそのすべてを自ら考案したと主張しているのだ。ポアンカレはまた、その公準を用いて、ローレンツの方程式を「変換」している(一九五ページ、もっとくわしく知るために参照)。アインシュタインもローレンツ方程式を用いているが、こちらについては歴史的に異論の余地はない。

マックス・プランク

ドイツの物理学者マックス・プランクは、それからまもなく量子力学の創始者のひとりとなる。彼は宇宙の歴史を概念化し、その始まりを数式で示した。それによって、宇宙の理論的限界、それ以上先へ行けない最終的な長さを計算したのである。その長さ10^{-33}センチメートル。これが有名な「プランクの壁」である。

$E=mc^2$の場合

質量ないし物質とエネルギーは等価であるという考えは、一九世紀末から徐々にあらわれた。一九〇〇年にポアンカレは、エネルギーEの電磁放射線は質量mになると唱えた。すなわち$m=E/c^2$である。一九〇五年の終わり頃、アインシュタインも同じ結論に達していた。物体の質量はそのエネルギーに比例する。エネルギーがEになれば、質量も同じ方向、つまりE/c^2に変化する。しかしながらプランクはこの証明を批判した。最初に満足のいく証明を行い、$E=mc^2$(アインシュタインの論文にはこのように書かれていない)という最終的な数式にしたのは、彼である。

この方程式は人々に大きな衝撃を与えた。光の速さの二乗であるc^2という係数の大きさから、ごく小さな質量でも膨大なエネルギーを放出する可能性のあることを示していたからだ。たとえば、一グラムの物質を、反物質と衝突させて崩壊させれば、そのエネルギーは約10^{14}ジュールとなり、それは初期の原子爆弾が放出したエネルギーにほぼ相当する。

要するに、$E=mc^2$と等しい最初の数式が、一九〇〇年にアンリ・ポアンカレによってその論文『ローレンツの理論およびその作用・反作用の原理』に発表されたということだ。しかしながらアインシュタインは、一九〇五年の論文において、その数式に広がりと重要性をもたらした。だが、それを証明し、最終的な形に仕上げたのがプランクなら、どこまでがアインシュタインの業績といえるだろうか。

歴史論争

アルベルト・アインシュタインは晩年、以下のように自己を正当化している。「過去にさかのぼってその変遷をたどるなら、相対性理論が熟したのは一九〇五年であることに疑問の余地はない。ローレンツはマクスウェルの方程式を分析することで、ローレンツの名のついた変換をすでに発見していた。いっぽうH・ポアンカレは、それらの関係式の性質をより深く追究していた。私はといえば、当時知っていたのはローレンツの一八九五年の重要な論文だけで、彼のその後の研究も、ましてやそれにつづくポアンカレの研究も知らなかった。その意味で、一九〇五年の私の研究は独自のものである」
要するにアインシュタインは、すべて同時期に発表された他の論文を書きながら、ローレンツ方程式にかんするポアンカレの数学的研究を盗むことができたかもしれないのだ。理論数学は彼の得意とするところではなかったし、同じ時期に別の論文をつぎつぎと投稿していたが……。

アインシュタインは『物理学年報』のために、一九〇四年から一九〇五年にかけて国外の出版物にたえず目を光らせていた。

一九〇四年、当時博士論文を書いていた若きアインシュタインは、特許局で働くかたわら、『物理学年報』からフリーランスの記者の仕事をもらっていた。作家のジャン・ラディックによると、彼が調べていた海外の雑誌のなかに『(パリ)科学アカデミー紀要』があり、一九〇五年、アインシュタインの論文が出る五週間前に、ポアンカレの特殊相対論にかんする論文が同誌に掲載されていたという。もしそれが本当なら、アインシュタインがその論文を読んだことがなかったと主張するのは嘘偽りのない話だろうか。どうしてそんなに早く、数学と理論の知的能力を結集し、最後にあれほど革新的な論文を書くことができたのだろうか。ポアンカレの論文から五週間しかたっていない時期に。

アンリ・ポアンカレ――控えめすぎる数学者……

アンリ・ポアンカレは1854年、ロレーヌ地方のナンシーに生まれた。1873年にパリの理工科学校、1877年に高等鉱山学校に入学。その翌年、科学アカデミーに最初の論文を提出し、そのテーマが数学の博士論文となった。若き数学者は鉱山技師のキャリアを断念して教育者の道へ進んだ。カーンとストラスブールの大学で数学の講師をつとめ、1885年に物理・実験力学、1886年に数理物理学、さらに天体力学の講座の正教授となった。1887年に科学アカデミーに迎えられたとき、弱冠33歳であった。彼の天才は力学、物理学、天文学に、当時欠けていた数学的分析を導入した点にある。とはいえ彼は物理学者ではなかったのである。

彼の科学にたいする真摯な態度と伝説的な慎み深さは、その主要な数式のいくつかに、自分の名ではなく、自分の研究に着想を与えた科学者たちの名をつけるのを好んだことによくあらわれている。たとえば、数学者ラザルス・フックスに敬意を表してフックス関数、数学者フェリクス・クラインを称えてクライン群。電磁気にかんするマクスウェルの数式を統合した方程式は、自ら方程式を修正した物理学者の名をとって「ローレンツ変換」と名づけている。このように名声を求めず極端に控えめなことから、1905年にアインシュタインの論文が発表されたとき、彼が熱烈に歓迎したのは当然のことだった。重要なのはアイデアであって、人ではない。彼は1912年、58歳で早すぎる死を迎えた。1902年にエッセイ『科学と仮説』(河野伊三郎訳、岩波書店)、1905年に一般向けの著書『科学の価値』(吉田洋一訳、岩波書店)を出版。この2冊の科学論はいまなお読みつがれ、研究されている。

ヘンドリック・ローレンツは一九二一年にこう書いている。「私は相対性原理を厳密かつ真に普遍的な形で確立したわけではなかった。いっぽうポアンカレは、電気力学方程式の完璧な不変式をつくり上げ、相対性の公準を数式化していた。相対性の公準という言葉を最初につかったのも彼だった」

しかしながら、アインシュタインはその論文で、ローレンツにもポアンカレにも言及していないのである。

不正が疑われる「犯行の動機」は、現在のところ、大学に職を得ることと、人に認められたいという欲求だったといわれている。現代の科学史から見て、それは盗用の理由としてかなり月並みなものである。アインシュタインは大学教師になれるだけの履歴書を用意できなかった。大学の世界から排除されていると感じていた。大学に就職する代わりに、役所で働いていた。彼の野心からすれば、あっと驚くような論文を発表してセンセーションを巻き起こしてやろうと考えたとしても不思議ではない。そうすれば、研究者への扉が最高の形で開かれるだろう。そして事実、そのとおりとなった。

そろそろ筆者の立場をはっきりさせよう。現代における不正の定義、現代の科学雑誌が研究者に出典の明示をきびしく課していること、アインシュタインが驚くほど大きな成果を手にしたことを考えると、彼の行為は許されないし、彼ひとりですべての結論を導き出したと考えることはできない。彼がさまざまな理論を総合し、同業者の刊行物をひとつにまとめたことは、議論の余地がないように思われる。そのことをもってアルベルト・アインシュタインの天才は否定されるのか？　彼はやはり捏造者なのか？　もちろんそうではない！　彼の総合的なものの見方、その後のキャリアを考えれば、彼をたんなる盗作者とすることはできない。彼の業績、比類ない直感は、まさに天才のものである。

だが、一九〇五年の発見をめぐる状況を再検討し、ローレンツとポアンカレに帰すべきものを帰すならば、彼の伝記はそれほど伝説的なものとはならないだろう。アインシュタインはその時代でもっとも偉大な理論物理学者のひとりであったが、これまで言われてきたような科学の神ではなかった。歴史家たちがこれから何十年もかけて、そのようなゆがめられた見方を修正していくことになるだろう。ただし、やはり他の学者の研究を横取りしたプトレマイオスやニュートンのように、また盗用を行ったにもかかわらず医学研究のシンボルとなったパストゥールのように、通俗的な伝説のロマンチシズムでよしとするなら、話は別である。それはそれなりに、科学研究を志す動機を多くの者に提供しているのだから。

アインシュタインがポアンカレを盗用した可能性について

アインシュタインの盗用の可能性をめぐって、歴史家たちのあいだでさまざまな仮説が立てられている。ここではアインシュタインの視点とポアンカレの視点に分け、以下の三点にまとめた。どの組み合わせもあり得る話だが、読者も本章を読みおえたらこの論争について考えてみていただきたい。

アインシュタインについての仮説

❶アインシュタインはポアンカレの先行する研究結果をまったく知らずに、特殊相対論を発見した。

❷アインシュタインはポアンカレの研究結果から決定的な影響を受けており(さらにそれを盗用し)、それがなければ決して発見にいたらなかった。論文ではポアンカレとローレンツの研究に言及するのを意図的に避けており、したがって彼は不正者のカテゴリーに入る。

❸アインシュタインはポアンカレとローレンツの研究を知っていたが、それほど影響を受けなかっ

た。そのこととはまったく関係なく、同じ結論に達したのである。だから他の者をほめたたえる必要はない。

ポアンカレについての仮説

❶ポアンカレは数学者であった。その時点で(おそらく一度も)、ローレンツ変換の物理的な深い意味も、特殊相対論の本質も理解していなかった。彼の貢献は純粋に数学的なものである。

❷ポアンカレは物理学に重大な結果をもたらすことを理解しており、特殊相対論を明快に数式化できただろうが、それは物理学者に任せることにして、この研究分野の理論的側面を独り占めしようとはしなかった。

❸ポアンカレは物理学に重大な結果をもたらすことを理解しており、ローレンツをとおして、特殊相対論を最初に数式化していた。だが、アインシュタインであれだれであれ、それを横取りされることはほとんど気にしていなかった。重要なのはアイデアを提示することであり、立身出世することではなかった。

相対性の歴史

アルベルト・アインシュタインに始まる科学革命を理解するには、相対性の考え方とその歴史を知っておくことが絶対に必要である。相対性は物理学の基本や世界の見方と密接にかかわり、いずれの発見も科学と文化に変革をもたらした。

プトレマイオスからニュートンまで

相対性は西暦二世紀、古代ローマの学者プトレマイオスとともに出現した。彼にとって地球は宇宙の中心であり、あらゆる天文現象がこの中心に結びつけられた。コペルニクスがこの見方を変えるまで、一五〇〇年以上の歳月を要した。コペルニクスはプトレマイオスの宇宙の中心をずらし、太陽を中心とした円の上を地球が回るようにした。かの有名なコペルニクス革命は天文学だけでなく哲学にも大きな影響をおよぼすことになる。

ヨハネス・ケプラーとともに、この革命は速度を上げる。一六〇〇年頃にドイツの天文学者ケプラーは、惑星は円ではなく楕円の軌道上を動いていると唱えた。コペルニクスの太陽はもはや世界の中心にはなく、楕円の焦点の中心にあった(楕円に中心はなく、ふたつの焦点がある)。

一六二三年、ガリレオが万物の相対的な動きを方程式にした。

動いている船のなかに座っていると、自分は動いていないように感じる。動きのとらえ方は相対的なものだからである。海にものを落とすと、落下の最初と最後のあいだに船が進んだ距離にしたがって、その軌道は変化する。海を基準とするか甲板上を基準とするかによって、それも相対的となる。ガリレオがその時代に定式化したのは、この「相対的」移動であり、その数式は相対性の数学的基礎とみなすことができる。ニュートンは一七〇〇年頃、絶対時間と相対時間の考え方をそれに加えた。一定の時間の長さは絶対的なものである。一日や一か月は、経験的尺度が体系的に変化するので、相対的なものである。さらに彼は、運動と移動は外部の(相対的な)力に影響を受けると付け加えている。ニュートンは物理学者が活用できるように、それらの理論を方程式として概念化した。さらに、速度はその座標系にしたがって相対的にも絶対的にもなるだけでなく、加算することも可能である。船の上を歩いているとき、海にたいする実際の速度は、甲板上を歩く速度と船の速度を合計したものと等しくなる。

光の速度

速度合成の法則という古典的物理学の基本は、二〇世紀の物理学者たちが相対性を理解するうえで最大の問題となった。実際、一八世紀後半から光は波動と定義され、光の速度は秒速三〇万キロと算定されていた。一九世紀になるとマクスウェルが、電気と磁気と光の現象をひとつにまとめた総合理論を唱えた。それが電磁気学である。電磁波にはさまざまな長さがあるが、速さはどれも同じ、光の速度である。一八八七年、イギリスの物理学者マイケルソンとモーリーの実験は、科学の長い歴史を経てようやく獲得した概念を一変させた。彼らは光でエーテル(空間)の性質を明らかにしようとした。そのために光学実験を行うことにして、東西方向と南北方向の光の速さの違いを半年の間隔で二度にわたり測定した。その結果は驚いたことに、速さの違いを測定装置で計ることはできなかった。この実験結果により物理学者たちは、光波の振動と運動を伝える媒質であると考えられていたエーテルの存在を疑うようになる。それはまた、光の速度がどの方向でも同じであることを示していた。ガリレオとニュートンの相対性は決定的に問い直された。この実験結果をどのように解釈するかをめぐって、物理学者のあいだでおびただしい数の仮説が立てられた。そしてこの理論物理の根本的問題こそ、野心に満ちた若きアインシュタインが二〇世紀初頭に「解決」しようとしたものだった。同じ実験の矛盾点は、電磁波を定義するマクスウェルの法則全体にも当てはまるため、ガリレオとニュートンの物理学の公理でつくり上げられた体系の基本を再構築する必要が出てきた。それを変換しなければならないのである。オランダの物理学者ヘンドリック・ローレンツは、いままでは誤りとなったマクスウェルの方程式を不変なものとする新たな変換を探し求めた。しかしながら彼は、もう少しのところで答えにたどりつけなかった。ポアンカレは彼の仕事を引き継ぎ、はじめてそれらの方程式を変換して、波動という物理的環境でもそれが有効にはたらくようにした。それが特殊相対論である。一部の科学史家によれば、アルベルト・アインシュタインはそうしたさまざまな研究を総合し、一九〇五年の論文にまとめたのである。

*——お断りしておくが、このような科学の大問題を短い章で説明するのは無理がある。ポアンカレの研究の紹介や、理論物理にかんするアインシュタインの論文との詳しい比較は、多くの定義や数式を用いなければできないことであり、そうした定義や数式も、科学史のなかで検証しなければならない。本書では、それは手に余ることである。そのため本書は、事実にかんする紹介にとどめており(当然ながら不完全である)、科学的には極度に簡略化されているので(専門家には不正確とみなされるだろう)、巻末の参考文献をご覧いただくようお勧めする。

アインシュタインによる光の速度

特殊相対性理論が公準としているのは、光の速度は物体が到達できる最高速度であること、そして、真空における光の速度はつねに同じ、秒速約30万キロであるということである。

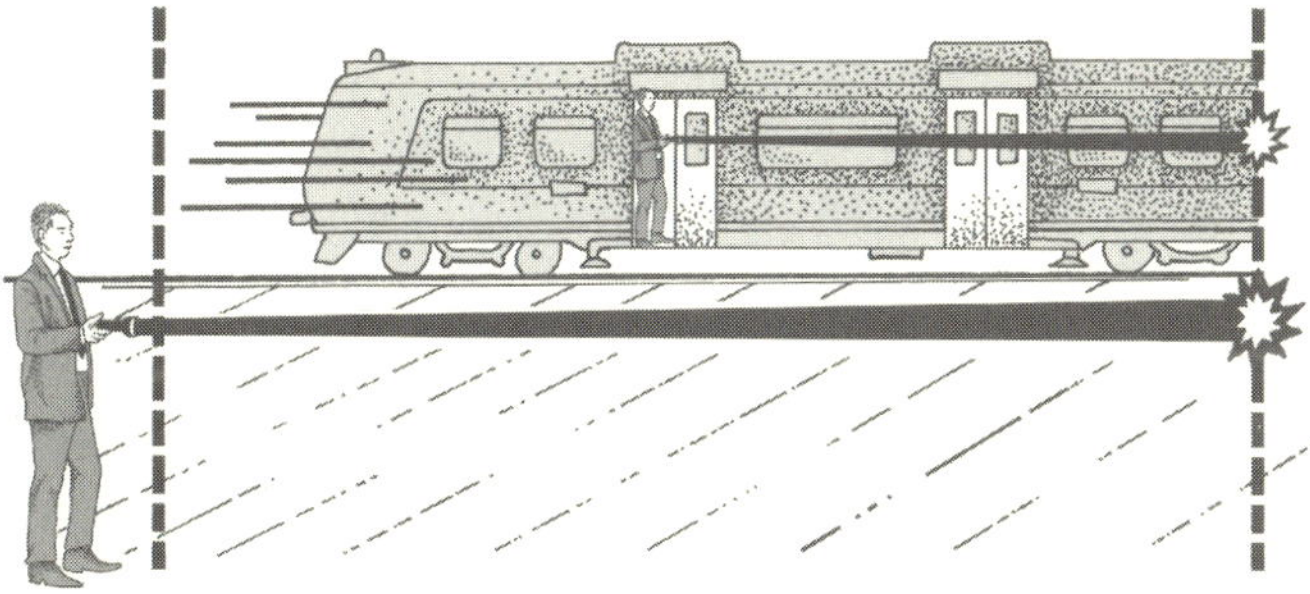

上の図では、ふたりの人物が交差した瞬間に前方へ光の信号を発している。列車のなかで発した光の速度がホーム上の懐中電灯の光の速度より速くならないことを証明できるのは、特殊相対性理論だけである。列車の速度が加わっても、光の速度は変わらない。二本の光線は列車の先端に同時に到達する。しかしながら、列車から見ると、列車のなかで発した光は列車の長さしか進んでいない。しかし光は、列車の移動によって生じた距離も——余分に——進んでいるのである……。これがアインシュタインの特殊相対性理論なのだ！

ルネ・ブロンロのN線

不正の種類

間違い

科学分野

放射線撮影法

どこで?

フランス

いつ?

1903年から1905年のあいだ

信じられたこと

X線の周辺に驚異的な特性をもつN線が存在する。

おもな登場人物

ルネ・ブロンロ(物理学者)、ロバート・ウッド(物理学者)、オーギュスタン・シャルパンティエ(物理学者、ブロンロの友人)

一九〇三年、ルネ・ブロンロは新種の光線を発見したと発表した。生まれ故郷の町ナンシーにちなんで、それはN線と名づけられた。物理学者は国の誇りとなり、科学アカデミーとメディアに熱烈に支持された。だが彼の間違いは明らかで、それをかたくなに認めなかったことから、彼の発見は一転して不正となった。

ルネ・ブロンロの不正の話はいろいろな意味で興味深い。ことの始まりは二〇世紀初頭。電磁波と光線にかんする革新的な発見が相次ぎ、物理学の歴史でもユニークな時代であった。さらに、事件の舞台となったロレーヌは、一八七〇年の普仏戦争で多くの死者を出した土地であり［ロレーヌ地方の一部はアルザス地方とともにドイツ領となった］、フランスのエリート知識人のナショナリズムとロレーヌびいきの地方主義は、ドイツの物理学者たちの科学的公正さと折り合いが悪かった。おそらく、こうした熱狂しやすい社会背景によって、この不正をめぐる騒動がこれほど大きくなったのではないかと思われる。そして最終的に、事件は「ひどい間違い」として科学史に刻まれることになった。事件はひとりの学者の自己暗示と、大学研究者同士の行きすぎた仲間意識から生じた。

一九〇三年、その数年間にさまざまな電磁場や放射線にかんして明らかにされたことが、物理学者たちを熱狂させていた。一九世紀初頭に紫外線と赤外線が発見された。あらゆるものを一変させる大

ルネ・ブロンロ――世間に認められた学者

ルネ・プロスペル・ブロンロは1849年7月3日にナンシーで生まれた。父のニコラ・ブロンロは医学校の名誉教授であった。ルネは1881年に理学博士となり、翌年、ナンシー理工科大学の物理学教授に任命された。彼は世間に認められた研究者であり、19世紀末にとりわけ有望な分野となった電磁放射線学の熟達した実験者であった。彼の研究は1890年代に2度、科学アカデミーの賞に輝き、当時もっとも権威のあったルコント賞を1905年に受賞している。だが、そのころブロンロは大騒動のさなかにあり、アカデミー会員たちは慎重に対応することにした。すなわち、大方の予想に反して、N線の発見ではなく彼の仕事全体にたいして賞が贈られたのである。

きな進歩の数々で、その世紀は幕を閉じる。一八六二年にジェームズ・マクスウェルが電磁気理論を数式化した。一八八八年にハインリヒ・ヘルツが電磁波を発見し、ヘルツ波［電波のこと］と名づけられた。そしてとりわけ一八九五年にドイツの物理学者ヴィルヘルム・レントゲンが、物質をイオン化する性質をもつ、目に見えない電磁波の存在を明らかにした。その電磁波はある種の物質を透過し、写真乾板を感光させた。レントゲンはのちに、その電磁波を用いて生物の骨の構造をはじめて撮影する。「X線」の誕生である。基礎物理が医学に大きな進歩をもたらした。X線の発見と同じ年の一八九五年、フランス人のアンリ・ベクレルは偶然、ウラニウムから放射線が出ていることを突き止め、放射能の原理を発見した。彼は一九〇三年、その研究を発展させたキュリー夫妻とともにノーベル賞を受賞する。ナンシー大学の物理学者ルネ・ブロンロの研究と発見が行われたのは、このように科学の発見が世間を熱狂させていた時代だった。

歴史的発見が相次ぎ、二〇世紀初頭の物理学者たちは光線や電磁波がなければ夜も日も明けない状況にあった。

ブロンロが新しい放射線を発見する

ブロンロはフランスにおける電磁波の大専門家のひとりで、数年前にドイツ人のレントゲンが発見したX線の効果を実験室で研究していた。X線が偏向するか、つまり直流電流でX線の方向を変えられるのか知りたかったのである。この最先端の実験を行うため、X線が火花放電に当たったときの、スパークの明るさの変化を調べることにした。X線の検知には、向かい合ったふたつの電極から連続して電弧《アーク》を発する火花ギャップが使われた。科学アカデミーへの報告書で、ブロンロはこう説明する。「小さな電気スパークが、この種の研究にもっとも適した光源である。それはX線にたいする感度が非常によく、また一定の強さで必要な時間、持続させることが可能である」このスパークを肉眼で調べたことが、間違いのもとになった。だがそのとき、実験手法の信頼性に自信をもっていたブロンロは、X線の存在しないところで明るさが変化するのを観察しておおいに驚いた。このように突然光度が増すのは、なんらかの電場がスパークにエネルギーを与えているしるしであり、別の形の放射線が作用しているとしか考えられなかった。ブロンロは新たな検知器（写真乾板、燐光チップ）で実験を繰り返し、未知の放射線が木や紙は通り抜けるが、金属では屈折することを確認した。

ブロンロは確信する。これはいままで知られていなかった放射線だ！ 自ら教授をつとめるナンシー大学にあやかって、それを「N」線と名づけた。

彼は数か月のうちに、新しい放射線を自然に放出している物体のリストをつくりあげた。金属片、太陽で暖められた小石、液化ガス、音の振動、植物繊維、芳香物質などである。一九〇三年末には、ナンシーの友人で物理療法と眼科の教授をつとめるオーギュスタン・シャルパンティエが実験に加わった。シャルパンティエによると、緊張した筋肉や大脳の神経中枢といった人体組織からも、N線は出ていた。N線が思考をイオン化すれば、脳の機能を可視化できるのではないか。テレパシーやいくつかの心霊現象を科学的に解明できるのではないか。シャルパンティエは確信した。心臓の筋肉を放射線撮影し、人体の機能の精密検査を行うことも可能になるに違いない。これは現代の超音波診断を先取りする考えである。さらに彼は、目にN線が当たると視力がよくなることにも気づいた……。

医者にとって、それはたんなる診察の道具以上のものとなるだろう。奇跡のような医療機器である。地元紙は色めきたった。ブロンロ教授はロレーヌ地方の誇りであり、やがて全国紙の自慢の種となった。世界の科学界が彼の先端技術をもてはやし、ドイツ人レントゲンのX線は科学革命において時代遅れとなったかのようだった。

最初の疑惑

しかしながら、科学者たちに熱狂的に迎えられたのち、最初の疑惑がもちあがる。ブロンロが述べるような実験をなかなか再現できないのである。一九〇四年一二月末にブロンロは、長年の友人である――同じくナンシーの出身の――著名な数学者アンリ・ポアンカレにこう釈明している。「作用は生じますが、数秒で停止します。多くの人は作用が生じているところより停止しているところを見ているのです。無理に視

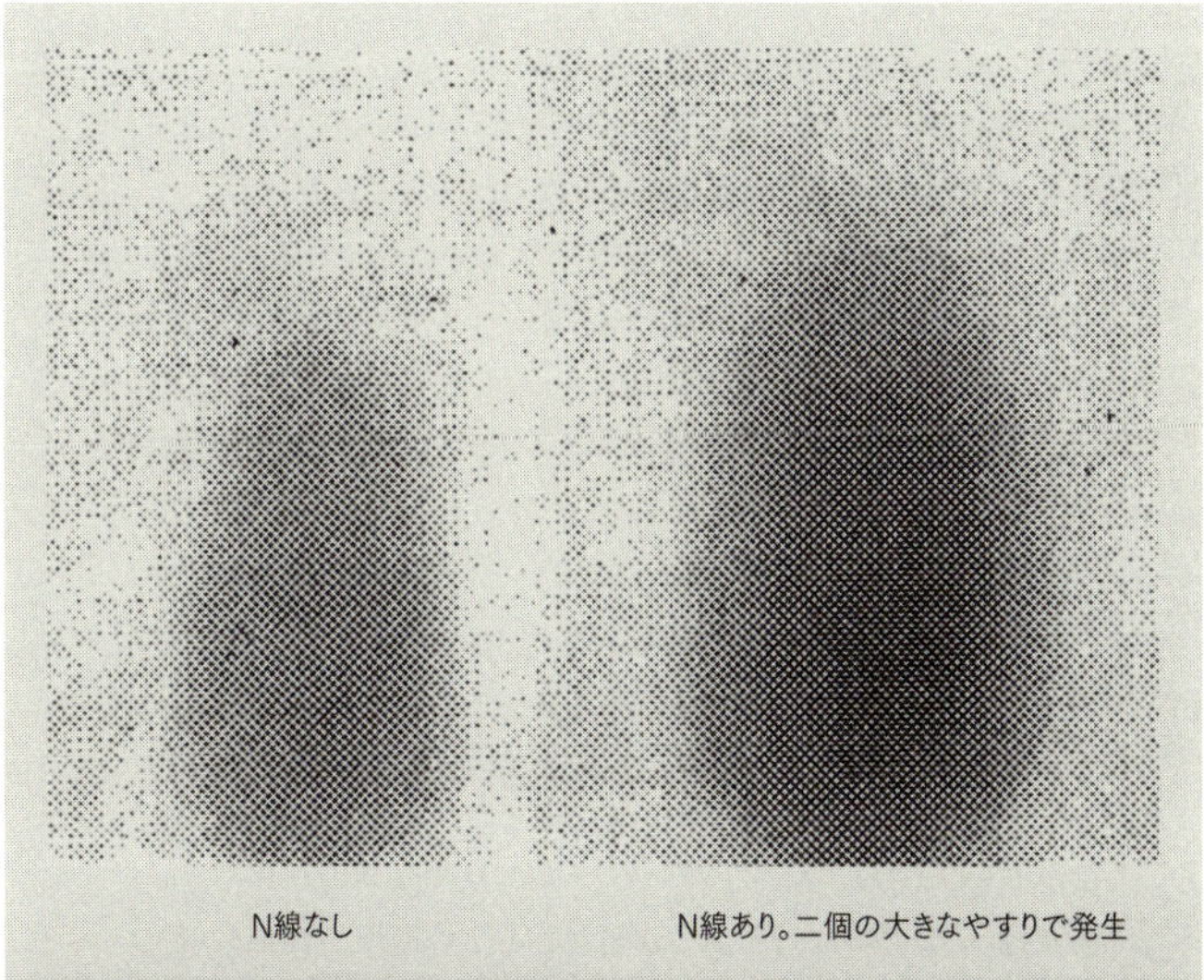

1904年、ルネ・ブロンロが『科学アカデミー紀要』に公表した写真。実験の間違いは、右の写真でスパークの明るさが増したのはN線が存在する証拠であると主観的に解釈したことにあった。

線を合わせたり固定したりせず、ぼんやり見ること。可能であれば焦点が合わないようにして（印象派の画家がするように）、軽く不規則に頭を動かしつづけることが肝要です」

研究者のあいだで高まる疑念にこたえるため、ブロンロは科学アカデミーに覚え書きを提出し、実験科学には珍しい「芸術的な」アドバイスを与えた。アドバイスのとおりにやれば同じ現象を確認できるはずだというのである……。多くの研究者が実験を見ようと彼の実験室に押し寄せた。ジャン・ベクレルは放射能の発見者である父に急遽命じられて実験室を訪れ、興奮しながら帰路についた。しかしながら、そのような気分で帰宅できた者はわずかしかいなかった。フランスの著名な物理学者ポール・ランジュヴァンとジャン・ペランも、N線を確認できなかった。それでもロレーヌの物理学者は擁護された。「自分の目で見られなくても、N線が存在しないということにはならない」と、ふたりは結論づけた。ドイツの物理学者たちはそれほど寛大でなく、目の錯覚であるとか、方法論にはなはだしい誤りがあるなどと言っていた。ブロンロは釈明のために、N線の写真（二〇七ページの図を参照）を公開した。とはいえ、それは大きなシミにしか見えず、彼らを納得させるにいたらなかった。

暴かれたひどい間違い

イギリスの科学誌『ネイチャー』は、一九〇三年からN線にかんする最初の実験を掲載していた。だが、驚くべき実験を再現できなかったドイツの研究者たちからしだいに圧力を受けるようになり、実験を検証するために科学者を派遣することにした。選ばれたのは、ロンドン「王立協会」のパリ通信員ロバート・ウッドであった。一九〇四年九月、ブロンロはこのアメリカ人物理学者をナンシーに迎えた。いよいよ真実が明かされるときがきた。

ウッドによって三つの実験が検証されることになった。N線に当たったスパークの明るさの変化。アルミニウムのプリズムでN線のさまざまな波長を分離するという、ブロンロが開発したばかりの実験。そして、いわゆる「ロレーヌの時計」実験である。これは、焼き入れをした鋼鉄のやすりにN線を反射させ、目の感度に刺激を与えるというもので……ブロンロはこれにより暗闇でも時計を見ることができたという。

N線が放射されたとき、ウッドは明るさの変化をまったく確認できなかった。

ウッドは『ネイチャー』の九月二九日づけの記事で、それら三つの実験の結果を報告している。最初の実験は、生じた光を増幅するために小さなガラスのスクリーンが置かれ、そのうしろで電気スパークを発生させるというものだった。スパークとN線の照射源とのあいだに手をかざすと、スパークの明るさが変化すると想定された。それこそN線が存在する証拠である。だが、予想されたようなことはまったく起こらなかった。

「変化が起きないのは、私の目の感度がよくないせいだと言われた。この問題を解明するため、私の手をN線の通り道にかざすから、スクリーンを見ていつ手をかざしたか言ってもらえないかと提案した。ところが、何度やっても、彼は正確に答えられなかった。明るくなった、あるいは暗くなったと言ったとき、私の手はN線の通り道にずっと置かれたままだった」

そのとき、光度の変化が写っているという写真を見せられたが、N線をとらえたときの露出時間が長いことに、ウッドは気づいた。露出時間が長ければ、乾板上の明るさが増すのは当たり前である……。

第二の実験でも事態は変わらなかった。ウッドが暗がりを利用してアルミニウムのプリズムをこっそり取り去ったので、N線は屈折するはずがなかった。だがロレーヌの物理学者は測定をつづけ、N線の波長を告げたのである……。

自己暗示

自己暗示とは自分自身に暗示を与えることで、意識するしないにかかわらず、ある瞬間に思い描いた結果や行動がほとんど自動的に——自己の経験にもとづく現実とは無関係に——現実のものと感じられるようになる。フランスのアンリ・ピエロンをはじめとする当時の心理学者によると、ルネ・ブロンロは実験をしているとき自分にはN線の効果が見えると、自分自身に暗示をかけていたと思われる。「N線はわれわれに教えている。すぐれた知性の持ち主であっても(……)ひとつのことを繰り返し考えているうちに(……)、潜在意識が大きな役割を果たす分野、たとえば薄暗がりでの観察で明るさが変化したように見えることがあるのだと」

最後の実験はアメリカの物理学者にとってさらに嘆かわしいものだった。

「わずかな照明しかない部屋で、焼き入れをした鋼鉄のやすりを目の前にかざすと、金属にN線が反射して網膜に特別な影響を与えるため、時計の文字盤がよりはっきり、輝いて見えるようになるとされていた。ところが私は、ほんのわずかな変化も観察できなかった。それでも教授ははっきり見えると言うのである」

ウッドがやすりを、光線を反射しない木片とこっそりすり替えていたから、なおさら妙な話だった。その夜、アメリカの物理学者はパリにもどる列車のなかで、うんざりするほど詳細な報告書をまとめ、それはほどなくしてロンドンの有名な科学誌にのった。その仏語訳は数日後、当時フランス語圏で読まれていた科学誌『ルヴュ・シヤンティフィック』に掲載された。それとときを同じくして、国際物理学会でもN線をめぐる論争がもちあがり、ひとつひとつの実験が比較検討された。あらゆる点からいって、真実は明らかだった。裁定が下った。そのような放射線は存在しないのだ!

ブロンロの不合理なかたくなさ

心理学者のギュスターヴ・ル・ボンは、「ブロンロ事件」を説明するために多くの心理学者が唱えていた自己暗示説に賛同し、こう結論づけている。

「後世の人々は知るだろう(……)どんなに優秀な人間でも、とんでもない間違いに陥ることがあるのだと」

ウッドの記事以来、ロレーヌ以外ではもはやだれもN線のことを口にしなくなり、第一次世界大戦の勃発とともに忘れられていった。

ブロンロの大学の周辺では、外国人を揶揄するような意見が地元紙にあふれ、彼らの「アインシュタイン」が見捨てられることはなかった。「ラテン人種」だけがN線に感受性のある目をもっているのであり、アングロサクソンは霧のせいで、「チュートン人（ドイツ人）」はビールの飲み過ぎのせいで感度が鈍っている、というのである。ルネ・ブロンロは一九〇九年に早期退職したが、一九三〇年に死ぬまでN線の存在を執拗に（かたくなにと言ってよいだろう）主張しつづけた。同じ分野の学者たちの論拠は決定的なものだったが、彼はいっさい受け入れず、新たな実験を行うことも拒否した。

それから八〇年後、ナンシー大学客員教授ジャン＝ミシェル・ブロックが回想録でふたたび彼を弁護している。

「ペテンだと言う者もいたが、それは完全に排除できる（……）。彼は助手を信用するあまり（……）、助手が見たと言ったものが見えたに違いない。（……）他の協力者たちはどうしてもっと強く、注意するよう促さなかったのか」

あの出来事から長い年月がたったが、同郷の物理学者の魔法はまだ解けていないようだ。ロレーヌ地方特有の社会背景があり、それが不正につながったことを、彼の言葉は明らかにしている。

「ブロンロの最初の発見は大きな関心を巻き起こし、それにつづいて、当時のロレーヌびいきの空気により、集団的なヒステリー反応が起こった。それはやがて、神経症的な自己欺瞞となった」

彼はE・ピエレという名の物理学者(ナンシー大学にはもうひとり公明正大な同僚がいるようだ)の言葉を引用して、弁護をしめくくる。

「この現象はおそらく、将来、別の形で明らかにされるだろう」

不正は幕を閉じるどころか、N線に振り回される愚はまだ終わらないようである……。

N線の不正を検証する

❶ブロンロのように実験を観察ないしは再現できるようになった物理学者はひとりもいない。ブロンロの実験で光度の変化を観察したのはナンシーの研究者だけである。「ナンシーの光線(N線)」と名づけられたことがそれに関係しているようだ……。

❷ブロンロのナンシーの友人シャルパンティエだけが、N線にかんする補足的かつ革新的な研究を、発見のたった一か月後に行っている。

❸使用された科学的手段と分析は完全に主観的なもので、再現するのが非常に困難な実験にもとづき、実験者の視覚的な評価のみで行われていた。

❹ブロンロは明らかな間違いをかたくなに認めようとせず、批判する者になんら客観的な回答を示さなかった。こういった態度は不正とみなされても仕方がない。

電磁波スペクトル

私たちの周囲にはさまざまな波が存在している。私たちは自然の電磁波がとびかう環境で暮らしているのである。人体そのものも赤外線の形で電磁波を放射している。たとえば、心臓の動きは心電図で確認できるし、脳波を調べれば脳の様子を知ることができる。だが、電子レンジ、テレビ、接続機器（wi-fi、ブルートゥースなど）といった電子機器は、人工的に発生させた電磁波で動いている。電磁波スペクトル（下）により、波長にしたがって電磁波を分類できる。

ブロンロのN線は、赤外線と電波帯のあいだという理想的な位置にある。そこは電磁波スペクトルでまだ手つかずの領域のひとつだった。電磁波はイオ

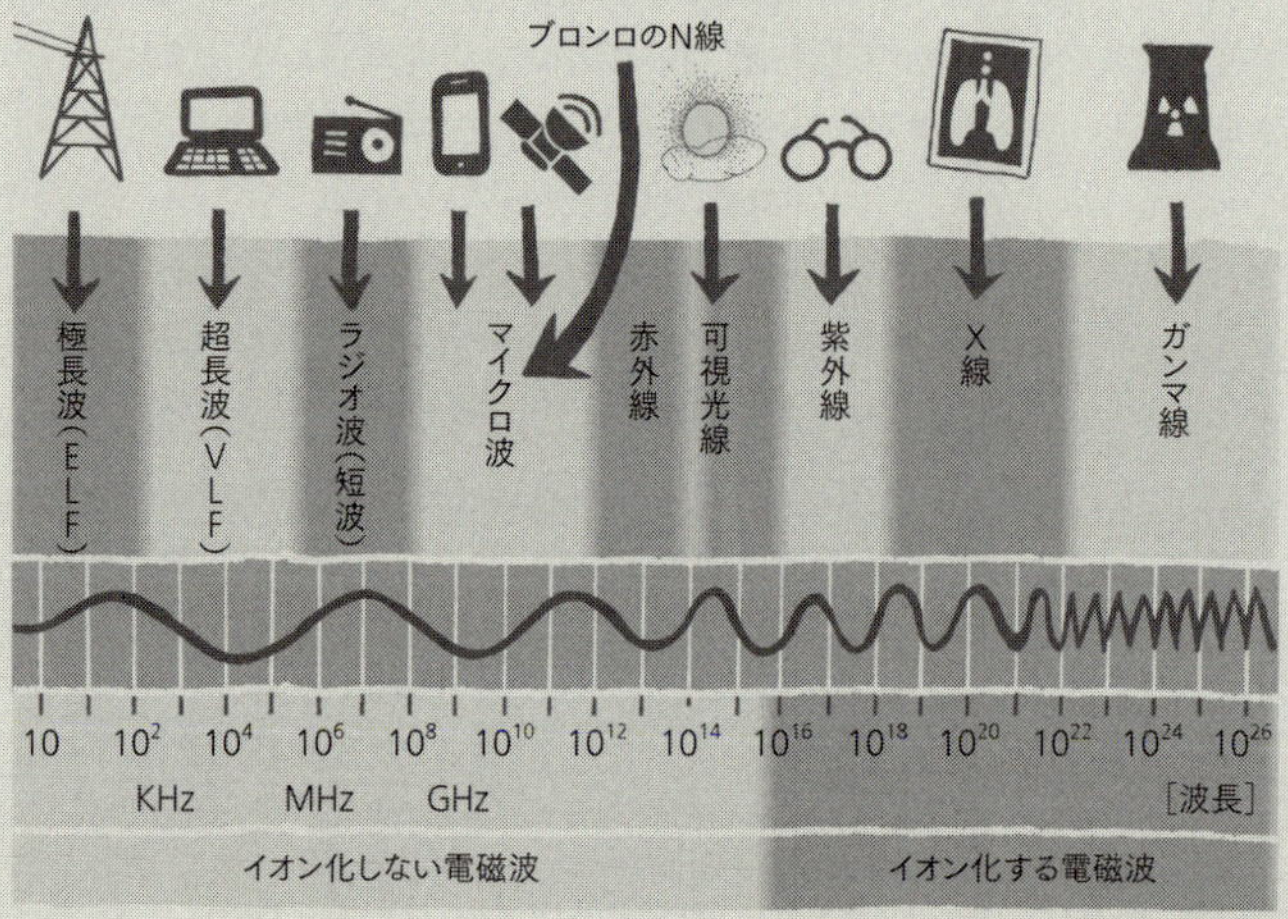

ン化するか否かによってふたつに分けられる。イオン化しない電磁波が無害であるのにたいし、イオン化する電磁波は物質を透過し、物質との相互作用によってエネルギーを移転させる特性がある。ある程度の放射線をあびると細胞を損傷する恐れがあるのはそのためである。

X線

一八九五年、ドイツの物理学者ヴィルヘルム・レントゲンは、ガラスの真空管のなかで観察される電子線、陰極線を研究していた。彼がとくに関心を抱いたのは、その電磁波が厚さ数ミリの壁を通り抜けることだった。彼は試しに、黒い厚紙で真空管をおおってみた。そのとき、たまたま真空管の前に置かれていた、白金シアン化バリウム(陰極線スクリーンに使われる蛍光物質)の塗られたスクリーンが、放電時に蛍光することに気づいた。スクリーンを遠ざけても、その現象はつづいた。つぎに、真空管とスクリーンのあいだにいろいろな物体、紙、アルミニウムや木やガラスの薄い板、分厚い本まで挿入した。いずれの場合も蛍光が見られた。そこから彼は、陰極線とは別の、物質を通り抜けるほど透過力のある放射線を発見したと結論づけた。それまで知られていなかった光線なので、数学で未知の数を意味する「X」と名づけた。ヴュルツブルク物理医学会に送った『新種の放射線について』と題する最初の研究報告で、彼は以下のように指摘している。「放電装置とスクリーンのあいだに手を置くと、手のやや暗いシルエットのなかに手の骨の黒い影が見えた」

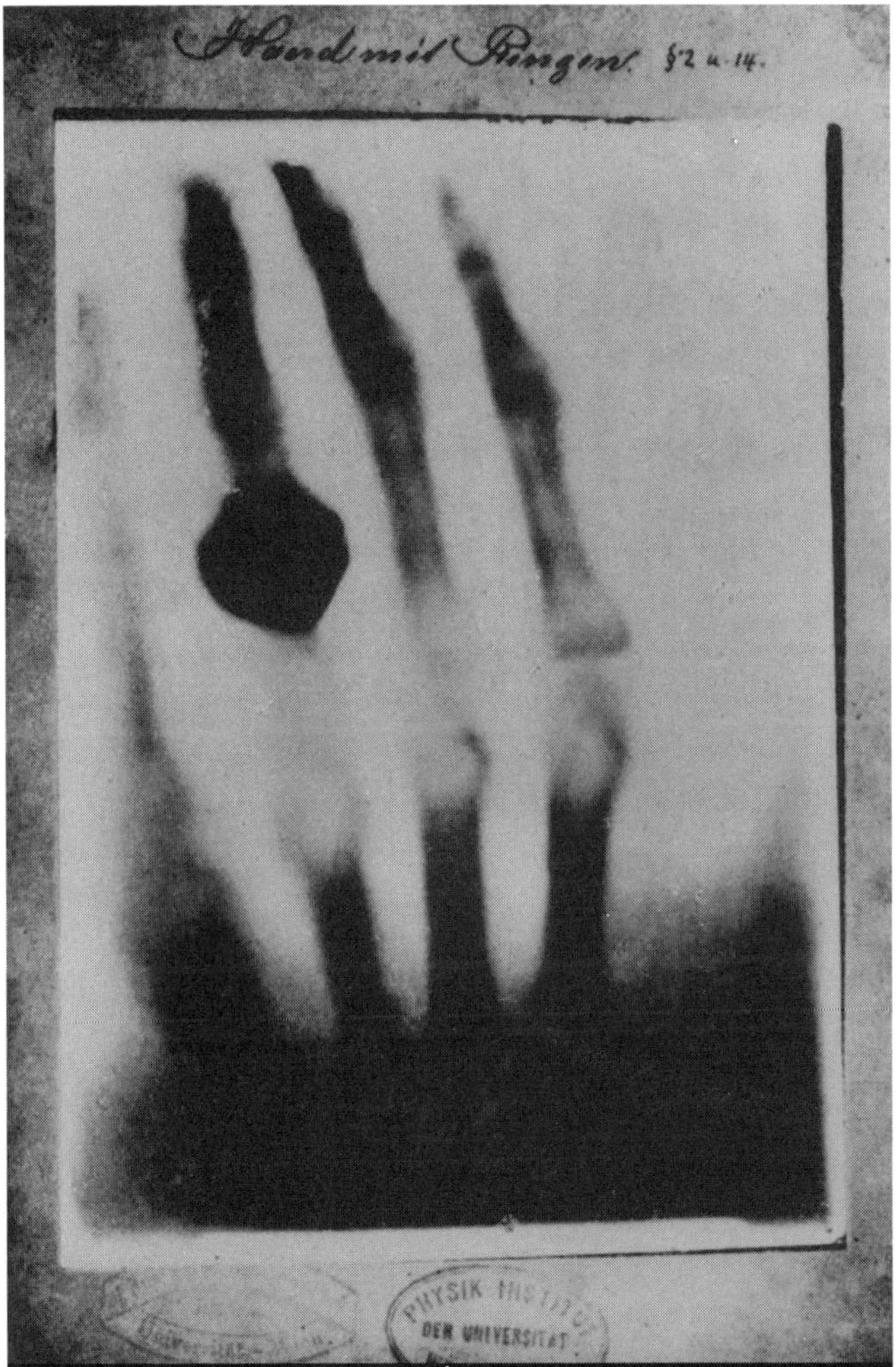

ブロンロに大きな影響を与えたドイツの物理学者ヴィルヘルム・レントゲンが撮影した最初のX線写真。写っているのは妻の手で、薬指に印章つき指環の影が見える。レントゲンは1901年、「その発見により画期的な医療が可能になった」としてノーベル物理学賞を授与された。

それはまさに最初のX線写真だった（前ページ）。

長時間X線にさらされると、とくに医師のあいだで多くの副作用（火傷やガン）が見られた。

この発見はすぐさま医師たちに活用された。たとえば、レントゲンの発表から二週間もたたないうちに、ドイツの歯科医オットー・ヴァルクホフが最初の歯のX線撮影を行った。X線を用いた人体の検査技術は世界中に広まった。それればかりか人々のあいだに熱狂を巻き起こし、二〇世紀初頭にはだれもが自分の「骨の写真」を撮ってもらおうとした。X線を利用したアトラクションも珍しくなく、足のX線写真でモデルを採用する高級靴店まであらわれた。

5 革新的技術

革新的技術は科学的知から派生したひとつの流れを形成しており、そのため、科学史の大きな段階を経て、主要な科学分野を糧としながら発展をとげてきた。したがって、技術の主要な欺瞞は、たんに仕事場にこもったジャイロ・ギアルース〔ディズニーアニメのアヒルのキャラクターで発明家、不完全な発明品でいつも騒動を巻き起こす〕がやらかすことではなく、基礎科学の不正と同様、それぞれ歴史的背景をもっている。

トルコ人の自動人形の欺瞞は、科学史家ドミニク・ペストルが「知のアンシャンレジーム（旧体制）」と名づけた時代に起こった。当時の王侯は「驚異的なもの」や「珍奇なもの」をひたすら求め、発明を奨励していた。貴族たちは世界とその無限の可能性を発見していた。技術はそうした驚嘆のまなざしに奉仕するものだった。本物のプロの科学者はおらず、その知識で王侯を楽しませようと情熱を燃やす技術者がいるだけだった。

それから二〇〇年たった第二次世界大戦後の経済成長期に、まったく異なるスケールの技術の欺瞞が発生した。それは科学技術と「企業国家」の時代だった。仕事を担当する産業グループの周辺で、「企業国家」が技術的研究の主要な推進役となっていた。探知飛行機事件は、国益と革新的発明がありえない形で出会ったらどうなるか、その結末をよく示している。

機械仕掛けのトルコ人

一七七〇年、ヴォルフガング・フォン・ケンペレンはオーストリアの女帝に驚くべき機械を披露した。チェスを差し、どんなに強い対戦相手も負かすことのできる自動人形《オートマトン》である。ケンペレンの死後も長いあいだ製造の秘密が明かされることなく、自動人形のトルコ人はヨーロッパとアメリカで大当たりをとった。ナポレオン・ボナパルトからベンジャミン・フランクリンまで、当時の大物たちがこぞって人形と対戦した……。

夢想家の貴族とテレビ修理屋

その出来事から何十年もたった一九八三年、探知飛行機事件がフランス社会を騒がせた。この事件は政治とメディアのスキャンダルとされているが、これはなにより、現実離れしたふたりの人物によって引き起こされた技術のペテンであった。人並み外れた自信家の彼らは、巧妙な実験手法を完璧につくり上げて技術者や地質学者や物理学者をだまし、でっち上げた技術をフランス国家のトップに売り込むことに成功する。

機械仕掛けのトルコ人

不正の種類

捏造

科学分野

新技術／人工知能

どこで?

オーストリア

いつ?

1770年から1857年のあいだ

信じられたこと

人間より高い知能をそなえた機械が存在する。

おもな登場人物

ヴォルフガング・フォン・ケンペレン（発明家）、マリア＝テレジア（オーストリア女帝）、ヨハン・メルツェル（バイエルンの音楽家）、ジョン・ミッチェル（機械の最後の所有者）、「トルコ人」（人型の自動人形）

一八世紀、ハンガリーの発明家がオーストリア女帝のために、人型の自動人形をつくり上げた。その自動人形はチェスを差し、高名な対戦相手をつぎつぎと打ち負かした。

一七六九年はナポレオン・ボナパルトが生まれた年だが、発明家のジョゼフ・キュニョが「運搬車」、すなわち最初の蒸気自動車をルイ一五世に披露した年でもある。技術《テクニック》は科学技術《テクノロジー》となり、人間の独創性と創造性をかつてない高みへ引き上げるとともに、どんな発明も可能であるという熱狂的な感情をもたらした。想像力は技術的幻想を表現するための手段となり、啓蒙の世紀の終わりはまた、この文化的ユートピアから新しいアートが誕生した時代でもあった。それがイリュージョン（トリック）である。フランス人のフランソワ・ペルティエはその初期を代表する人物のひとりだった。磁場にかんする最新の発見を利用して、空中浮揚や不思議な移動といった驚くべき見世物をつくりあげ、観衆を驚嘆させた。アートと錬金術を結びつけることで、魔術はもはや秘教的科学ではなく、演劇的な出し物となったが、その技は依然として、数少ない弟子のみに伝えられた。その四年前にディドロは、『百科全書』に磁気にかんする最初の科学論文を発表し、磁石の現象は「空気とは異なる精妙な物質」によるものであると述べた。だがフランソワ・ペルティエは磁石の神秘的な性質を活用するだけで、磁場の性質を説明したり理解したりする必要はなかった。

女帝の挑戦

その年の初夏、ウィーンのシェーンブルン宮殿で見世物と余興のシーズンの幕があいた。オーストリアの女帝マリア゠テレジアはそのシーズンに、ヨーロッパ各地で評判をとっている有名な奇術師を宮殿に招いた。フランス人の奇術の裏をかいて宮廷の人々を喜ばせようと思ったのか、宮廷お抱えの優秀な技師ヴォルフガング・フォン・ケンペレンに、奇術に立ち会って種明かしをするよう命じた。ケンペレンは招かれたことに気をよくして、奇術師のしっぽをつかんでみせると意気込んだ。フランス人のペルティィエはマリア゠テレジアの前で、さまざまな道具を操ったり、目の錯覚や人の注意がそれる瞬間を利用したりして、超人的な技を披露した。出し物が終わると、女帝はすっかり魅了され、ケンペレンにも同意を求めた。

「ところで技師どの、そなたにこの奇術師の秘密がわかるのか?」

ヴォルフガング・フォン・ケンペレン──機械仕掛けの天才

1769年、ハンガリー人のフォン・ケンペレンは35歳であった。ウィーンの宮廷で技師の職についたおかげで、家族に豊かな生活をさせられただけでなく(宮殿の一翼に暮らしており、数年後にナポレオンがワグラムの戦いでそこを司令部とした)、機械仕掛けの製作と新しい機械の発明に打ち込むことができた。物理学と数学の才能に恵まれたことから、彼はまさに機械仕掛けの天才となった。1765年にはすでに、蒸気の力を利用して、宮殿の水路に水を供給する巧妙な水力モーターを考案していた。

ケンペレンはまったくわからず、自尊心を傷つけられた。ペルティエに向かって、別の道具でもう一度やってみろと言った。女帝はうんざりしながら聞いていたが、ケンペレンは失敗をごまかそうとへりくつをこねた。そして、調子にのって強がりを言った。

「少し研究して工夫を凝らせば、私の発明のひとつで、この芸人の大道芸より百倍も陛下を驚かせてご覧に入れます」

オーストリアの女帝マリア゠テレジアを挑発すればただではすまない。

「よろしい、それでは来年の夏までに、それほど大口をたたいて自慢するものをつくってみよ」

ケンペレンはだれもできないことをやってやろうと思いながら退出した。オーストリアの宮廷ではチェスがはやっていたが、チェス差し人形をつくるという驚くべきアイデアがどうして浮かんだのか、歴史はなにも語っていない。女帝の挑戦を受けてむきになったとしか思えない。ハンガリー人のヴォルフガング・フォン・ケンペレンはオーストリアの女帝より賢い機械をつくることができる。それで女帝に一杯食わせれば、復讐をとげることができるだろう。自分ほどの技師が、たかが芸人の悪ふざけと比較されるいわれはない。

彼は約束を守り、十か月後に傑作をつくり上げた。そしてそれは、それまでオーストリアの宮廷で見ることができたいかなる出し物も凌駕していたのである。

自動人形との出会い

お披露目の日がきた。発明家は、キャスターつきの大きな箱にすえつけられた自動人形を押しながら入ってきた。女帝がたいそう驚いたことに、人形はオスマン人の格好をしていた。頭にターバンを巻き、毛皮の裏がついた東洋風のゆったりした赤い上着、カフタンをまとっている。テーブルにネジで固定された人形の前にチェス盤があり、人形はチェス盤をじっと見つめていた。自分がつくったものに皆がびっくり仰天しているのを見て、ケンペレンは満足した。「陛下に私の機械、チェス差し人形を紹介いたします。(……)この発明の秘密を明かすことは、どうかご容赦願います。この人形は高い知能を備えており、どんなに経験豊富なチェス差しであろうと負かすことができるだけでなく、勝負のあとで陛下と少々言葉を交わすこともできます」

「勝負を始める前に、陛下の忠実なる技師がつくった天才的な機械以外になんの仕掛けもないことを確認していただくため、内部をご覧に入れます」

マリア゠テレジアの周囲がざわめき、疑念の声が上がると、ケンペレンは先手を打った。奇術師も顔負けのパフォーマンスが始まった。彼は人形の服をまくり上げ、ひとつ目の引き出しを開けた。なかには赤と白の象牙の駒が入っていた。つぎにひとつ目の扉、そしてふたつ目の扉を開け、どの方向からも見られるように機械全体をぐるりと回してみせた。身分の高い観客たちは注意深く機械を調べたが、あやしいものは見当たらなかった。「どのすきまも、帽子ほどの大きさのものしか隠しておけないように見えた」ケンペレンの友人カール・フォン・ウィンディッシュが『チェス差しについての手紙』(一七八三)でこう証言している。

「トルコ人」との勝負

チェス盤には強力な磁石が使われ、駒はそれぞれマス目にしっかりと固定される。自動人形がチェスを差すときは、左腕をゆっくり上げ、動かそうとする駒のほうへ手をのばし、指を開いて駒をつかんで次のマス目に置く。そのあと、腕を引いてクッションの上にもどす。1手を差し終えると、動作にともなうにぶい機械音もやんだ。相手の駒をとらなければならないときは、同じ動きを繰り返して駒をつかんでチェス盤の外に置き、ふたたび自分の駒をとって空いたマス目に置いた。

相手が1手差すたびに「トルコ人」は頭を動かし、チェス盤に目を走らせた。クイーンを抑えるときは2回、キング(王手)の場合は3回、大きくうなずいた。相手が動かしてはならない駒を動かすと、頭を何度も激しく振った。対戦相手たちが機械を試そうとしたので、そのようなことがたびたび起こった。たとえば、ビショップにナイトの動きをさせると、自動人形はその駒をもとのマス目にもどして自分の駒を動かしつづけた。罰として、相手に1回休ませたのである。自動人形は10手差すたびに、ケンペレンがネジを巻いてやらなければならなかった。

大箱のわきには、6枚の小さなチェス盤をおさめたケースも置かれていた。チェス盤にはそれぞれ、自動人形が難しい勝負できわめて速く、エレガントに試合を進めたときの最終スコアが再現されていた。

箱は仕切りで、大きさの異なるふたつの部分に分かれていた。左側の狭いほうは、箱の幅の三分の一を占め、歯車、てこ、シリンダーといった、時計の機械仕掛けを思わせる部品しか入っていないように見えた。右側は、ぜんまい箱がいくつか見えるだけだった。またテーブルの上には、人形の肘がのるクッションと、金文字のアルファベットが並んだボードがあった。ケンペレンはオスマン人のカフタンを頭の上までまくり、内部の構造が観客に見えるようにした。なかを——家具をのぞくように——のぞいても、ぎっしりつまったてこや歯車しか見えなかった。女帝とその取り巻きにすみずみまで調べる時間を与えると、ケンペレンは箱の扉を閉め、勝負中にだれも人形に近づけないよう、機械と自分の前に手すりを置いた。

三〇分もたたないうちに、自動人形は女帝との勝負に勝ち、ついで王族や居並ぶ人々を打ち負かした。大成功だった。ケンペレンは賭けに勝ったのだ。彼はマリア＝テレジアの「報奨金」を感謝しつつ受けとった。好きなときにチェスを差したいので機械を置いていくよう女帝に命じられると、自分がいなければ機械は動かせないし、人形はまだ壊れやすいので仕事場に持ち帰らなければならないと説き伏せた。

国際的な活動

高い知能をそなえ、チェスでは絶対に負けない機械が発明されたというニュースは、ヨーロッパ各地の宮廷に広まった。これほど有名になるとは、ケンペレンは思ってもみなかった。新聞や雑誌はときにうわさに尾ひれをつけ、自動人形は言葉も話せるし、論理的に思考する能力もあるなどと書き立てた。ケンペレンのほうでは、機械はそんなにたいしたものではないと言っていた。しかしこれは完全な不正行為である。チェスを差せるだけの脳のメカニズムをつくり上げたと主張して、ケンペレンは人々をだましていたのである。自動人形は発明家の機械づくりの才が生み出した単なるまやかしではなく、活動の場と名声を手に入れるために巧妙に仕掛けられた技術的ないたずらであった。そこにはすでに、近代の科学不正がもつ永遠の要素が見られる。

しかるべき金を払うから機械かその秘密を譲り渡すよう持ちかけられても、ケンペレンは首をたてに振らなかった。

その後ケンペレンは、「トルコ人」をひと目見たいという物見高い人々の要求を拒否するようになった。たびたび移動させると壊れてしまうというのが、その口実だった。話が広がりすぎたと、彼は思った。そのころから自動人形を放り出し、新しい研究、とりわけ話す機械（次ページコラム参照）の構想を練ることに没頭するようになった。

ケンペレンは自動人形を分解し、何年もほったらかしにした。だが一七八一年、ロシアのパーヴェル大公がオーストリアを訪問した際、再び人形を組み立てるよう皇帝ヨーゼフ二世に命じられた。お披露目が大成功をおさめたことから、皇帝は、欧州歴訪の旅にもっていきたいので機械を譲ってほしいと頼んだ。オーストリアの技術の進歩のシンボルとして、自動人形を見せようとしたのである。ケンペレンはしぶしぶ承知した。じつはいたずらであったと白状するより、いんちきであることがばれないよう、発明品に同行することにしたのである。

パリからロンドン、アムステルダムからライプツィヒまで、ケンペレンの「トルコ人」は、当時の名だたるチェス・プレーヤーすべてと腕を競った。そのひとり、フランソワ・アンドレ・ダニカン・フィリドールとはパリの科学アカデミーで対戦している。チェスの名手は、「もっとも厳しい勝負」となった戦いの末、「トルコ人」に勝利した。自動人形は駐仏アメリカ大使とも対戦した。その大使こそベンジャミン・フランクリンである。著名な発明家でもある政治家フランクリンは敗れたが、生涯をつうじてこの機械の謎に関心をもちつづけた。

話す機械——ケンペレンのもうひとつの発明

ケンペレンはただのペテン師ではない。1791年にも人間の言葉（いくつかの単語と短いフレーズ）を再現できる機械を発明している。オルガンのパイプを使い、それぞれの音素をひとつの鍵盤に対応させて、音声を再現したのである。ケンペレンによれば、話すオルガンの演奏は数週間でマスターできるという。

ナイト問題

ナイト問題とは「オイラーのナイト」とも呼ばれ、チェス盤上のナイトの動き方にもとづく数学の問題である。その答えは1766年、数学者のオイラーによって発見された。だれもが驚いたことに、ケンペレンの「トルコ人」は簡単にこの問題を解いてしまった。チェス盤にナイトを置くと、どのマス目からでも、自動人形は64のマス目すべてに――ナイトの「L」字型の動きにしたがって――ナイトを動かした。ひとつのマス目もとばさず、同じマス目を２度とおることなく、である。どうしてそのようなことができるのか。箱のなかに隠れたチェスの名人が、どのマス目からスタートしてもうまくいくよう、正しいルートを記した「カンニングペーパー」を用意していたのである。

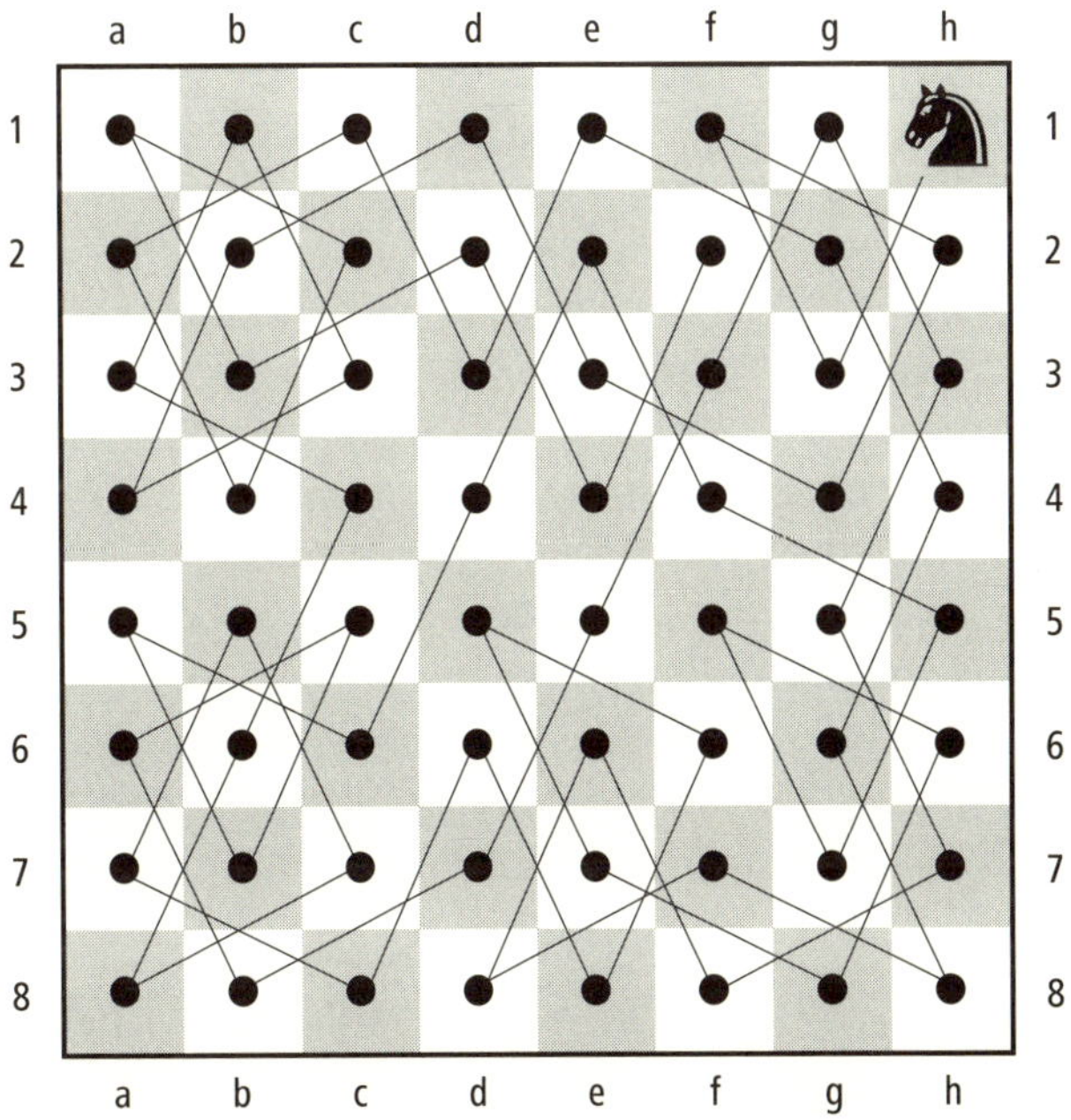

自動人形の秘密

機械の内部は複雑にできているように見せかけ、内部を見ようとする者の目をあざむくようにつくられている。扉は観客の好奇心を満足させる役割しかもたない。扉を大きく開け放つのはおなじみのトリックで、なかにだれもいないことを示すためである。

箱のなかにはスライド式の椅子が取りつけられ、機械のオペレーターの役目を果たす共犯者(チェスの名人)はケンペレンが扉を開け閉めするあいだに、観客に見られないよう箱の片側から反対側へ素早く移動できる。椅子が動くと偽の機械装置も移動し、オペレーターの姿を隠すようになっている。

「トルコ人」の内部にいくつか穴のあいたボードがあり、それとつながる一連のレバーで、人形の腕を動かしたり、手を開閉させて駒をつかんだりできる。オペレーターはパンタグラフを操作し、チェス盤上で自動人形の腕を動かす。ケンペレンは、本来は製図用の写図器であるこの道具の原理を借用している。それは複数の軸を連結して自在に動かせるようにしたもので、人の手の動きを忠実に(縮小・拡大して)再現できる。それ以外にも巧妙な仕掛けにより、「トルコ人」が動いたり、顔の表情を変えたり、頭を動かしたりすると、機械のような音が出るようになっていた。

磁石つきのチェス盤で相手の差し手を再現することにより、チェスの名人は下から盤上の駒の動きを見ることができた。テーブルの上に置かれた謎の小箱について、ケンペレンは機械の頭脳であると説明し、人目を盗んでたびたび中身を操作していたが、なかは完全にからっぽであった。それは奇術師にはおなじみの、観客の注意をそらすためのおとりである。「トルコ人」は文字の並んだボードを使って観客と「話す」ことができた。英語、フランス語、ドイツ語で言いたいことが言えたのである。アップル社の音声アシスタント、シリ(Siri)に先立つこと250年ほど前、「トルコ人」への質問といえば、もっぱら年齢、社会的地位、秘密の仕掛けにかんすることだったという。

自動人形の第二の人生と死

一八〇四年にケンペレンが死ぬと、その息子は、自動人形が大好きなバイエルンの音楽家ヨハン・メルツェルに父の人形を売った。メルツェルはメトロノームの一種を発明した人物でもあった。ケンペレンの自動人形の秘密を知り、それを再現するとともに、その「トリック」をもっとうまく隠すために改良を施し、勝負の最後に「王手」をかける発声機能を付け加えた。

自動人形は世界を巡回する見世物となり、ときの有名人たちと対戦をつづけた。

自動人形の話をきいていたナポレオン・ボナパルトは、一八〇九年にシェーンブルン宮殿に立ち寄った際、有名な「トルコ人」とチェスの腕くらべをした。「トルコ人」はあっという間に勝ってしまった。ナポレオンはむっとして、もう一度勝負を挑んだが、「トルコ人」に手の内を見られないよう、その頭と体を肩掛けでおおわせた。

自動人形とナポレオンの出会いにまつわる別の話では、動かしてはならない駒をナポレオンが何度も動かしたため、人形は怒ってチェス盤をめちゃめちゃにした。ナポレオンはそれを見て大喜びし、今度はルールにしたがって勝負したという。フランス皇帝と「トルコ人」の差し手は、チェスの大勝負を集めた年鑑にそっくり掲載された。そのため専門家たちは、ナポレオンが軍事戦略ほどチェスの戦略につうじていなかったのを知ることができた。

一八三〇年に自動人形がアメリカを巡回したとき、エドガー・アラン・ポーはこの驚くべき機械を見て衝撃を受け、それをもとに『メルツェルのチェス差し』(『メルツェルの将棋差し』小林秀雄、大岡昇平訳、東京創元社)という短編を書いた。のちに彼の主治医ジョン・ミッチェルが「トルコ人」に惚れ込み、機械を買い取った。さらに愛好家クラブを創設してケンペレンの発明を復元し、一八四〇年、フィラデルフィアのピール美術館にそれを寄贈した。自動人形は一八五四年七月五日の夜、美術館の火災により その生涯を閉じた。ミッチェルはのちに、「炎のなかで(……)、『王手《チェック》! 王手《チェック》!』と何度も繰り返す、亡き友の最後の言葉」をきいたと書いている。

人工知能は人間の知能を超えるか？

ケンペレンの自動人形は人工知能とその限界というきわめて現代的な問題を投げかけている。一九五五年にアメリカのゴードン・アール・ムーアは、コンピューターの計算能力が年ごとに倍増するという有名な法則を唱えた。一九七五年には二年で倍増すると修正されたが、その後、この法則は驚くべき正確さで立証されている。それをもとに、近年、著名な未来予測学者のレイ・カーズワイルは、機械の知能が計算能力で人間の知能を上回る認識能力をもつようになる正確な時点を算定した。その時点は「シンギュラリティ（特異点）」と呼ばれている。その瞬間から技術の進化は制御不能となり、進歩は人間ではない「超知能」が行うものとなる。

イギリスの数学者アラン・チューリングも、一九五〇年にそのような機械の進化を予想した。どうしたらその状況にいたったとわかるのか。その人工知能が実際にわれわれを上回っているか、あるいはわれわれと同等であるか、異論の余地のない形で判定するための巧妙なテスト（チューリング・テスト）を、彼は考案した。人間的な能力としてチューリングが機械に求めたのは、会話、それも、あらゆる表現を駆使して行われる会話である。機械は事実に反する主張をする相手を説得しなければならない。毎年競技会が開かれ、いつの日か、チューリング・テストに合格したコンピューター・プログラムにローブナー賞が贈られることになっているが……もちろん、その日はまだ来ていない。

ごく最近では二〇一四年に、ヒューマン・ブレイン・プロジェクトが始まった。世界的規模の科学プロジェクトは、むこう一〇年間にEUから一〇億ユーロの助成金を得て、二〇二四年までに、人間の脳の機能をあらゆる側面でシミュレーションすることを目指している。これが非現実的なプロジェクトであること(どれほど申し分のない計算能力をもってしても二〇二四年までにそれを実現できないだろう)、そしてEU助成金のかなりの部分がつぎ込まれるため他の実験がしわ寄せを受けることから、二〇一五年に反対意見が噴出し、計画の目標を変更せざるを得なくなった。プロジェクトは今後、脳のいくつかの側面についてモデル化し、認識科学の実験に役立てることだけを目指すことになる。

それにしても、技術者や数学者のアプローチには驚かされる。人間の知能を再現できるという見方は、それを測定するための試み(シリル・バートの章を参照)と同じくらい虚しいものに思える。

定義することも数量化することもできないものを、どうやってシミュレーションするのだろうか?

きわめて具体的なものや抽象的なことを認識する際、人間の脳が変幻自在に機能することは、たんなる計算能力の問題ではなく、無や偶然や不条理にかかわる問題である。そうした現象はコンピューターのアルゴリズムに還元できるものではない。なぜならそれは、脳のマッピングにも、論理的プロセスにも対応しないからだ。世界一の性能のコンピューターでも真に不確かな価値をつくり出せないことをご存じだろうか。情報科学者たちはπのような普遍定数をもとにあれこれ知恵を絞っており、やがてそれも可能になるとの幻想をふりまいている。それで彼らは、いったいなにを再現するつもりなのか。一般受けするこうした考え方は、世界的な研究者の一部に共有されているが、処理装置の計算能力だけで実現できるとは思えない。人間の知能はまさに非論理的能力に属するのであり、それ自体が論理的な方法で実現されるものではないのだ。だからわれわれは、半導体とビット(〇か一か)ではなく、もつれと重ね合わせにもとづく(〇と一は一と〇にもなる)量子コンピューターの出現を待たなければならない。それはアルゴリズムを二進法の桎梏から解き放ってくれるだろう。それでは、人間の知能を再現できる(理論上!)唯一の技術である最初の量子コンピューターは、いつできるのだろうか。もっとも熱心な物理学者でも、少なくとも数十年、おそらくそれ以上かかるというのだが……。

夢想家の貴族とテレビ修理屋

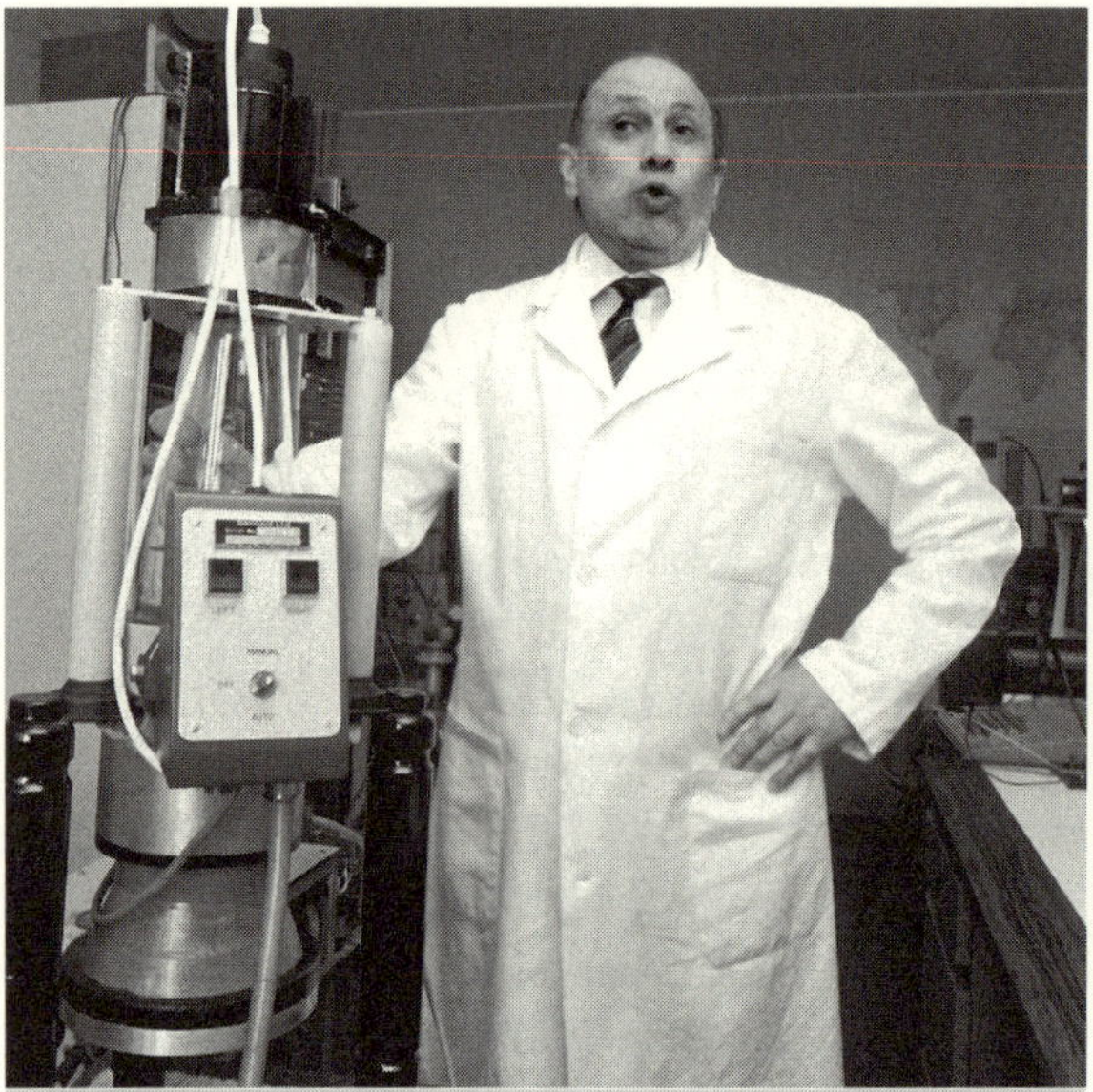

✣不正の種類

捏造

✣科学分野

新技術／物理学／地質学

✣どこで?

フランス

✣いつ?

1965年から1979年にかけて

✣信じられたこと

飛行機に搭載された装置で油田を見つけることができる。

✣おもな登場人物

アルド・ボナソーリ(電気技師)、アラン・ド・ヴィルガス(エンジニア)、ジャン・ヴィオレ(弁護士、秘密工作員)、ピエール・ギヨマ(エルフ社長)、ジスカール・デスタン(仏大統領)、ジュール・オロウィッツ(原子力庁のベテラン物理学者)

エネルギー生産の切り札が見つかった。
飛行機に搭載された巧妙なレーダー・システムで、
たちどころに油田を探し当てることができる。
フランス政府はその発明を極秘の防衛機密とし、
なんとかして独占しようともくろむ。

一九七三年一〇月、西側世界にパニックの嵐が広がった。中東戦争にともない、エジプトとシリアが主導するアラブ諸国連合が、イスラエルを支援する国々にたいする石油の禁輸を発表したのである。OPEC（石油輸出国機構）の中核をなすアラブ諸国は、当時、西側諸国全体に販売する石油の供給量と価格をコントロールしており、エジプトを支援するためにこの奥の手をつかうことを決定した。政治的・経済的圧力をかけるのに、これほど有効な手段はない。

戦後三〇年、繁栄と発展を謳歌してきたヨーロッパとアメリカにとって、この状況はまさしくトラウマとなった。大西洋の両岸で、ガソリンや灯油を買い込もうと人々がガソリンスタンドに列をつくった。軽油の価格は高騰した。

フランスも危機的な状況に陥った。石油は第二次世界大戦後の主要なエネルギー源であり、国の経済全体が石油に依存していたからである。石油の値上がりが多くの製品の製造コストを押し上げ、インフレと工業生産の低下を招いたことから、その影響は計り知れなかった。西ヨーロッパでは失業が蔓延し、各国政府は財政赤字になるのを承知で、なんとしても景気を上向かせようとしていた。

石油危機でパニックになった国民を安心させるため、フランス政府は一九七四年にテレビの広告キャンペーンを実施した。「フランスに石油はないがアイデアはある！」

魅力的なペテン師たち

その型破りな人物像により、アルド・ボナソーリとアラン・ド・ヴィルガスは夢想家の詐欺師という珍しいカテゴリーに位置づけられる。だが、彼らの生き方を見きわめ、物語の輪郭をより明確にとらえるには、彼らの冒険的（破滅的）人生を語り、その情熱と成功と失墜をお伝えする前に、まず、この信じがたいペテンの結末を話しておくのがよいだろう。それこそ、詳細な伝記にもまして、彼らの本当の人間性について多くを語っているのである。テレビ修理屋のアルドと金のない貴族アランは、嘘だらけの発明により、3年間で10億フラン近く（現在の2億4000万ユーロ［約300億円］）を手にした。西欧世界では前代未聞の出来事である。だが彼らはあっけなく破産した。彼らを相手取って裁判を起こすまでもなかった。病的な嘘つきとして詐欺事件に関与したふたりの男にとって、現実への挑戦は人生の必需品であり、なにものにも揺るがない心理的スタンスとなっていた。だから、手に入れた金はすべて、彼らの嘘を壮大なスケールで実現するため……そして慈善活動の資金とするために蕩尽されたのである……。

一九七四年以来フランスを統治していたのは、選出されたばかりの若い大統領、ヴァレリー・ジスカール・デスタンであった。フランスは外交と技術の武器を最大限活用して、未曾有の世界情勢に立ち向かおうとした。とりわけ緊急の措置として、原子力発電所が増設された。史上はじめて、エネルギーの節約という考え方が導入された。たとえば、電力の消費を抑えるために、サマータイムが設けられたのである。社会と技術がかつてない危機に見舞われ、メディアと国民がパニックに陥ったことが、科学のペテンが生まれる土壌を用意した。フランスで二〇世紀最大の捏造事件の種がまかれようとしていた。

新しいエネルギー資源を探せ

一九七六年。フランスの石油会社エルフ・アキテーヌの子会社ERAP(石油探査事業会社)はかつてない苦境に追い込まれていた。アルジェリアとイラクの生産拠点をつぎつぎと失ったのである。さらにイランが、発見されたばかりの同社のガス田を没収しようとしていた。石油危機を背景に、ERAPはなんとしても新しいエネルギー資源を見つけなければならなかった。国家の命運がかかっていた。そのとき有望な手がかりが見つかった。油田のありかを自動的に探知する革新的な技術である。そのプロジェクトを持ち込んだのは、いずれも個性的な三人の面々である。ロビイストで政府の密使をつとめ、情報機関のエージェントでもあったジャン・ヴィオレが、プロジェクトのリーダー格だった。彼はふたりの無名の発明家と行動をともにしていた。ベルギーの貴族でエンジニアのアラン・ド・ヴィルガス、イタリアの電気技師アルド・ボナソーリである。

ふたりの夢想家の出会い

アルド・ボナソーリは一九三四年生まれ。ベルガモの電子工学専門学校を卒業し、電子工学技術者の資格をもっていた。在学中に、空想的な科学理論でイタリアにその名を知られたトデスキーニ教授と知り合った。教授は相対性理論を否定し、精神生物物理学なるものを提唱していた。その「宇宙統一科学」によれば、物理学と生物学と精神医学の現象は相互につながっているのだった。若い学生は教授の理論に魅了され、数年後に師の教えを受けついで自ら精神生物物理学者と名乗るようになる。アルドは技師の免状を手に一九五九年、テレビ製作所に入社した。

アルドがテレビ工場で学んだヴィデオ編集の技術はのちに大いに役立つことになる。

だが彼は、科学界に近づきたいという野心を抱いており、一九六三年にミラノの理工科学校で技師の職につくと、「実験用原子炉減速材自動調整」プロジェクトのために働いた。大学に職を得たことを利用して、アルドは毎晩、原子物理学の授業を聴講。そうして科学の用語と慣用的言い回しを身につけた。トデスキーニ教授ともずっと付き合いがあり、ある日、教授からアラン・ド・ヴィルガス伯爵を紹介された。この驚くべきベルギー人も、アルドと同様、突拍子もないことを考えていた。アフリカを乾燥から救うため、海水の淡水化装置をつくる方法を探していたのである。ちょうどうまい具合に、アルドはそのような装置のつくりかたを知っていた。伯爵との出会いで彼の人生は一変する。

アラン・ド・ヴィルガスは一九一八年、ベルギーの由緒ある貴族の家に生まれた。夢想家で理想主義者――頭がいかれていると言う者もいたが――である彼は、まずはエンジニアとなって、慈善活動になるような仕事につきたいと考えていた。オカルト科学や占星術や錬金術に惹かれる性質は、秘教に凝っていた母親から受け継いだようだが、それにアルド・ボナソーリの「妄想癖」が加わった。ふたりの男はのちに、トリノの近くに宇宙人の基地があるといううわさを確かめようと、仕事を放り出してイタリアまで出かけたという。一九

UFO観測用望遠鏡

アルド・ボナソーリは1950年代末、ミラノ上空のUFOの写真を撮影したことでイタリアのメディアにその名を知られるようになった。駆け出しのペテン師は驚くべき器具を発明している。それは自転車のフォーク[前輪の車軸を支える部分]に取りつける一種の望遠鏡で、UFOを撮影できたのもその望遠鏡のおかげだった。彼はそれを使ってソ連の人工衛星スプートニクを撮影したと主張している。

六四年、一種のジャイロ・ギアルース〔二二〇ページ参照〕である技師アルドと、超自然的なものが大好きなエンジニアのアランというふたりの男は、出会うべくして出会った。コンビの役割分担は以下のように決まっていた。アランが研究テーマを考え、アルドがそれを実現する。こうして密接な協力関係がはじまり、それは一五年近くつづくことになる。

ヴィルガス伯爵は、宇宙人は存在すると確信し、UFOで監視されていると信じ込んだ。

水の物語

一九六五年にふたりは、ベルギーの伯爵の友人である実業家ベルナール・ド・マルケンの手を借りて、彼らの科学的発見の資金を調達するための会社をスイスに設立した。アルドはベルギー郊外のヴィルガス家の城にうつり住み、そこで実験にとりかかった。ベルギーのそのあたりに海水はなかったので、城の沼の水を清浄な水に変える研究をすることになった。実験はうまくいかず、チームは最終的に、当初のアイデア一本にしぼることに決めた。海水を飲料水に変える装置をつくるのである。ベルナール・ド・マルケンがイビザ島に所有していた休暇用キャンプに、急ぎ実験室が移された。実験の資金を出してくれたら、「塩分濃度の高い海水から毎分五〇〇リットルの飲料水をつくるユニットを施工するための完全なデータ」を渡すと、アルドは約束した。期限は一か月である。

実験室から海へ通じる長い階段が岩のなかにつくられ、パイプとポンプで海水が実験装置に送り込まれた。

「塩分はすっかり抜け、ついに水は……井戸水の味になった。なにが起こったのか、だれにもわからなかった」

一九八四年にベルナール・ド・マルケンは『ル・モンド』紙にこう語っている。アルド・ボナソーリは「製法の秘密を守るため」として、プロジェクトの出資者たちを入念に遠ざけようとした。それでも用心深いベルナール・ド・マルケンは、イタリア人の動きを双眼鏡でこっそり観察していた。そしてたちまち、手作業で塩分が除かれていることに気づいたが、時すでに遅しであった。彼はだまされたのだ！　会社はつぶれ、「出資者たちは数万スイスフランをすられた」。

思いがけない出会い

そんなことはどこ吹く風、アラン・ド・ヴィルガスに新しいアイデアがうかんだ。海水を淡水化するより、地中にある真水を汲み上げればいいじゃないか？　発見するものが変わり、新たな展望が開けた。

ふたりの男が調査を進めていた一九六九年、ヴィルガスはパリの法廷弁護士でアントワーヌ・ピネー首相の顧問をつとめるジャン・ヴィオレと知り合った。ジャーナリストのピエール・ペアンはこの出会いをつぎのように伝えている。

「この小男に、彼らはかなり気後れを感じた。有無を言わせぬ調子でしゃべるからだ。明らかに力のある男である。『あれは影の男だった。人から敬意を払われていた。彼はリーダーだった』彼はピネーの側近であるだけでなく、バイエルンの雄牛ことフランツ・ヨーゼフ・シュトラウス［西ドイツの著名な政治家］、オットー・フォン・ハプスブルク大公、さらに、イタリアの大企業経営者カルロ・ペセンティらとも親しかった。ペセンティはヴァティカンの金融業者のひとりとして、欧州の政界でよく知られた存在であり、教皇庁に自由に出入りできた。（……）ヴィオレが自分たちの本当のボスになると、彼らは感じた。というより、すでにそうなることがわかっていた……」

アラン・ド・ヴィルガスは、地下水の層を探知する方法を説明し、この発見がアフリカの国々にどれほどチャンスをもたらすかを力説した。ジャン・ヴィオレは心を動かされ、装置の実演に一緒に立ち会ってもらえないかとの伯爵の誘いを受け入れた。公開実験はベルギーとの国境に近いアルデンヌの森で行われた。伯爵は耳にヘッドホンをつけてテストにのぞみ、それで水の音をききながら水源まで地下水脈をたどることができると弁護士に信じさせた……。

すっかりその気になったジャン・ヴィオレは、

パリにもどるとさっそく、ヴィオレはカルロ・ペセンティの資金援助をとりつけた。ペセンティは、自らが経営するセメント工場への水の供給に頭を悩ませていたのである。莫大な金が流れた。アルドとアランは新たな協力者の助力を得て、ようやくそのばかげた実験をつづけることができたのだった。

新たな幸運が舞い込んだ。ヴィオレの口利きにより、一九七〇年にスペイン観光大臣の支援を受けることができたのである。大臣は彼らのアイデアを素晴らしいと思い、飲料水が不足していたコスタ・デル・ソルを実験場にしてもよいと申し出た。スイスの銀行経営者でフィリップ・ド・ウェックなる人物が、研究の成果を確認しにやってきた。「ヴィルガスの主張はシ

彼らが研究をつづけ、装置を完成させるのに必要な金を用意すると、エンジニアに約束した。

第三の男

ジャン・ヴィオレはヴィルガスと同じく1918年の生まれである。公証人の息子だった彼はパリで弁護士となり、極右過激派のグループで活動し、伝統主義カトリックの世界に人脈を築いた。フランス国家と国民を守るためとして、スパイ活動にもかかわった。ジャーナリストのピエール・ペアンは彼について、右派の宗教団体オプス・デイともつながりがあったと述べている。政治家アントワーヌ・ピネーのもとで、ヨーロッパ全域にフランスの政治的・経済的影響力を拡大するためのネットワークを組織し、動かしていた。この第三の男がいなければ、20世紀最大の技術的ペテンは決して起こらなかったであろう。

ンプルだった」と、のちにスペインの大臣は『ル・モンド』の記者に語っている。「水はどこにでもあるのだから、それを探せばよい、というのだ。そのとき彼らは、ピストルのようなものを地中に埋めていました。その機械が水の層を探知すると、特別な音を発した。三、四回、掘削したが、実のところ、水を掘り当てたのは一回だけで、それもたいした量ではなかった」。実験が中断すると、気前のよいイタリアの実業家から金が振り込まれたが、結局無駄になった……。にもかかわらず、今度はカナリア諸島で新たな試掘が行われた。結果は変わらず、金銭的には大失敗だった。

ヴィルガスは別の調査目標を探した。ときは一九七三年。石油危機のまっただなかで、人々はパニックに襲われていた。そのときこの上ないアイデアが浮かんだ。水を探すより、石油を探したほうがいいのではないか。地下探査の技術は同じだが、はるかに金になりそうだ……。

ヴィオレはふたたびリラの札束を出すよう、根にもつタイプでなかったカルロ・ペセンティを説得した。ペセンティの技術者たちも、飛行機に装置を積んで広い地域を探してみてはどうかと勧めた。最初の実験でひどい目にあったカルロ・ペセンティは、今度こそ絶対に油田を発見し、出資と調査に見合った成果を出すようきつく申し入れた。アラン・ド・ヴィルガスは詐欺の規模を拡大するため、南アフリカを選んだ。そこは資源調査がまったく行われておらず、地下深部の地質についてもほとんど情報がなかった。

ヴィオレはあれこれ手を回して南アフリカ政府の同意を取りつけた。ズールーランド上空での一回目の航空探査ののち、数か月にわたって掘削が行われたが、ボナソーリとヴィルガスの装置が告げたような石油は見つからなかった。カルロ・ペセンティは苦々しい思いで事業から手を引いた。ボナソーリとヴィルガスが十年間も密接に協力しながら、現場で行った実験がひとつもうまくいかないとは、まったく驚きである。発明家コンビは自らの行為をどのように認識していたのか。あらかじめ示し合わせていたのだろうか。それともふたりのペテン師は、恐ろしい真実を黙して語らないことにしたのだろうか。その両方であることは間違いない。彼らがまぎれもない虚言症であることから見て、いんちきであると意識しながら、自らでっち上げた物語に調子を合わせていたとしか考えられない。

大がかりな詐欺事件がついに始まった!

ジャン・ヴィオレはこの段階で共犯者であったが、犠牲者でもあった。発明家たちの失敗の原因がまさにペテンによるものであり、やり方がまずいからでないことに、まだ気づいていなかった。アフリカとスペインの事業は早々に行き詰まったが、弁護士はそれでも仕事をつづけ、

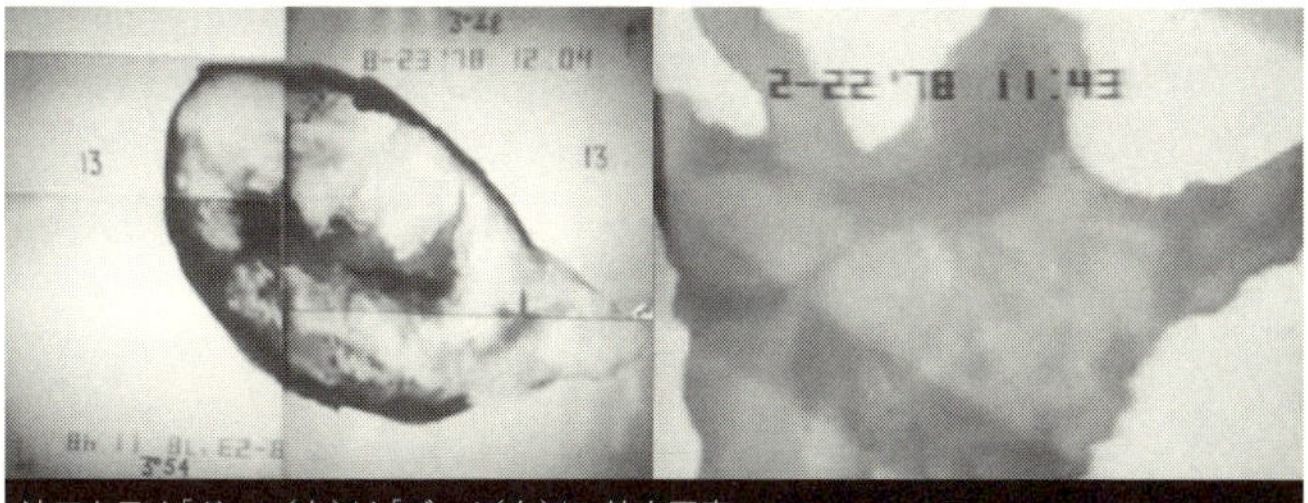

油田を示す「ガンマ(左)」と「デルタ(右)」の航空写真。

今度はフランスに目標を定めた。より正確には、フランス国営石油会社エルフである。トレーニングと小手調べの時期は終わった。いよいよ「まともなこと」をするときだ。エルフは大半が公的資本の企業であり、経営陣は大きな予算を組むにあたって国の代表の同意をとりつける必要があった。そこに仲介者たちのつけ入るすきがあり、大統領と首相がこの信じがたい詐欺事件に巻き込まれることになったのも、それが原因だった。

ジャン・ヴィオレはアントワーヌ・ピネーとスイス・ユニオン銀行(UBS)幹部の手を借り、石油会社に雇われていた元秘密工作員たちの人脈を利用して、石油探査の実験を行うようエルフ社長ピエール・ギヨマを説得した。最初の一連のテストは有視界飛行と地上とで行われた。エルフに採掘権がある、アキテーヌの四か所の小さな石油・ガス田の上空で、機器のテストが行われた。機器は二種類あった。飛行機に積み込まれ、精密なレーダー・システムで石油を探知する観測装置「デルタ」と、地上に設置され、地下深くの地質の写真をとることのできる撮影装置「ガンマ」である。テストでは、地下の地質構造が秘密にされた地域において、正しい場所で、正しい瞬間に、「デルタ」の装置が石油を探知した。

ボナソーリとヴィルガスは、いまだ正体が明らかでない謎の共犯者をつうじて、現場にかんする秘密の地質データを入手していた。

最初のテストが終わると、エルフの幹部は喜びに包まれた。この技術があればフランスを危機から救い、自社を世界のトップ企業に引き上げることができるだろう。けれどもギヨマ社長は、この世紀の発明がほかへ流れるのを心配した。というのもヴィオレは、「彼の」発明をアメリカ人か……アラブの首長に売ってもよいと言っていたからだ。そこで、ヴィルガス自身が株主になっているフィサルマ社とのあいだで、最初の契約が交わされた。ジュネーヴのUBS本社において、銀行頭取とのあいだで信用保証の調印がなされた。その頭取こそ、フィサルマ社の代理人フィリップ・ド・ウェックにほかならなかった。

もっと金を出す国にこの計画を渡すというヴィルガスの脅しは、国営企業の幹部たちへの感情的な圧力、ほとんど不合理な圧力となった。一九七六年七月、彼らはすべての条件を受け入れた。エルフは技術を利用するだけで、いかなる技術も移譲されない……しかもプログラムの開発に現在の二億三六〇〇万ユーロ［約三〇〇億円］に相当する金を支払い、その金を回収できるかどうかも定かでないのである。調印の翌日、ピネー、ギヨマ、ヴィルガス、ヴィオレはエリゼ宮［大統領官邸］に出向き、共和国大統領にそのプロジェクトを伝えた。大統領はプロジェクトを承認した。ギヨマはフランス国家という株主を確保し、ボナソーリとヴィルガスの無謀な企ては滞りなく進められることになった……。

防衛機密となった作戦

それ以来、ヴィルガスは湯水のように金をつぎ込むようになった。ブリュッセル近郊の家族の城は彼の会社の司令部、基礎研究センター(CRF)となった。彼は、空飛ぶ実験室をのせる飛行機数機と船を徐々に買いそろえ、パイロットと多くの技術者を雇い入れた。エクス作戦(秘密プロジェクトのコードネーム)を開始する準備はこれで整った。最初の資源探査はブルターニュ海岸沖のイロワーズ海で行われることになった。石油業者の言葉を借りれば、石油が埋蔵されている可能性の高い「ホットな」区域である。だが、装置「デル

ボナソーリが鍋を粉砕するとき

ロベール・シャルーは1971年に出版された『知られざる人類10万年史』という本で、記者たちを前に鍋を粉砕したと主張するイタリア人青年のことを語っている。

「突然、記者たちが驚きの声を上げた。ひとつ目のテーブルに置かれていた品々はあとかたもなかった。ふたつのアルミ鍋、砂まじりの陶土でできた小さな壺、布きれの人形がばらばらになっていた。アルド・ボナソーリはそうして、最新の発明である、物質を粉砕する光線を新聞に披露した。それはすでにマルコーニが発見したと主張していたものだが、実際にやって見せたことは一度もなかった。装置のメカニズムについて、発明者はかたく口を閉ざしているが、どうやら超音波が使われたようである。アルド・ボナソーリは、その実用的な使い道をふたつしか挙げていない。ガソリンを吹き飛ばし、それによって戦闘中の車両と飛行機を使用不能にすること。一定の区域で原子爆弾をばらばらにすることである。しかし、他の物質、とりわけ生き物に影響を与えずに物質を粉砕するのは困難だとわかった」

この縁日のいかさま師に、フランス国家はフランスを救う希望を託すことになる。残念ながらグーグル検索はまだなかったし……この本がエルフ幹部の目にとまることもなかった。

タ」が示した区域はエルフの地質学者たちを驚かせた。地質学で明らかになっていることと矛盾していたからだ。そんなことはたいした問題ではない。装置の調整がつづけられた。ほかの地域、とくにアキテーヌ地方、ガスコーニュ湾、カマルグ地方、ジェール県で一五か所ほど探査が行われた。

ボナソーリがひとりで幕に隠された装置を操作した。

エルフは地下の構造を示す航空写真を入手したが、撮影技術についてはよくわからなかった。例のごとく、具体的な成果はなかったが(新たな油田はまだひとつも見つかっていなかった)、エルフのチームは満足げな様子だった。ピエール・ギヨマは首相に、調査は順調に進んでいると手紙で知らせ、この調査は歴史に残るものとなるだろうと述べている。

ブレスト沖で航空探査を行ったとき、この発明は産業機密から軍事機密となった。装置はウラニウムを探知したが、それは潜水艦のものであることが判明したのである。もしこの方法で探知不能とされる原子力潜水艦の位置を突き止めることができるなら、エクス・プロジェクトは国家的な重大事となる。自らのいんちき作戦に防衛機密のスタンプが押されるのを見て、ヴィルガスは大いに満足した。

しかしながら、すべての作戦で調査結果は正しかった。エルフの技術者たちが、支離滅裂で矛盾していると指摘していたにもかかわらず、である。たしかに、それらの鉱床はすでに知られていた。そ

えせ教師の授業

ボナソーリは、エルフ研究チームに所属する理工科大学卒の若手社員を指導するという新たな大役を仰せつかった。彼らはボナソーリの言うことがさっぱり理解できなかったが、その科学の作り話にころりとだまされた。この事件を追ったドキュメンタリーで、イタリア人は自分の発明が2012年にどうなるか説明している。「物質のすべてのエネルギーは地球という質量の中心に集まっている。それを飛行機でとらえると、エネルギーがこの装置に作用する。もしガスがあれば、装置のなかに流れが生じる。そしてこの装置は、重力の流れを電磁波の流れに変換する。そのあとは、なんでもやりたいことができるようになる」読者はこの素晴らしい説明をきいて、なるほどと思うだろうか。「アルドを理解できないのは、あなたにとって彼があまりに天才だからだ」と、ヴィルガスは断言しているが。

れでもまだ有望ということか！　地質学者たちは潜在力のある鉱床のリストをつくり、ヴィルガスの会社に提出した。探査につぐ探査で数か月がすぎた。一九七八年には南アフリカで新たな調査が行われた。エクス・プロジェクトにとって最初の重大なアクシデントは、「デルタ」が玄武岩の地帯に油田を見つけたことだった。しかし、玄武岩の下に石油などあるわけがない。技術者と地質学者は装置が示すとおりに掘ってみたが、五〇〇〇メートルの深さでリグは動かなくなった。チームはいらだち、なにもかもばかげていると思うようになった。「残念ながら、石油は六二〇〇メートルのところにあったのだ」と、ボナソーリが主張したのである。一行は引き揚げる準備をはじめた。だが、エルフのチームはまたもや態度を軟化させ、作戦を続行することにした。「素晴らしい発見が外国の手に渡るかもしれない」という理屈が魔法の薬となり、最高の教育を受けた科学者や政府高官や政治家たちの批判精神を麻痺させたのである。

装置を改良すればうまくいくはずだ。この方法にもっと磨きをかける必要がある。

アフリカでの失敗後に下された結論は、「アルドの革新的な科学に技術の進歩が追いついていない」というものだったと、エルフの地質学者がのちに語っている。石油会社は作戦を中止するどころか、ヴィルガスとボナソーリに探査手法を譲り渡すよう申し入れた。そうすれば石油会社自ら、装置の技術開発にあたることができるからだ。技術を買うために、現在の二億九五〇〇万ユーロ［約四〇〇億円］に相当する新しい契約が結ばれた。全額UBS——頭取はヴィルガスの代理人——から、リヒテンシュタインのダミー会社をとおして借り入れた。もちろん内密に、である。

研究センターでは、現場の雰囲気が一変した。エルフはふたりの男に技術を渡すようせまり、伯爵はしだいに不安そうな様子を見せるようになった。一九七九年初め、センターの研究室で——ついに——ペテンが明らかになった。アルドが休暇に出ているあいだに技術者たちが装置を調べ、いんちきであると確認したのである。けれどもヴィルガスの呪縛はまだ解けていなかった。エルフのチームは予想に反し、それは契約を破棄してよそと組むためにボナソーリが仕掛けたいたずらだと信じ込んだのである。ボナソーリの探査手法がいんちきだと技術者たちは知っていたのに、ジスカール・デスタンの前でデモンストレーションが行われた。信じがたいことだが、技術者たちがすべてを知りつつ共謀したため、いんちきの発明が大統領に披露されることになったのである。

決定的に暴かれたペテン

ひとりの疑い深い地質学者がデモンストレーションの写真を調べていて、その一枚に染みがあるのに気づいた。水滴が乾くと、その周囲に絵の具のにじみがあらわれた。写真はつくりものだったのだ！彼はエルフの上司に電話をかけ、発見したことを伝えた。

「なに、いんちきだって、そんなはずはない！」

エルフの技術部長は答えた。そうして自分たちをだますのは、他社に発明を売り渡すための新たな手口だ。どこかの国の情報機関から指示を受けているのかもしれない。

産業大臣もこの件を知らされたが、エルフの幹部より適切なアドバイスを受けたようである。これはすべて詐欺師が仕組んだ大がか

ヴィルガス——気前のよい寄付者

財務省の調査官たちは事件の数年後、ヴィルガスがエルフの金を慈善活動の資金にしていたことを知った。彼はとりわけ、600万ユーロ[約8億円]に相当する金を出して、ドローム県のシャトーヌフ＝ド＝ガローヌに神秘主義の修道女マルト・ロバンを記念する教会を建てている。

りな不正行為に違いないと気づき、ブリュッセルの研究センターの設備をパリ郊外のリュエーユへ送らせ、最後の実験を行うことにした。実験は公的機関や役人たちの目のある場所を避け、内密に借りた一般住宅で行われた。

「トリック写真が使われたということは、偽物で隠さなければならない本物の秘密があるということだ」

——ポール・アルバ［エルフ技術部長］

一九七九年五月二四日、ベテラン物理学者ジュール・オロウィッツは大臣から指名され、アルド立ち会いのもとで発明を検証することになった。アルドは相変わらず、やることなすこと自信満々であった。ジュール・オロウィッツは第一級の物理学者である。しがない詐欺師と偉大な研究者の対決は、こっけいきわまりないものとなった。オロウィッツは、ベルガモの電気技師に罠を仕掛けることにした。アルドが装置をセットすると、オロウィッツは隣の部屋に定規を入れた封筒を置いた。アルドは電位差計をいじり回した。やった！　モニター上に定規があらわれた。テストは成功した。本当に？

ペテンを暴いた染み

エルフの技術者はたった１滴の水でペテンを見破った。水滴が乾くと、地質を撮影した航空写真に絵の具のにじみがあらわれた。

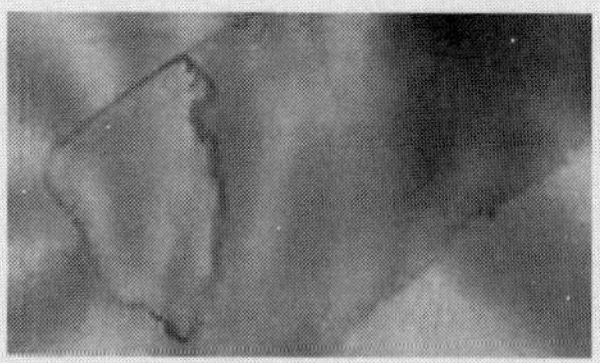

オロウィッツは平然と、無言のまま、封筒を手にもどった。ゆっくりと封筒を破り、定規を取り出す。居並ぶ者は静まりかえった。しかしアルドとヴィルガスの目には驚愕の色が浮かんでいた。アントワーヌ・ピネー、ジャン・ヴィオレ、ピエール・ギヨマは悔しそうな顔をした。定規はふたつに折れていた。写真はトリックだったのだ。これでボナソーリとヴィルガスも一巻の終わりだった。

「彼らがブリュッセルからリュエーユへ運んだ装置は正常に動いていなかった。部品が欠けていた。私がわざとそうしたのだ」

これが詐欺師アルド・ボナソーリの最後の説明だった。

メディアを騒がせたスキャンダル

1980年、税務監査がエルフ社の開発部門が行った研究、調査、技術的な資料収集について、636件の会計報告書を分析した。以上の項目にたいして過去2年間に、会社の純利益を上回る予算がつぎ込まれていた。

1977年—— 360万フラン(212万ユーロ[約2億8000万円])
1978年—— 1億2640万フラン(7400万ユーロ[約100億円])
1979年—— 1億9850万フラン(1億1700万ユーロ[約158億円])

この税務監査とエクス作戦すべてが、当時の首相によって隠蔽された。事件は1983年、さる政府高官が重い口を開いたことから、『カナール・アンシェネ』誌記者ピエール・ペアンによってようやく明るみに出された。その記事には「なにも探知しなかった"探知飛行機"の悲劇的物語」というタイトルがつけられている。エクス作戦はこうして、探知飛行機事件として歴史に名を残すことになった。これが20世紀最大の技術的ペテンのひとつであることは間違いない。

革新的方式

装置「デルタ」

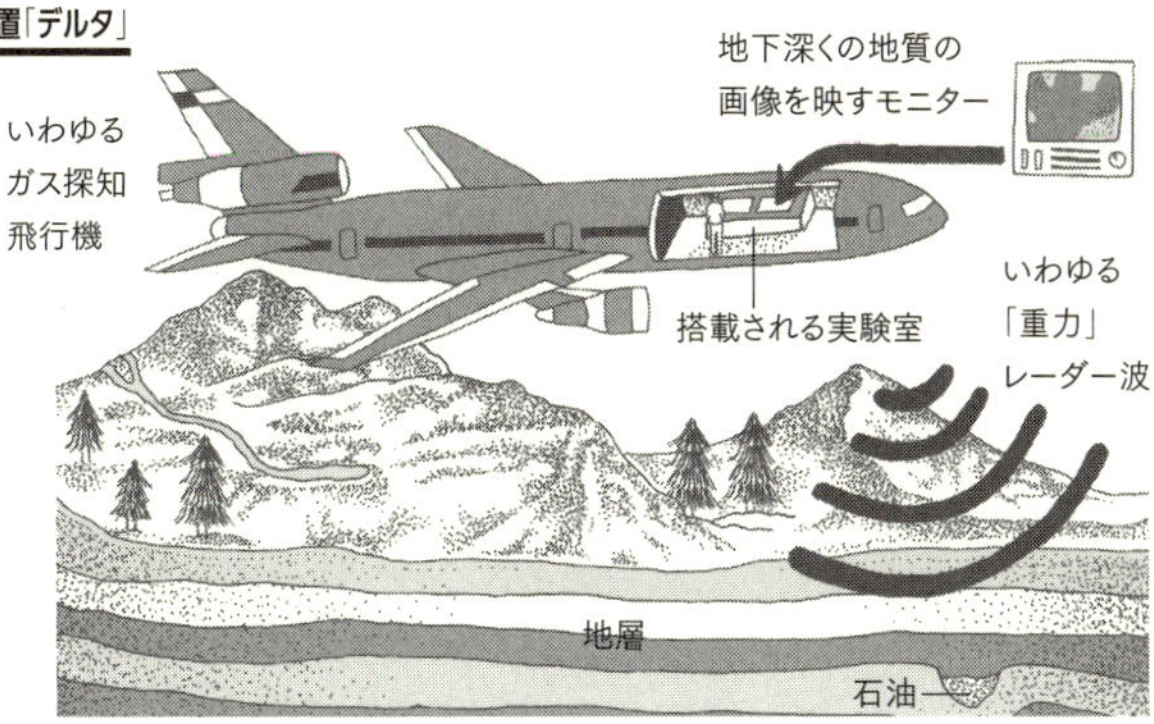

飛行機に搭載される実験室から、レーダーが「重力波」を照射する。重力波のエコーがモニターの画面上にさまざまな色の区域を映し出し、それによって飛行している土地の地下深くにどんな資源があるかがわかる。石油が見つかるとアラームが鳴る。

装置「ガンマ」

地上の三脚に据えつけられたカメラが、事前に探知した区域の画像を録画する。つぎにこの装置で、地下深部の詳しい地層をとらえた写真のネガを現像する。

不正行為

暴かれたデルタ方式

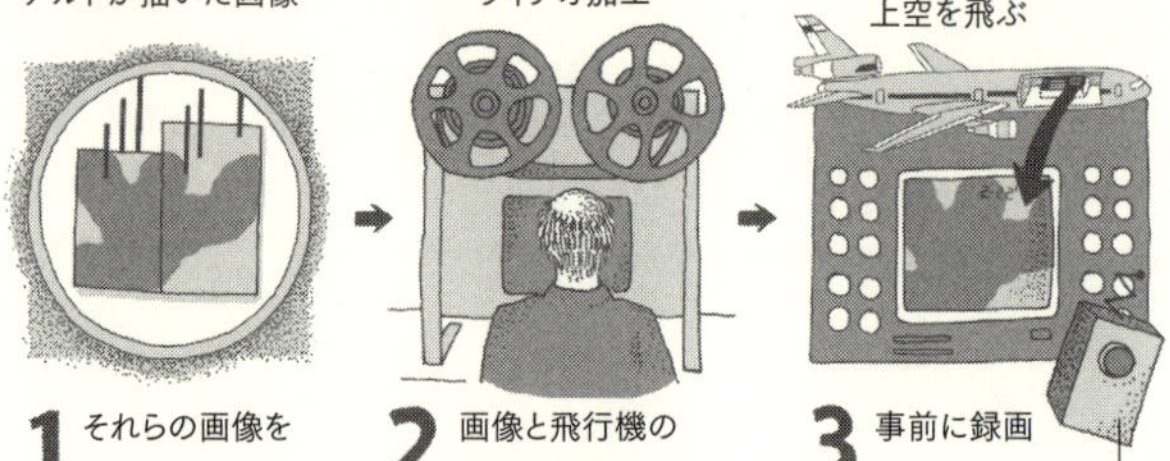

技術者たちはデルタの装置を分解し、巧妙なヴィデオ編集システムを発見した。アルド・ボナソーリ自身が描いた画像を事前にヴィデオテープに録画し、画像の流れと飛行機の移動を同調させる。画面の手前を紙が通過すると、油田の上空を飛行しているように見える。画面の映像はリモコンで離れた場所に送ることができる。

暴かれたガンマ方式

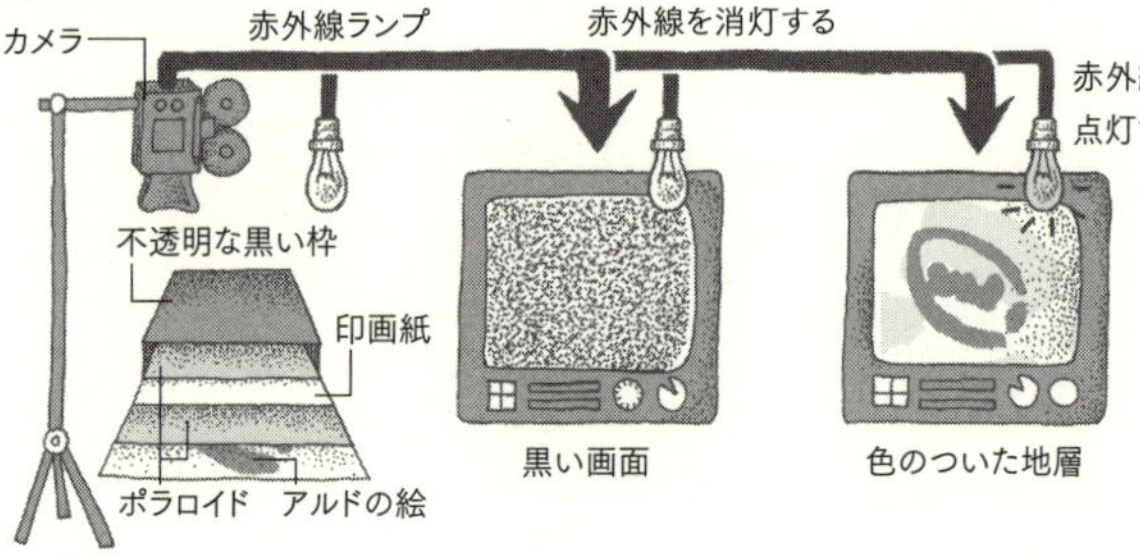

干渉計は実際にはカメラ、赤外線ランプ、不透明な黒い枠からなり、枠のなかに二枚のポラロイドにはさまれた印画紙がセットされている。赤外線ランプでこの寄せ集めの装置を照射しても、枠は黒いままで、なにも起きていないように見える。だが、カメラは赤外線を感知し、ポラロイドの下の画像をとらえる。その画像はかなり鮮明で、文字の書かれた紙が置かれると、異なる材質の層をとおして文字を読むことができるほどだ。こうしてモニターには色のついた区域(あらかじめアルドが描いたもの)が映し出されるが、肉眼ではカメラの視界になにも見えない。

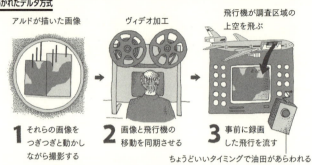

同じような事件

二〇〇二年にフランスでまたもや、探知飛行機をめぐる信じられない出来事が起きた。だがこちらは、コルシカ特有の事情がからんでいる。内務相ダニエル・ヴァイヤンは国家憲兵隊総局から、警官殺しの容疑がかけられ、当時ナンバーワンの社会の敵とされていたイヴァン・コロンナを探し出すため、それまでにない探知装置を使ってみるよう勧められた。憲兵隊によれば、コルシカで空軍と海軍の手を借り、「航空機と中継用の船舶」を使って、人間の「熱探知」という新しい方法を試すことができるというのだ。二〇〇二年七月九日づけの『ル・モンド』はこう報じている。「このシステムは大統領選挙前にリオネル・ジョスパンによって検討され、信頼に足るものと受け止められて、ダニエル・ヴァイヤンと後任の内務相ニコラ・サルコジとの引き継ぎ式でもひとしきり話題になった」

幸いなことに、探知飛行機の経験がフランスの政治家たちの記憶にしっかりと刻まれていた。「熱で居所を突き止めるだって？　ばかばかしい」

コルシカ憲兵隊の捜査官のひとりは大笑いする。「人間の体は九〇パーセントが水で、有機物は一〇パーセントにすぎない。赤外線で人間を識別するなんて不可能だ」この方法は計画段階でお蔵入りとなった。

同じような出来事が二〇〇八年にも起きている。ベルギー警察は、あらゆる種類の違法物質（ドラッグ、爆発物など）を離れたところから探知する機器があることを知った。「ADE六五一」と呼ばれる探知器である。しかしながら警察は、その機器を国連が公認し、推奨しているにもかかわらず、いんちきであると判断した。その二年後にイギリスの司法もそれを詐欺であると認めている……。偽物であることが明らかになっても、ADE六五一はいまだに使われている。二〇一四年にテロリストの襲撃を受けたパキスタンのジナー国際空港は、ADE六五一を装備した治安部隊によって守られていた。ケニアなどの国々でもまだ使われており、二〇一一年にケニアの公務員がメーカーから袖の下を受け取ったとして有罪判決を受けている。

「遠距離赤外線探知システムがあれば、イヴァン・コロンナがコルシカの密林《マキ》の辺鄙な羊小屋に身を潜めていても、その居所を突き止めることができるだろう」

——『ル・モンド』二〇〇三年七月九日づけ

本物の探知飛行機？

二〇一〇年代初めから、ロイヤル・ダッチ・シェル（イギリスの石油会社のドイツ子会社）は、起伏に富んだ広大な土地に飛行機をとばして石油を探す実験を行っている。ボナソーリとヴィルガスの「デルタ」とは違い、こちらは信頼性の高い機器を用いて行われており、大気中を漂うごくわずかな炭化水素の分子の痕跡を探知することができる。ドイツの技術者たちは、低空（約一〇〇〇フィート＝三〇〇メートル）を飛ぶ飛行機に搭載する巧妙な実験装置をつくり上げた。岩石の小さな割れ目や地中のごく小さな地震活動によって、メタンやエタン（いずれも石油に含まれる）のようなごく軽い炭化水素が閉じ込められていた鉱物からもれ出し、その上空にごくわずか漂っているのだ。

その方法はつぎのようなものである。レーザー装置で大気を分析して組成を調べ、炭化水素の貴重な分子を探す。それと同時に、別の機器が風速、高度、温度の情報を記録する。飛行機にはまた、地上の磁力や重力を測定するために従来から用いられている機器も搭載されている。それによって、石油の有無にかんする、部分的だがよりくわしい地質学のデータを得ることができる。それらすべてのデータを集め、ソフトを使って解析すれば、炭化水素を排出する地表の地理的座標を割り出すことができる。空からの探査は経済的である。わずかな時間で広大な地域を調べることができ、アクセスの困難な地域でも資源を探し当てることができるかもしれないからだ。

シェルはそうして、メタンを検知するようプログラムされた飛行機を使い、何度も（とくにアルジェリアの砂漠で）試験飛行を行った。しかしメタンガスは、人間の活動や農業（牛由来の有機物汚染）によっても生成されるため、研究者たちはエタンを調べる方向へむかっている。重い炭化水素エタンは人間の活動によって生成されることはないが、検知するのははるかに難しい。

この研究はまだ成果を上げていないにもかかわらず、二〇二〇年までに空から最初の油田を発見できるようになると、ドイツの研究者たちは考えている。

6
進行中の歴史

二一世紀の研究不正

新しい情報技術は研究者とその専門分野との関係を変え、それによって研究者と職業との関係も変わった。二〇〇〇年代に入り、データを共有・交換し、検索できる新たな道具が出現すると、一部の科学者の仕事全体が後験的《アポステリオリ》に再検討されるいっぽう、若手研究者の新たな逸脱行為も明るみに出されるようになった。

したがって、現代の「大不正者」(不正の数で判定される)には、生涯をとおして網の目をすり抜けながら最後にネット・コメンテーターのコミュニティーにつかまってしまったベテラン科学者もいれば、将来を嘱望されながら「パブリッシュ・オア・ペリッシュ(論文発表か死か)」の罠に落ち、自らの発見や投稿論文の点数に手を加えてでも道を切り開こうとした若手研究者もいる。

不正によって論文撤回に追い込まれるアジアと北米の研究者が多いからといって、早とちりしてはならない。それは、西欧よりも、日本や中国やアメリカで発表される研究論文の数がはるかに多いという統計を反映しているにすぎない。

ヤン・ヘンドリック・シェーン——将来を約束された物理学者のお粗末さ

［▼アメリカ▼二〇〇二年▼ナノテクノロジー］

ヤン・ヘンドリック・シェーンは毎週のように新たな発見を公表し、信じられない数の研究成果を上げていることを示した。研究者のコミュニティーは早くから、彼が将来ノーベル賞をとるのは確実だと見ていた。二〇〇一年、彼は分子トランジスタを発見したと発表する……。

三二歳のドイツの物理学者ヤン・ヘンドリック・シェーンは、革命的な実験の成果を発表し、鳴り物入りで科学界に登場した。ニュージャージーの権威あるベル研究所でナノテク部門の研究者となった彼は、通常は不導体である小さな分子に、「場の効果」でトランジスタをつくることに成功したと発表した。それはシリコンの半導体に取って代わる可能性があった……。

「**二〇〇一年の発見**」

シェーンの研究論文は『サイエンス』や『ネイチャー』といった一流科学誌に掲載されたが、それはまさに革命的なものだった。若い物理学者は二年間に九〇本もの論文を世に送り、またたくまにノーベル賞の最有力候補となった。途方もないスピードで論文を出すことから、若い研究者が恐れる「パブリッシュ・オア・ペリッシュ」を象徴する存在だった。

二〇〇一年にシェーンとその研究チームは、まもなく「不導体」を「半導体」や、光を吸収してレーザーを発する装置に変えることができるだろうと発表した。この発見が電子工学におよぼす影響は計り知れず、これにより、ムーアの法則(コンピューターの計算能力は二年ごとに倍増する)の将来はむこう数十年、約束されたも同然と思われた。

シェーンは同年、アメリカの研究者たちが選ぶ権威ある賞、「今年の発見」賞を授与された。だが、二〇〇二年四月に突然、飛ぶ鳥を落とす勢いに陰りが見えはじめる。大学教授と研究者からなる小さなグループが、彼の実験データをつぎつぎと調べていた。彼らが確認した事実は間違いなく、ノーベル賞委員会の気を変えさせるものだった。シェーンは狙いどおりの発見へいたるよう、実験結果を操作していたのである。

繰り返された不正

研究不正の事例でしばしば見られるように、実験に挑戦した何人もの研究者がシェーンの実験結果を再現できないことから、問題は大きくなった。設備の整った研究室で何度やっても、うまくいかないのである。うわさが広がりはじめ、偶然の一致にしては奇妙なところのあることが明らかになった。関連のない三つの資料で、実験データの画像がまったく同じであるように見えるのである。

そこでベル研究所は独自の調査に乗り出した。調査を監督したスタンフォード大学電子工学科教授マルコム・ビーズレーによると、シェーンはさまざまな論文の数字を別の数字に書き換え、都合の悪いデータを削除していた。調査した二四件のうち一六件で、データが改竄されていた。事情をきかれたシェーンはこう自己弁護した。「科学研究でさまざまな誤りを犯したことを、深く反省しています。(……)でも、はっきり申し上げて、私の学術論文はすべて実験の観察にもとづいています」

もとの実験で使われたトランジスタはすべて破棄されたため、実験を再現する術はなくなった。

調査委員会にとって不運なことに、もとの実験から得られた証拠の大半が消えており、そのため、若い物理学者が観察したと主張することを確かめるのが難しくなった。そのうえ、「パソコンのメモリーが足りなくなり」、実験の生データを消してしまったという……。話はここで終わりとなった！　二〇一四年、やはりめざましい出世をとげながら、さらに急激な失墜に見舞われた日本人研究者の小保方は、十年前のシェーン事件からなにも学ばなかったのだろうか……。

黄禹錫《ファン・ウソク》——クローン作製の英雄

▼韓国▼二〇〇五年▼遺伝学(クローン作製)

二〇〇四年三月、ES細胞の研究で知られた韓国の科学者が世界初のヒト・クローン胚を作製したと発表した……。

黄禹錫は獣医学の勉強をしたのち、動物の繁殖にかんする論文で博士号を取得した。一九九三年、論文審査の数か月後、韓国初の試験管受精によるウシを誕生させた。それから九年後の二〇〇二年には、ウシとブタのクローンをつくっている。だが韓国の若い研究者は、動物のクローンをつくるだけで満足するつもりはなかった。二〇〇二年に莫大な公的研究費を得て、ヒト・クローンにかんする野心的な研究プログラムを作成。二〇〇四年には、おおいに期待のもてる成果を上げた。彼は、ヒト・クローン胚から一連のES細胞を作製したとする論文を発表した最初の研究者となった。

黄禹錫は国の英雄だ！ 彼の肖像が描かれた切手がつくられ、韓国政府から「最高科学者」の称号が与えられた。

二〇〇五年末、黄禹錫教授に逆風が吹きはじめる。テレビ番組で教授の研究にかんする疑惑が報道されたことから、韓国の国家的英雄はソウル大学の調査を受けることになった。一二月二九日に真実が明らかになる。すべてが嘘だったのだ！ 記者たちは、彼のもと協力者のひとりから証言を得ていた。実験に使われた卵子は研究チームのドナーの女性からとられたもので、そのことが倫理的に問題になった。さらに、二〇〇五年の最新の研究結果も改竄されていた。

大学は調査を開始して捏造を確認し、教授に厳しい処分を下した。彼は「研究不正、研究費横領、生命倫理法違反」により告訴された。二〇〇九年、ソウル地裁は執行猶予つきの懲役刑を言い渡した。だがその後、黄禹錫は研究を再開した！ 二〇一三年には韓国のメディアに、シベリアで見つかったマンモスの骨でクローンをつくる計画があると発表している。そして、二〇一五年一二月末に世界中のメディアが、彼の新しい研究所で、一二日前に死んだ犬の細胞からクローン犬が誕生したと報じた。世界初の快挙である……。この話はまだ終わらないようだ。

オリヴィエ・ヴォワネ——早すぎた出世？

▼フランス▼二〇一五年▼遺伝学

二〇一五年、植物学の世界的権威で一部から将来のノーベル賞候補とみなされていたフランス人研究者は、四〇編ほどの発表論文にデータの操作が認められたことから、CNRS（仏国立科学研究センター）より停職処分を受けた。

フランスの若手研究者オリヴィエ・ヴォワネはここ数年、植物学のスターのひとりとなっていた。四三歳にして科学アカデミー会員に選出され、「RNA干渉」の専門家のひとりとみなされていた（こんにちでもそうである！）。RNA干渉とは、任意の遺伝子の「スイッチを切る」ことで生理学的特性の一部をブロックする自然のメカニズムである。アメリカ人のアンドリュー・ファイアーとクレイグ・メローが一九九〇年代にこの現象を発見し、二〇〇六年のノーベル医学生理学賞に輝いた。生命科学の第一級の専門家からなる権威ある学術団体EMBO（欧州分子生物学機構）のティモシー・ハント理事長は、ヴォワネについてつぎのように述べている。「あれほどの仕事をしたのに二〇〇六年のノーベル賞をもらえなかったとは、われわれの多くが驚いています」

異色の経歴

グランド・ゼコール［大学以上の格をもつ高等専門学校］準備学級を修了し、パリのピエール＝エ＝マリー＝キュリー大学で優秀な成績をおさめたヴォワネは、パリの高等農業学校に進んで農業技術者になった。そのとき、論文のテーマを探しにイギリスへ渡り、イギリスのいくつかの研究機関が最初に手がけた「遺伝子サイレンシング（遺伝子抑制）」の革新的研究に大きな衝撃を受けた。学位論文の審査を受ける前から、彼は有名科学誌にこのテーマにかんする論文を一三編投稿していた。そのため、年齢が若いにもかかわらず、ストラスブールのCNRSに主任研究員として採用され、二〇一〇年にはチューリヒのスイス連邦工科大学（一九〇一年にアインシュタインが卒業している）に職を得ている。科学アカデミーに迎えられたのは、その直後のことである。急速に出世するとともに、大きな影響力をもつ科学誌に投稿される論文の数もふえていった。研究論文の評価を示す彼の「h－指数」は五〇を超えた。これほどの点

RNAと「遺伝子サイレンシング」を理解する

「RNA干渉」は、とくにウイルスのような外部のゲノムの侵入から身を守るために生物が生みだした進化の産物であるとされている。この仕組みにより、別の遺伝子に有利になるよう、いくつかの遺伝子の発現を抑制することも可能となる。「遺伝子サイレンシング（遺伝子抑制）」と呼ばれるのはそのためである。メンデルから150年後、生物学者たちはおもに遺伝子の優性と劣性の「スイッチ」を制御することで、メンデルの法則をコントロールしようとしている。それは遺伝コードを変えるのではなく、遺伝コードの実行のされ方を選択するということなのである。

数はなかなか出るものではないし、彼の年齢を考えるとなおさらなので、同じ分野の研究者から一目置かれるようになった。

科学論文にかんする疑義を匿名で書き込むことのできるウェブサイト、パブピア(PubPeer)に、二〇一四年九月四日から一四日にかけて、ヴォワネが書いた一一編の論文の写真に不自然な点があるとの指摘がのった。多くの研究者、さらにCNRSの上層部のもとにも、このサイトを確認するようにとの匿名のメールがとどいた。フランスの研究者としては、かつてない規模の不正行為である。もっとも古い論文は一九九八年にさかのぼり、いちばん新しい論文は二〇一三年に書かれていた。そのすべてがもっとも権威のある科学雑誌に投稿されていた。

オリヴィエ・ヴォワネが非難されたのは、いくつかのたんぱく質の移動を示す画像が改竄されていた点だった。DNAの塩基配列のバンドが別の画像と同じ、ないしは、鏡にうつしたように左右が逆になっているものもあった。コメンテーターたちは「切り貼り」や悪質な位置変更も指摘した。ヴォワネは、指摘を受けた論文の一部についてしか、そうした事象のあることを認めなかったようである。長期にわたる調査ののち、CNRSは二〇一五年七月に短い声明を出し、ヴォワネを二年間の停職処分にすると発表したが、調査結果は公表されなかった……。データの捏造や改竄といった明らかな不正があったにもかかわらず、ヴォワネの研究はまだ信頼に足るものとされている。倫理面で厳しい指導を受けたことが考慮され、若い研究者は二〇一七年にも仕事をつづけられることになった。不正を行った者が研究機関から処罰を受けたのちポストに復帰するという今回の事例は、他の多くの不正者にとって貴重な先例となるだろう。

藤村新一——捏造に捧げた人生

▼日本▼二〇〇〇年▼考古学

科学の歴史ではきわめてまれなことだが、日本のベテラン考古学者は引退直前に不正の現行犯でつかまった。

藤村新一は考古学遺跡にこっそり石器を埋めている現場を押さえられた。伝説的な運のよさゆえに仲間たちから「神の手」と呼ばれた日本の考古学者は、その並外れた直感により、長い研究生活のあいだに多くの古代遺跡を発見していた。二〇〇〇年に捏造が発覚したのち、藤村はただちに東北旧石器文化研究所副理事長の職を解任された。不正のために使われた遺物は、以前発掘したときに盗んだものだった。藤村は告白する。

「総進不動坂遺跡に石器を埋めました……でもそこだけです」

他の出土品は本物であると、彼は主張した。

「申し訳ありません。やってはならないことをしてしまいました……」

彼は記者会見で、すっかりしょげながら謝罪した。

独学の考古学者である藤村は、二〇年前から国際的な名声を博していた。人類最古となる四万年前の土器の破片を発見していたからである。彼が日本の旧石器時代の遺跡の大半で一五〇〇回以上の発掘に関与していたことから、考古学関係者のあいだに動揺が広まった。

この不正で教科書の記述も修正された。

東京国立博物館は藤村が発見した二〇点あまりの遺物の展示をただちに取りやめた。甘粕健日本考古学協会会長はインタヴューで、疑念を抱いた研究者の声を真剣に受け止めなかったとして、協会にも責任の一端があると認めている。だが、事件の影響はモラルの問題にとどまらない。過去数十年間の重要な発見に、不正者はかかわっていたのである。これは前代未聞の事態であり、日本の考古学者たちは、国内の旧石器時代にかんする文献の歴史的な有効性について再検討を迫られている。

ドンピョウ・ハン——研究者に科せられたもっとも重い刑罰

▼アメリカ▼二〇一三年▼エイズ研究

アメリカの生物学者ドンピョウ・ハンは、エイズワクチンの臨床研究を改竄したとして、科学史上もっとも重い実刑を受けた。

二〇一三年七月一日、アメリカのアイオワ州立大学の生物学者ドンピョウ・ハンは、抗ＨＩＶ（エイズ）ワクチンの臨床試験のデータを改竄した罪により、懲役四年九か月、保護観察三年の実刑判決を言い渡された。それに加えて七二〇万ドルの罰金も科されている。

ワクチンの複数の実験結果を改竄したことが大学に発覚したのち、ハンは二〇一三年にアイオワ州立大学を辞職した。実験の研究費は公的機関の補助金から支出されていた。ハンは不正な研究において、ＨＩＶにたいする反応を見るための試料に、ヒトの抗体をまぜたウ

2006年、肥満と老化の専門家である生理学者のエリック・ポールマンは研究データを捏造し、大学研究者としてはじめて懲役刑の判決を受けた。彼はホルモン投与で更年期を抑制できるとする虚偽の研究論文を発表したが、臨床試験をまったく行っていなかった。

サギの血液を用いていた。実験結果をいつわり、そのワクチンはウイルスにたいする動物の免疫機能を高めると思わせたのである。

数年前からアメリカ政府は、科学研究の公正さを守るために専門の機関を置いている。この研究公正局は不正の疑いのあるとき、研究機関の調査を監督する。ヨーロッパにこの種の機関はまだない。この科学警察がドンピョウ・ハンを自白に追い込み、検察に刑事告訴したのである。

藤井義隆——科学不正の世界記録

▼日本▼二〇一二年▼医学／薬理学

二〇一二年九月、藤井義隆は臨床研究論文を捏造したとして東邦大学を解雇された。一八三編もの論文が不正を理由に科学雑誌から抹消された。

東邦大学医学部の藤井義隆はとりわけ多産な研究者である。二〇〇〇年に一〇例あまりの臨床試験にかんする論文を発表したとき、最初の疑惑がもちあがった。学術誌 Anesthesia & Analgesia（麻酔と無痛覚）にアメリカの三人の麻酔医から、日本の麻酔医が投稿した論文についての手紙が届いた。全身麻酔後の吐き気と嘔吐を予防するための措置にかんする彼のデータは、医薬品メーカーの研究所にとって「信じられないほど素晴らしい」ものだというのである。それ以上の証拠がなかったので、同誌は藤井の論文を掲載しつづけた。それは全部で一一編にのぼり、アメリカの麻酔医たちの警告は見過ごされた。ドイツの麻酔医ペーター・クランケは『ネイチャー』に危惧の念を伝えた。

「これほど多くの論文を発表するのは不可能だ。生産性の観点から彼の論文を見るならば、一度でも臨床試験を行ったことのある者なら、これは怪しいと思うに違いない」

このような苦情を受け、危ない橋を渡りたくないと思ったのか、藤井は二〇〇〇年代半ばから麻酔にかんする論文を投稿するのをやめた。以後、眼科と耳鼻咽喉科に的をしぼるようになった。それらの分野は読者が少なく、不正を行っても注意を引きにくい。

二〇一二年にはすでに、彼ひとりの名で、二〇〇編以上の臨床研究論文が発表されていた。

しかしながら彼の過去はついに暴かれた。二〇一二年九月、東邦大学学長のもとに多くの疑義が寄せられたことから、大学は藤井義隆の臨床試験について調べた。決定は素早かった。藤井は即刻、解雇されたのである。彼の論文全体にたいするイギリスの調査では、一六八編が「ほとんど信頼性がない」と判定された。今日にいたるまで、藤井はまだ、ひとつの科学分野における撤回論文数の記録保持者の座をまもっている。その数、一八三編。すべて、一九八〇年から二〇一一年のあいだに発表されたものである。

21世紀の研究不正のワースト・ランキング

リトラクション・ウォッチによる研究不正の多い研究者のランキング(データ操作による撤回論文数、2016年2月現在)

撤回論文数	研究者	国	分野	発生年
183	藤井義隆	日本	麻酔法	2012年
94	ヨアヒム・ボルト	ドイツ	麻酔法	2011年
60	ピーター・チェン	台湾	工学	2009年
58	ディーデリック・スターペル	オランダ	社会心理学	2011年
48	エイドリアン・マキシム	アメリカ	電子工学	2007年
41	フア・ツォン	中国	化学	2010年
36	加藤茂明	日本	分子生物学	2014年
36	ヤン・ヘンドリック・シェーン	アメリカ・ドイツ	物理学	2002年
35	ヒュンイン・ムン	韓国	薬学	2010年
32.5	ジェームズ・ハントン	アメリカ	経済学／経営学	2012年
32	森直樹	日本	微生物学	2012年
29	タオ・リウ	中国	化学	2010年

筆者は口に出せずにいた友情を告白し、どうして科学不正に関心をもつようになったかを説明する。

これまでずっと口に出せずにいたことを告白しよう。私の友人に、科学研究の常識を打ち破ろうとしている者がふたりいる。一部のフランス人には、科学知識をわかりやすく伝えていることより、彼らの名のついた事件で知られた人物。理論物理学の基礎研究に旋風を巻き起こす双子の兄弟、イゴールとグリシュカ・ボグダノフである。彼らが不正をはたらいたとして大スキャンダルのさなかにあった二〇一〇年、私は彼らと身近に接する機会があった。不正という、わかったようでわからないその言葉は、私の心に重くのしかかり、私をひどく混乱させた。私は彼らのことがわかっていなかったのか。真実とメディアの役割を追求し、科学知識の普及につとめている科学ジャーナリストの私が、前ビッグバン理論の提唱者の肩をもってよいものだろうか。物理学と科学の歴史にたいする彼らの情熱、作家やテレビ司会者としての彼らの才能、技術革新の素晴らしさを伝える彼ら独自のやり方。それらはすべて、不正な企てを実行するためのまやかしにすぎなかったのか。子どものころテレビ番組「X時間」でSFを発見し、思春期に『神と科学』でのジャン・ギトンとの対談で哲学に目覚めた私は、彼らにあざむかれていたのだろうか。

　そのときから私は、サハラ砂漠の真ん中で道に迷った探検家テオドール・モノーのように、渇きをいやそうと、必死になって、科学の文献を読みあさった。不正とはなんであるかを理解し、そこで得た知識と、目の前で起きているメディアのスキャンダルとを突き合わせてみなければならない。場合によっては、友人たちについて思い違いをしていたことがわかり、科学で人々を楽しませることと、アカデミックな厳密さが求められる真実の追求とのいずれかを選ばなければならなくなるかもしれなかった。このふたつの視点を両立させようとした私の努力は無駄だったのか。イゴールとグリシュカは不幸にも、こうした文化的な溝に足をとられたのか。それとも、人に認められたい一心で、「フォースの暗黒面［『スター・ウォーズ』でフォースという不思議な力が邪悪な心で使われた場合をいう］」に墜ちてしまっただけなのか。

　フランス人ミシェル・ド・プラコンタルや、アメリカ人ウィリアム・ブロードとニコラス・ウェイドの素晴らしい著書を読んで、私は学者の不正行為の秘密を知るようになった。通俗的な科学解説者たちが善悪二元論にもとづいて排除してきた科学文化のもうひとつの側面を、私は発見した。科学は真理であり、いかさまをする連中は公然と非難され、忘れられて当然なのだが、歴史の現実はそれほど単純ではないようだ。そして、軽蔑をこめて「不正者」と呼ばれる人々が科学の大きな歴史のなかに位置を占め、ときには偉大な天才たちのなかにも、そのような人々はいた。基本的にいって、不正が人をあざむくこと——盗用や実験の改竄——であるなら、彼らの多くは異論の余地なく不正者と呼ばれても仕方がないだろう。

アインシュタインやパストゥールの事例を、二〇〇〇年代の科学にたいする厳しい目で調べたらどうなるだろう？　グレゴール・メンデルの研究を、時代をさかのぼってパブピアの基準にあてはめたら？　ニュートンが参考文献の一覧をつくるよう義務づけられていたとしたら？　彼らの頭脳もそれほど大げさに言われるほどではない、と思うのではないだろうか

騎士道精神にもとづくガーター勲章の銘句に、「思い邪《よこしま》なる者に災いあれ」とあるが、私にはいまひとつぴんとこなかった。私たちは偉大な捏造者たちの彫像をつくっては、相変わらず知の歴史という船の船首に掲げているではないか。

百年前からつづいている学者の「スペクタクル社会」の悪しき影響で、すべての研究者が潜在的なアインシュタインとなった。そして近代科学の流儀では、アイデアやコンセプトより、そうしたアイデ

アに署名することが、徐々に重要となったように思われる。ソーシャル・ネットワークと出版物のオンライン・インデックスのおかげで、私たちはおそらく、それと気づかないうちに、アカデミックな功績をあげた人々の巨大なリストをつくり上げているが、科学の進歩にともなう問題点を忘れがちだ。本書に登場する研究者の一部はそうしたエゴの罠に落ち、創造性を発揮することより、投稿論文の数と実験の有効性ばかりに目を奪われているように見える。

不正と現代における発見の成立過程について調べているうちに、私はふたたび「ボグダノフ事件」とはなんだったのかと考えるようになった。科学論文の「概要」の要領で事件を簡単に紹介し、この事例を不正の決め手となる要件と比較してみよう。

イゴールとグリシュカ・ボグダノフは一九九〇年代初めにテレビ司会者の仕事をやめ、理論物理学という共通の情熱を追いかけることにした。ふたりは再び勉強を始め、ブルゴーニュ大学で博士号を取得した。イゴールは物理学、グリシュカは数学の博士号である。ふたりの研究は、初期特異点の概念を打ち立てるという点で一致していた。それは、有名なプランクの壁——観測可能な宇宙の限界でビッグバン後の数秒に相当する——ができる前の時空のモデルをつくろうとするものである。奇抜な研究であり、一部の物理学者から批判を受けたが（観測できないものをどうやって研究しモデル化するのか？）、彼らの研究論文は、Annals of Physics や Classical and Quantum Gravity といった一流科学誌の査読委員会に有効と認められた。そうして二〇〇一年から二〇〇二年にかけて、理論物理学の六編の論文が発表された。スキャンダルの始まりは、物理学者たちが彼らの野心的研究を挑発とみなし、いたずらに違いないと決めつけたことだった。プランクの壁以前のビッグバンなど研究できるわけがない。TF1の司会者が考えることなんて、不真面目にきまっている！　けれども彼らは、きわめて革新的な数学の手法を用いており、それによって仮説を立て、レベル・ゼロの時空について推論することは可能だと反論した。いったいなにをもって、科学的に公正だといえるのか？　それから数年が経過した。兄弟は司会者に復帰した。二〇一〇年になって政治雑誌『マリアンヌ』が、彼らの最新エッセイ『神の顔』がベストセラーになったのに合わせ、「ボグダノフ兄弟――ふたりの不正者にかんする新事実」という大仰なタイトルの取材記事を掲載した。それはおもに、彼らの論文に「盗用」と「捏造」があったという内容だった。これはまさしくスキャンダルとなった。すべての総合メディアがこの「スクープ」に飛びついた。しかしなにを根拠に、そのように報じられたのだろうか。じつはCNRS（フランス国立科学研究センター）の謎の報告書が、彼らの論文をこきおろしていたのである。

ところが、その報告書は公表されなかった。だれが書いたかも明記されず、通常の手続きをふんだものではまったくなかった。手続きなどどうでもよい。「X時間」の司会者たちはいい加減な連中なのだから、どう釈明しようと、プランクの壁がどのようなもので、どのようにしてそれを越えられるのか視聴者に説明しようと、彼らの好きにすればいいというのだろう。CNRSの姿勢が問われた。同センターは管理上の瑕疵はなかったと主張し、こうした異例の措置がとられたことを正当化しようとした。フランスでは毎年一万件以上の論文が審査されており、CNRSがそれらについていちいち報告書を出すことはないし、審査から何年もたっていればなおさらだ、というのである。

結局のところ、研究データの操作はなにひとつ確認されなかった。雑誌に投稿された論文は撤回されなかった。ブルゴーニュ大学がふたりの博士論文を審査しなおすこともなかった。日本の若い女性研究者とはわけが違うのである。

理論の分野では幸いにも、新たに数式を――どれほど突拍子もないものであろうと――つくってかまわないのであり、それだけで不正をはたらいたことにはならない。私の考えでは、この事件は哲学者ルネ・ジラールが唱えたスケープゴート理論の基礎研究版といったところである。どんなに客観的に見ても、科学不正の決め手となるものをなにひとつ見つけることができない。それどころか、これは、専門書でもめったにお目にかかれないユニークな事例ではないか。不正であると非難するほうが不正であるように思えるのだ……。これはむしろ、大学研究者の主義の問題ではないか。宇宙の起源はきわめて微妙なテーマであり、物理学だけでなく神学や哲学にもかかわる問題である。本書を執筆するために一〇〇例あまりの不正行為を調べた結果、自分の考えが偏ったものでないことを確認できた。この話を終えるにあたり、私の友人たちは――彼らの数式には異論もあるが――友情を捧げるに値する人たちだと言おう！　それに私は、彼らのおかげで、科学の(真の)不正者たちに科学の歴史を語らせるという、本書の素晴らしいアイデアを思いついたのである。

不当にこきおろされている友人たちに本書を捧げる。双子に生まれついたことが、彼らに既成概念をくつがえしつづける力を与えている……。

- Declan Butler, «Leading plant biologist found to have committed misconduct», *Nature*, 10 juillet 2015.
- «Conducted properly – published incorrectly», *Communiqué de presse de l'ETH Zurich*, 10 juillet 2015.
- Sylvestre Huet, «Le CNRS exclut Olivier Voinnet», *Libération*, 10 juillet 2015.
- Louise Lis, «Nous ne transigeons pas avec l'intégrité», entretien avec Alain Fuchs, *La vie au CNRS* (extranet), 9 juillet 2015.
- Hervé Morin, «Olivier Voinnet: une carrière atypique et fulgurante», *Le Monde*, 31 mars 2015.
- Hervé Morin et David Larousserie, «Olivier Voinnet, star de la biologie, accusé de mensonge», *Le Monde*, 9 avril 2015.
- Hervé Morin et David Larousserie, «Olivier Voinnet, star de la biologie végétale, sanctionne par le CNRS», *Le Monde*, 10 juillet 2015.
- «Olivier Voinnet et le fiasco de l'évaluation scientifique», blog de *Courrier international* «La science au XXIe siècle», 14 juillet 2015.
- Elisabeth Pain, «Finding His Voice in Gene Silencing», *Science*, 29 mai 2009.
- «Report of the ETH Commission of Inquiry set up to clarify allegations against Prof. Olivier Voinnet of ETH Zurich», 17 juin 2015.

Shinichi Fujimura

- Paul Bahn, «La fraude en archéologie», *La Recherche*, n° 341, avril 2001.
- Cecile Bonneau, «Quand les scientifiques trichent», *Science et Vie*, novembre 2008.
- Michel de Pracontal, «Impostures scientifiques: la "main de Dieu" de l'archeologie japonaise», *Mediapart*, 26 décembre 2011.
- Shoh Yamada, «Politics and Personality – The Anatomy of Japan's Worst Archaeology Scandal», *Harvard Asia Quarterly*, 2002.

Dong-Pyou Han

- «Case Summary: Han, Dong-Pyou», *Office of the research integrity* (ori.hhs.gov), 12 décembre 2012.
- Tony Leys, «Ex-ISU scientist pleads guilty of AIDS vaccine fraud», *The Des Moins Register*, 25 février 2015.
- Colin Macilwain, «Wanted: Fraud-buster with political antennae», *Nature*, 19 mars 2014.

Yoshitaka Fujii

- John Carlisle, «The analysis of 168 randomised controlled trials to test data integrity», *Anaesthesia*, mai 2012.
- Emeline Ferard, «Japon: un chercheur bat le record de fraude scientifique», *www.maxisciences.com*, 21 septembre 2012.
- Vincent Giudice, «Fraude scientifique: publish or perish !», *www.huffingtonpost.fr*, 15 juillet 2012.
- David Larousserie, «Des faussaires dans les labos», *Le Monde*, 12 mai 2015.
- Dennis Normile, «A New Record for Retractions ?», *Science*, 2 juillet 2012.
- Koji Sumikawa, «The Results of Investigation into Dr Yoshitaka Fujii's papers», *Japanese Society of Anesthesiologists*, 29 juin 2012.

全集1』小林秀雄、大岡昇平訳、東京創元社）
- *«The Turk (Automaton)», Annales des parties celebres du Turc de 1770 à 1827. Disponible sûr: www.chessgames.com*
- Robert Willis, *An attempt to analyse the automaton chess player, of Mr. de Kempelen* …, Booth, 1821.

L'aristocrate rêveur et le réparateur de télévisions

- Christophe Carrière et Jean-Marie Pontaut, «Le bal des imposteurs: Aldo Bonassoli, le roi du pétrole», *L'Express*, 3 août 2013.
- Ariane Chemin, «Les "avions renifleurs" corses de Daniel Vaillant», *Le Monde*, 9 juillet 2002.
- Jean-Charles Deniau et Jean Guisnel, «L'extravagante affaire des avions renifleurs», documentaire, coproduction *Imagine* et France Télévision (2012).
- François Gicquel (rapporteur), *Rapport de la Cour des comptes sûr l'affaire des avions*, 21 janvier 1981.
- «Gravity systems provides deep insight for earth exploration», *documentation industrielle sûr les gradiomètres*, Lockheed Martin Corporation, 2015.
- Isabelle Hanne, «Des avions renifleurs dans un monde de brut», *Libération*, 26 mars 2012.
- Éric Laurent, «L'imposture du choc pétrolier de 1973», *agoravox*.fr, 2 mai 2006.
- «La localisation d'un possible gisement d'hydrocarbures», *planete-energies.com*, 29 janvier 2015.
- Serge Marti, «1965-1976: galops d'essai», *Le Monde*, 29 mars 1984.
- Gerald Messadié, «Les avions renifleurs», *500 ans d'impostures scientifiques*, L'Archipel, 2013.
- Pierre Péan, «C'etait l'armée de blair ou l'aéronasale ?» *Le Canard enchaîné*, 28 décembre 1983.
- Pierre Péan, «L'avion qui renifle les milliards», *Le Canard enchaîné*, 21 décembre 1983.
- Pierre Péan, *V - Enquête sûr l'affaire des avions renifleurs*, Fayard, 1984.
- Daniel Schneidermann, «Le sacré et le secret», *Le Monde*, 30 mars 1984.

L'Histoire en marche: Quelques impostures du IIIe millénaire

Jan Hendrik Schön

- Malcolm Beasley, Supriyo Datta, Herwig Kogelnik et Herbert Kroemer, «Report of the Investigation Committee on the possibility of Scientific Misconduct in the work of Hendrik Schön and Coauthors», *Bell Labs*, septembre 2002.
- Marie Boëton, «Jan Hendrik Schön ou la désinvolture d'un physicien prometteur», *La Croix*, 12 août 2013.
- «Scandal Rocks Scientific Community», *www.dw.com*, 30 septembre 2002.
- Hwang Woo-suk
- Hervé Chneiweiss, «Cloningate ? La publication scientifique et le clonage thérapeutique face à la mystification Hwang», *Médecine/Sciences*, 15 février 2006.
- David Cyranoski et Erika Check «Clone star admits lies over eggs», *Nature*, 1er décembre 2005.
- Herbert Gottweis et Robert Triendl, «South Korean policy failure and the Hwang debacle», *Nature Biotechnology*, février 2006.
- Pascal Lapointe, «Le Watergate du clonage», *Agence Science-Presse*, 9 janvier 2006.
- Sara Reardon, «US vaccine researcher sentenced to prison for fraud», *Nature*, 1er juillet 2015.

Olivier Voinnet

- *Bulletin officiel du CNRS*, n° 6, juin/juillet 2015.

- Jules Leveugle, *La Relativité, Poincaré et Einstein, Planck, Hilbert. Histoire véridique de la théorie de la relativité*, L'Harmattan, 2004.
- Jules Leveugle, «Poincaré et la relativité», *La Jaune et la Rouge*, avril 1994.
- Georges Lochak, «Finalement, qui a decouvert la Relativité ? Einstein ou Poincaré ? Einstein bien sûr et personne d'autre !», *Annales de la Fondation Louis de Broglie*, vol. 30, n° 2, 2005.
- Henri Poincaré, *La Science et l'Hypothèse*, Flammarion, 1902.(『科学と仮説』河野伊三郎訳、岩波書店)
- henripoincarepapers.univ-lorraine.fr, archives exhaustives des correspondances et publications d'Henri Poincaré.

Le Rayon N de René Blondlot

- Malcolm Ashm ore, «The Theatre of the Blind: Starring a Promethean Prankster, a Phoney Phenomenon, a Prism, a Pocket and a Piece of Wood», *Social Studies of Science*, vol. 23, 1993.
- Isaac Asimov, «The Radiation That Wasn't», *The Magazine of Fantasy and Science Fiction*, mars 1988.
- René Blondlot, «Sûr une nouvelle forme de lumière», *Comptes rendus de l'Académie des sciences*, 23 mars 1903.
- Martin Gardner, «Fads and Fallacies in the Name of Science», *Dover Publications*, 1957.
- *henripoincarepapers.univ-lorraine.fr*, correspondence d'Henri Poincaré avec René Blondlot.
- Marie-Christine de La Souchère, «Les rayons N du professeur Blondlot», *Histoire de Science*, n° 450, mars 2011.
- Henri Piéron, «Grandeur et decadence des rayons N», *L'Annee psychologique*, vol. 13, n° 1, 1906.
- «Les Rayons N existent-ils ?», *La Revue scientifique*, 5e série, vol. 2, nos 18,19, 20,21, 22,23, 24, 1904.
- Catherine Simand-Vernin, «La radiographie», *culturesciences.chimie.ens.fr*, novembre 2007.
- «La subjectivité dans l'observation des rayons N», *La Revue scientifique*, 5e série, vol. 2, n° 5, 30 juillet 1904, p. 152-153.
- Robert W. Wood, «La question de l'existence des rayons N», *La Revue scientifique*, 5e série, vol. 2, n° 17, 1904.
- Robert W. Wood, «The n-Rays», *Nature*, vol. 70, n° 1822, 29 septembre 1904.

5. Technologies innovantes

Le Turc mécanique

- Brian Dunning, «An overview of the amazing chess playing robot of the 1700s.», *Skeptoid Podcast*, n° 476 (chronique audio), 21 juillet 2015.
- Daniel Willard Fiske, *The Book of the first American Chess Congress […] held in New York, in the Year 1857*, 1859.
- «Journal of the Franklin Institute», *Pergamon Press*, vol. 3, 1827.
- Gerald M. Levitt, *The Turk, Chess Automaton*, McFarland, 2000.
- Robert Löhr, *Le Secret de l'automate*, Robert Laffont, 2007.
- Chrétien de Mechel, *Lettres de M. Charles Gottlieb de Windisch sûr le Joueur d'Échecs de M. de Kempelen*, 1783.
- Monge, Cassini, Bertholon et coll., *Automate*, Encyclopédie methodique, Dictionnaire de Physique, 1793, p. 389.
- Edgar Allan Poe, «Le Joueur d'Échecs de Maelzel», *Histoires grotesques et sérieuses*, trad. Charles Baudelaire, Michel Levy frères, 1871.(「メルツェルの将棋差し」『ポオ小説

Cyril Burt et l'intelligence héréditaire

- «Burt», article, Grand dictionnaire de la psychologie, Larousse, 1999.
- Cyril Burt, «Experimental Texts of General Intelligence», *The British Journal of Psychology*, 1909.
- Cyril Burt, «Inheritance of General Intelligence», *American Psychologist*, vol. 27, mars 1972.
- Cyril Burt, «Mental Tests», *Child Study*, 1915.
- Cyril Burt, «Quantitative Genetics in Psychology», *British Journal of Mathematical & Statistical Psychology*, vol. 24, mai 1971.
- Cyril Burt, «The Definition and Diagnosis of Mental Deficiency», *Studies in Mental Inefficiency*, 1920.
- Sylvie Chokron, *Peut-on mesurer l'intelligence ?*, coll. Les petites pommes du savoir, Le Pommier, 2014.
- Oliver Gillie, «Crucial data was faked by eminent psychologist», *London Sunday Times*, 24 octobre 1976.
- Leslie Spencer Hearnshaw, «Cyril Burt, Psychologist», *Cornell University Press*, 1979.
- Leon Kamin, «The science and politics of IQ», *Lawrence Erlbaum Associates*, 1974.（『IQの科学と政治』岩井勇児訳、黎明書房）
- Kevin Lamb , «Biased Tidings: The Media and the Cyril Burt Controversy», *The Mankind Quaterly*, 1992.
- «Sir Cyril Burt», article, Encyclopædia Britannica, 2007.
- William Tucker, «Re-reconsidering Burt: Beyond a reasonable doubt», *Journal of the History of the Behavioral Sciences*, 1997.

Lyssenko et la biologie prolétarienne

- Denis Buican, *Lyssenko et le lyssenkisme*, PUF, Que sais-je ?, 1988.
- Walter Gratzer, «L'affaire Lyssenko, une éclipse de la raison», *Médecine/Sciences*, vol. 21, n° 2, 2005, p. 203-206.
- Joel et Dan Kotec, *L'Affaire Lyssenko*, Coll. La mémoire du siècle, Éditions Complexes, 1997.
- Dominique Lecourt, *Lyssenko, histoire réelle d'une «science prolétarienne»* (preface de Louis Althusser), PUF, coll. Quadrige, 1995.
- Gerald Messadié, «Je ferai pousser et fleurir des orangers en Sibérie !», *500 ans d'impostures scientifiques*, L'Archipel, 2013.
- «La situation dans la science biologique», rapport de la session de l'Académie Lénine des sciences agricoles de l'URSS du 31 juillet au 7 août 1948, paru en 1949.

4. Physique

Einstein, le genie de la synthese ?

- Jean-Paul Auff ray, *Einstein et Poincaré sur les traces de la relativité*, Le Pommier, 1999.
- Christopher Jon Bjerknes, *Albert Einstein: The Incorrigible Plagiarist*, DownersGorve, 2002.
- Brian Cox et Jeff Forshaw, *Pourquoi $E=MC^2$ et comment ca marche ?*, Dunod, 2012.
- Nathalie Deruelle, *De Pythagore à Einstein, tout est nombre. La relativité générale, 25 siècles d'histoire*, Belin, 2015.
- Albert Einstein, *La Théorie de la relativité restreinte et générale*, Dunod, 2012.
- Jean Hladik, *Comment le jeune et ambitieux Einstein s'est approprié la relativité restreinte de Poincaré*, Ellipses, 2004.（『アインシュタイン　特殊相対論を横取りする』深川栄一訳、丸善出版）
- Manjit Kumar, *Le Grand Roman de la physique quantique*, coll. Champs sciences, Flammarion, 2014.

- Haruko Obokata, Yoshiki Saisai et coll., «Bidirectional developmental potential in reprogrammed cells with acquired pluripotency», *Nature*, 29 janvier 2014. Article rétracté.
- Haruko Obokata, Yoshiki Saisai et coll., «Stimulustriggered fate conversion of somatic cells into pluripotency», *Nature*, 29 janvier 2014. Article rétracté.
- Haruko Obokata et coll., «The potential of stem cells in adult tissues representative of the three germ layers», *Nature*, 10 janvier 2011.
- «Obokata returns STAP cell paper publication fees to Riken», *Japantimes.co.jp*, 7 juillet 2015.
- «On vigorous scientific debates, witch hunts, and the tragedy of suicide», *RetractionWatch.com*, 7 août 2014.
- Tomoko Otake, «"STAPgate" shows Japan must get back to basics in science», *Japantimes.co.jp*, 7 juillet 2015.
- Rémy Pigaglio, «La scientifique japonaise Obokata défend son travail sur les cellules Stap», *La Croix*, 9 avril 2014.
- «Review of Obokata stress reprogramming Nature papers», *www.ipscell.com*, 29 janvier 2014.
- «STAP paper co-author Sasai commits suicide», *dépêche AP*, *Japantimes.co.jp*, 5 août 2014.
- «STAP stem cell co-author commits suicide: Reports», *RetractionWatch.com*, 4 août 2014.
- Janet Stemwedel, «When focusing on individual responsibility obscures shared responsibility», *blogs.scientificamerican.com*, 8 août 2014.
- Helen Thomson, «Extraordinary stem cell method tested in human tissue», *New Scientist*, 5 février 2014.
- Helen Thomson, «Stem cell power unleashed after 30 minutes dip in acid», *New Scientist*, 29 janvier 2014.
- «Trials, errors, but expert kept chin up», *Japantimes.co.jp*, 30 janvier 2014.
- «Waseda to strip biologist Obokata of doctorate», *Japantimes.co.jp*, 30 octobre 2015.

3. Génétique

Les petits pois trop parfaits de Gregor Mendel

- Alain Bernot et Olivier Alibert, «La naissance de la biologie moléculaire», *www.genoscope.cns.fr.*
- R. Doerge, «A closer look at some of Mendel's results», *Journal of Heredity*, janvier 1995.
- A. Edwards, «Are Mendel's results really too close ?», *Biology Revue*, 1936.
- Daniel Fairbanks et Bryce Rytting, «Mendelian controversies: a botanical and historical review», *American Journal of Botany*, 2001.
- Ronald Fisher, «Has Mendel's work been rediscovered ?», Annals of Science, 1936.
- D. Galton, «Did Mendel falsify his data ?», *QJ Med Oxford Journal*, 17 octobre 2011.
- Daniel Hartl et Daniel Fairbanks, «Mud Sticks: On the Alleged Falsification of Mendel's Data», *Genetics*, mars 2007.
- William Klug, Michael Cumm ings et Charlotte Spencer, *Génétique*, Pearson Education, 2006.
- Gregor Mendel, *Experiments in Plant Hybridization*, 1866.(『雑種植物の研究』岩槻邦男・須原淳平訳、岩波書店)
- Charles E. Novitski, «On Fisher's criticism of Mendel's results with the garden pea», *Genetics*, 12 avril 2004.
- Charles E. Novitski, «Revision of Fisher's analysis of Mendel's garden pea experiments», *Genetics*, 2004.

Pasteur, Archives internationales Claude Bernard, 1989.
- «Le dernier pli cacheté de Louis Pasteur à l'Académie des sciences», *La Vie des Sciences*, Comptes rendus de l'Académie, t. 6, n° 5, 1989, p. 403-434.
- Romaric Forêt, *Dico de Bio*, de boeck, 2012.
- Gerald Geison, *The private science of Louis Pasteur*, Princeton University Press, 1995.
- Pierre-Yves Laurioz, *Louis Pasteur, La realite apres la legende*, Éditions de Paris, 2003.
- Adrien Loir, *À l'ómbre de Pasteur*, Le movement sanitaire, 1938.
- Erik Orsenna, *La Vie, la mort, la vie. Louis Pasteur 1822-1895*, Fayard, 2015.
- Louis Pasteur, *OEuvres de Pasteur*, 8 t., Masson, 1922. Disponible sûr gallica.bnf.fr.
- Andre Pichot, *Introduction générale a: L. Pasteur, Ecrits scientifiques et medicaux*, Flammarion, 1994.

Le Rejuvenator d'Otto Overbeck

- Marom Bikson and Peter Toshev, «Zap Your Brain to Health with an Electrode Cap», *Scientific American Mind*, novembre 2014.
- Colleen Loo et coll., «Transcranial direct current stimulation for depression: 3-week, randomised, sham-controlled trial», *The British Journal of Psychiatry*, janvier 2012.
- Otto Overbeck, *A New Electronic Theory of Life*, 1925.
- Otto Overbeck, *The New Light*, Metchim & Son, 1936.
- Emmanuel Poulet et coll., «Examining transcranial direct-current stimulation (TDCs) as a treatment for hallucinations in schizophrenia», *The American journal of psychiatry*, décembre 2012.
- William Skaggs, «Electrical Brain Stimulation Can Restore Consciousness», *Scientific American Mind*, juillet 2014.
- James Stark, «Recharge My Exhausted Batteries - Overbeck's Rejuvenator, Patenting, and Public Medical Consumers, 1924-1937», *Medical History*, octobre 2014.
- Brian Williams, «Toothache and electrical imbalance», *Nature*, 20 juillet 2015.

Haruko Obokata, un reve de Nobel

- Alison Abb ott, «Cell rewind wins medicine Nobel», *Nature*, n° 8, octobre 2012.
- Andy Coghlan, «Stem cell timeline: The history of a medical sensation», *New Scientist*, 30 janvier 2014.
- David Cyranoski, «Acid bath offers easy path to stem cells», *Nature*, 29 janvier.
- Michael Eisen, «Yoshiki Sasai and the deadly consequences of science misconduct witchhunts», *www.michaeleisen.org*, 5 août 2014.
- «Les femmes, le travail et la société japonaise», *femmesactivesjapon.org*, 2010.
- «Japan's scientists: just 14 % female», *AFP-JIJI, Japantimes.co.jp*, 15 avril 2014.
- «Japon: les recherches sûr les cellules Stap sont interrompues», *dépêche AFP*, 19 décembre 2014.
- Bruno Lamolet, «Cellules souches embryonnaires sans embryons», *Agence Science-Presse*, 11 septembre 2006.
- Pascal Lapointe, «Cellules souches: dans l'acide et sous enquête», *Agence Science-Presse*, 19 août 2014.
- Pascal Lapointe, «Le suicide de Yoshiki Sasai: pour qu'il n'y en ait pas d'autres», *Agence Science-Presse*, 19 août 2014.
- «Leading Japanese stem-cell scientist Yoshiki Sasai found dead», *dépêche AFP*, 5 août 2014.
- Marie Linton, «Une biologiste japonaise accusée de fraude pour des travaux sur les cellules-souches», *La Croix*, 2 avril 2014.
- Alexander Martin, «Japanese Institute Opens Investigation Into Its Stem-Cell Breakthrough», *Wall Street Journal*, 17 février 2014.

▸ *www.wcri2015.org:* Conférence mondiale sûr l'intégrité scientifique (WCRI).

1. Archeologie

Le geant de Cardiff

▸ «Autobiographie d'Andrew Dickson White», *The Century*, 1917.
▸ René de Chateaubriand, *Mémoires d'outre-tombe*, (liv. VII, chap. II).(『墓の彼方の回想』真下弘明訳、勁草書房)
▸ Mark Rose, «In the golden age of hoaxes, petrified men came to life», *Archaeology*, novembre/décembre 2005.
▸ *New York Herald*, 20 octobre 1869, p. 15 (American Historical Newspaper).
▸ *Reading Times of Pennsylvania*, 20 octobre 1869, p. 2 (American Historical Newspaper).
▸ *Syracuse Daily Courier*, 18 octobre 1869, p. 5 (American Historical Newspaper) ;
▸ Scott Tribb le, *A Colossal Hoax: the Giant from Cardiff that Fooled America*, Rowman & Littlefield, 2009.
▸ Arthur Turner Vance, *The Real David Harum: The Wise Ways and Droll Sayings of One Dave […]*, Baker and Taylor, 1900.
▸ Jules Verne, *Hier et Demain - Contes et Nouvelles*, 1910.

Roatán, une imposture archeologique nationale

▸ Claude-François Baudez, «De l'aurore à la nuit: le parcours du roi-soleil maya», *Journal de la Société des Américanistes*, janvier 2006.
▸ Michael Bawaya, «Land of make-believe: Fake archaeology in paradise», *Newscientist*, 31 décembre 2013.
▸ Michael Bawaya, «Revealing the Real Roatán», *American Archeology*, Fall 2012.
▸ Rosemary Joyce, «Mayanization in action: erasing Pech history», *hondurasculturepolitics.blogspot.fr*, 14 février 2010.
▸ Lorena Diane Mihok, *Unearthing Augusta: Landscapes of Royalization on Roatán Island, Honduras*, thèse de doctorat en anthropologie appliquée, South Florida University, novembre 2013.
▸ David Stuart, «On Effigies of Ancestors and Gods», *decipherment.wordpress.com*, 20 janvier 2012.
▸ Christian Wells, Whitney Goodwin et Alejandro Figueroa, «Mayanizing tourism on Roatán, Honduras - Archaeological perspectives on heritage, developement and indigeneity», *Revue Global Tourism*, 2012.

Arthur Evans et l'invention de la civilisation minoenne

▸ Mary Beard, «Builder of Ruins», *London review of Books*, vol. 22, n° 23, 30 novembre 2000.
▸ Arthur Evans, *The Palace of Minos at Knossos*, MacMillan, 1921. Découvertes Gallimard, 1993.
▸ Cathy Gere, «Knossos and the Prophets of Modernism», *The university of Chicago press books*, 2009.
▸ Cathy Gere, «The introduction to Knossos and the Prophets of Modernism», *www.press.uchicago.edu.*
▸ J. MacGillivray, *Minotaur: Sir Arthur Evans and the Archaeology of the Minoan Myth*, Pimlico, 2001.

2. Biologie et médecine

Louis Pasteur, entre legend et imposture

▸ Pierre Darmon, *Pasteur*, Fayard, 1995.
▸ Patrice Debré, *Louis Pasteur*, Flammarion, 1994.
▸ Philippe Decourt, *Les Vérités indésirables – Comment on falsifie l'histoire: le cas*

参考文献

Bibliographie générale

- Jean C. Baudet, *Curieuses histoires de la science. Quand les chercheurs se trompent*, Jourdan Éditeur, 2010.
- William Broad et Nicholas Wade, *La Souris truquée. Enquête sûr la fraude scientifique*, Point Seuil, 1994.(『背信の科学者たち』牧野賢治訳、講談社)
- Ludwik Fleck, *Genèse et développement d'un fait scientifique*, coll. Champs sciences, Flammarion, 2008.
- Philippe Froguel, «Prévenir la fraude, dopage des scientifiques», *Le Monde*, 26 août 2015.
- Sylvain Huet, «La fraude augmente en sciences de la vie», *sciences.blogs.liberation.fr*, 9 octobre 2012.
- Bertrand Jordan, *Les Imposteurs de la génétique*, Seuil, 2000.
- Thomas Kuhn, *La Structure des revolutions scientifiques*, coll. Champs sciences, Flammarion, 2008.(『科学革命の構造』中山茂訳、みすず書房)
- Serge Larivée, *La Science au-dessus de tout soupcon*, Éditions du Meridien, 1993.
- David Larousserie, «Des faussaires dans les labos», *Le Monde*, 12 mai 2015.
- Dominique Leglu, «La fraude dans les sciences», *www.sciencesetavenir.fr*, 17 novembre 2015.
- Gerald Messadié, *500 ans d'impostures scientifiques*, L'Archipel, 2013.
- Dominique Pestre et Christophe Bonneuil (collectif, sous la direction de D. Pestre), *Histoire des sciences et des savoirs*, 3 vol., Seuil, 2015.
- Michel de Pracontal, *L'Imposture scientifique en dix lecons*, Point Seuil, 2005.
- *«Scientific misconduct», article collectif, encyclopédie wikipedia.org*

Posture et imposture

- Dan Ariely, *The (Honest) Truth about Dishonesty: How we lie to everyone - especially ourselves*, Harper Collins, 2012.
- Guillaume Bouyt et Pierre Jeannin, «"Publish or Perish", Que cache l'obsession bibliométrique ?», note de synthese, *Mines ParisTech*, mars 2012.
- «Compte rendu de la conférence internationale sûr l'intégrité scientifique de Rio de Janeiro», *CNRS. fr*, 3 juin 2015.
- Daniele Fanelli, «How many scientists fabricate and falsify research ? A systematic review and meta-analysis of sûrvey data», *PLoS One*, 2009.
- Ferric Fang et Arturo Casadevall, «Why We Cheat», *Scientific American Mind*, n° 24, avril 2013.
- Alain Fuchs, «Nous ne transigeons pas avec l'intégrité», *Journal du CNRS*, 10 juillet 2015.
- Henri Poincaré, *Science et Méthode*, Flammarion, 1947.(『科学と方法』、吉田洋一訳、岩波書店)
- Alan Sokal et Jean Bricmont, *Impostures intellectuelles*, Odile Jacob, 1997.(『知の欺瞞』田崎晴明、大野克嗣、堀茂樹訳、岩波書店)
- Meredith Wadman, «Money in biomedicine: The senator's sleuth», *Nature*, 17 septembre 2009.
- *ori.hhs.gov:* Bureau de l'intégrité de la recherché (ORI), États-Unis.
- *www.PubPeer.com:* Blog contributif permettant de contredire des resultats d'études.
- *www.retractionwatch.com:* Références des principales rétractations d'articles scientifiques dans le monde.

索引

図版出典

©Bridgeman Images: 202
©Coll. part.: 028, 036, 057, 059, 062, 069, 071, 078, 082, 100, 104, 136, 165, 168, 182, 207, 217, 249, 257
©DeAgostini/Leemage: 060
©Fotolia/Grigory Kubatyan: 047
©Robert van der Hilst/Gamma-Rapho: 238
©Humboldt-Universitaet zu Berlin/Bridgeman Images: 232
©Library of Congress, Washington: 024
©Takuya Yoshino/Yomiuri/The Yomiuri Shimbun: 114

［著者］

ジル・アルプティアン Gilles Harpoutian

科学ジャーナリスト。『知性の世界』（心理学と神経科学に関するレファレンス雑誌）と『科学の世界』（科学の『タイムズ』と称される国際的科学誌『ニュー・サイエンティスト』のフランス語版）を創刊。長年にわたって多種多様な科学の研究分野を調査し、世界中の研究者が成し遂げた発見の数々を広く一般に伝えている。

［訳者］

吉田春美 よしだ・はるみ

上智大学文学部史学科卒業。フランス語翻訳家。訳書に『エジプトの神々事典』『お菓子の歴史』『パンの歴史』『毒殺の世界史』『バチカン・シークレット』『骨から見る生物の進化』など多数。

疑惑《ぎわく》の科学者《かがくしゃ》たち
盗用《とうよう》・捏造《ねつぞう》・不正《ふせい》の歴史《れきし》

二〇一八年二月二八日　初版第一刷発行

著者　ジル・アルプティアン
訳者　吉田春美《よしだはるみ》
発行者　成瀬雅人
発行所　株式会社原書房
〒一六〇-〇〇二二
東京都新宿区新宿一-二五-一三
電話・代表〇三-三三五四-〇六八五
http://www.harashobo.co.jp
振替・〇〇一五〇-六-一五一五九四

ブックデザイン　小沼宏之
印刷　シナノ印刷株式会社
製本　東京美術紙工協業組合

ISBN978-4-562-05480-0
Printed in Japan